近代中日關係史料彙編
中華民國對日和約

Historical Documents on Modern Sino-Japanese Relations

The Sino-Japanese Peace Treaty

近代中日關係史料彙編
總序

呂芳上
民國歷史文化學社社長

一

　　日本是中國的近鄰，也是強鄰，中日之間一衣帶水，本應唇齒相依，共營孫中山的大亞洲主義，互助互榮；也大可以在一念之間，分出蔣介石所規勸的敵乎友乎，和睦共處，以臻東亞大同境界。但日本國力強大之後，不此之圖，選擇走向侵略、走向戰爭，對鄰邦由蠶食而鯨吞，結果釀成的是你傷我殘的悲劇。

　　中日關係的發展，遠的不提，辛亥革命時，日本原有干涉意圖不果，改採兩面外交，著重者在滿洲特殊權益。1914 年一戰爆發，次年日方即向袁政府提出二十一條要求，嚴重妨礙中日正常外交的推進。二十一條交涉甫告段落，日本又為洪憲帝制，蛇鼠兩端，迫得袁世凱含恨以終。其後復對北洋政府在參戰、借款問題及和會、山東問題上，施其詭譎伎倆，導致五四運動的發生。1921 年的華盛頓會議，九國公約中，日本雖在特殊利益上，沒獲多大斬獲，但日本遍及東北、華北的軍事部署，其有恃無恐、肆意在華

擴張的野心，已相當明顯。

1926 年，在南方的國民革命軍，揮師北指，很快的統一中國，這不是對中國抱持野心的日本所樂見的事，於是中日關係走入新的階段。

二

1920 年代初期，在南方的國民黨勢力崛起，1926年國民政府開府廣州，接著北伐，1927 年定都南京，於是中國對內、對外新局面形成。1927 至 1952年間，自北伐後中日談判重訂關稅、出兵山東開始，中經九一八、上海事件、華北事變、蘆溝橋事變，以迄戰爭結束、簽訂和約，具見日本以強國步步進逼，盛氣凌人，中國則以弱勢對應，先是退讓、容忍，終以干戈相見，最後日本以敗戰自食惡果。

1961 年，逢中華民國建國五十年，民間各界特別組成「中華民國開國五十年文獻編纂委員會」，負責出版各類叢書，其中之一是 1964 年至 1966 年以「中華民國外交問題研究會」為名編印之《中日外交史料叢編》一套九種。這套《叢編》基本上以國民政府外交檔案為主，北京政府外交檔案為輔編成。雖不能對兩國從文爭到武鬥的材料，作鉅細靡遺的羅列，但對兩國關係的重大起伏，實已提供學界深入研究的基礎史料。本社鑒於這套《叢編》對近代中日關係具有很高的史料價值，除聘請學者專家新編「華北事變」資料專輯附入外，特別以《中日外交史料叢編》九種為基礎，重新增刪並編輯匯成《近代中日關係史料彙

編》（以下簡稱《彙編》），以方便學界利用。

三

這套《彙編》，共含十五個主題概分為十七冊，包含約四千種文獻、三百萬字：一、《一九三○年代的華北特殊化》本社最新輯編本，分三冊，由黃自進、陳佑慎、蘇聖雄主編，除利用外交部檔案外，並加入國史館庋藏之蔣中正總統文物相關史料。主要內容，包括長城戰役與塘沽協定（1933）、通航、通車、通郵交涉（1934）、華北特殊化與華北自治運動（1933-1935）、河北事件與南京政府退出華北（1935）、宋哲元與冀察政權（1935）、中日國交調整（1933-1935）、全面戰爭的前奏（1936）等，這三本資料集希望以豐富史料，重新探索1930年代中日、內外各方勢力競逐下的華北問題。二、《國民政府北伐後中日外交關係》19世紀中葉以後，西方勢力進入中國，因國力懸殊，中國頓成列強瓜分角逐場所，不平等條約既是帝國主義勢力的依憑，也是中國近代民族主義油然而生的根由。廢除不平等條約既是國民革命目標，北伐後爭取國際地位平等是國民政府外交努力的方向，也是中國與列強爭執的焦點。這本資料集可以看出中日雙方為長期的、偶發的政策或事件，形成外交角力的過程。主要內容有：國民政府定都南京後外交政策宣言（1927）、日本退還庚款及運用交涉（1929-1931）及中日重訂關稅協定（1926-

1935）、萬寶山事件與中村事件（1931-1932）均與
日本有關。三、《國民政府北伐後中日直接衝突》北
伐進行過程中，發生若干涉外事件，本冊所輯南京事
件（1927-1934）、漢口事件（1927-1931）、日本第
一、二次出兵山東（1927-1929）、。四、《九一八事
變的發生與中國的反應》侵略滿蒙，進而兼併中國，
是日本大陸政策的目標，甲午戰爭、日俄戰爭均是向
外擴張的北進政策，1931 年的瀋陽事變是日本北進
的高峰，更是二次大戰前奏。當時政府為應付嚴重變
局，特在中央政治會議內成立「特種外交委員會」，
自1931 年9 月至12 月，共召開五十九次會議，本冊收
錄了這一重要會議的會議紀錄。五、《九一八事變後
日本對華的破壞與侵逼》九一八事變之後，日本侵華
腳步未曾停止，所謂「得寸進尺」差可形容，本冊所
輯資料，重在日軍繼續挑釁（1932-1933）、日軍暴行
與中國損失（1931-1933）、日本在東北破壞中國行政
權完整（1932）。六、《日軍侵犯上海與進攻華北》
1932 年，日本藉口上海排斥日貨，嗾使日本浪人及
海軍陸戰隊滋事，毆人縱火、殺死華警。上海市府提
出抗議，日領反稱日本和尚五人被毆，提出反抗議，
要求中方道歉、賠償、懲兇、制止反日行動。1 月 28
日，日方迫令中國軍隊退出閘北，隨即向中方開火，
是為淞滬戰役。歷時月餘，5 月初始成立停戰協定。
事實上，九一八事變後，日軍節節進迫，進攻熱河，
侵擾察冀，無底於止；中方則忍辱負重，地方飽受戰
火蹂躪，中央遭受輿論撻伐，中日關係瀕臨破裂。本

資料集收錄日軍侵犯上海之一二八事變（1932）、進犯熱河（1932-1935）、侵擾察冀及河北事件致有「塘沽協定」，及所謂「何梅協定」（1933-1935）等文件的簽訂。七、《蘆溝橋事變前後的中日外交關係》廣義的第二次中日戰爭，始於 1931 年九一八事變，止於1945 年日本投降。十四年間又可分為兩階段：九一八至七七（1931-1937）中國是屬備戰、局部抵抗時期，日方是侵犯、挑釁期；七七之後中國是全面抗戰，日方則陷入戰爭泥沼期。前六年中日關係有戰有和，中方出於容忍、訴諸國際調停者多，後八年中方前四年獨立作戰，後四年與盟國協同作戰，對內對外，對敵對友的諸多交涉，交件中充分顯示戰前與戰爭外交的複雜面貌。本冊主要內容包含：（一）七七事變前的中日交涉（1934-1937），涉及廣田三原則、共同防共及滿洲國承認問題。（二）事變前日方的挑釁（1934-1936），又包括藏本事件、香河事件、成都事件、日人間諜行為等。（三）從七七到八一三（1937-1938），指的是全面抗戰爆發前後的中日衝突，例如蘆溝橋事變的發生、交涉、日本中國撤僑、八一三虹橋事件及戰事發展等。八、《蘆溝橋事變發生後中國向國際的申訴》七七事變後中日軍事衝突加劇，但鑒於雙方勢力懸殊，中國仍寄望透過國際干涉以制止日本侵華野心。本冊文件集中在中國向國聯控訴日本侵略（1937）。內容包括是年 9 月 13 日中國向國聯提出對日控訴始末。其間涉及國際間聲援、九國公約會議種種相關資料。九、《滿洲國的成立與國

聯對日本侵華的處理》1931 年九一八事變後，因國聯
不能有效制裁日本的侵略行動，日本乃放膽實施侵吞
中國計畫，一方取速戰速決之策，以亡中國；一方為
掩人耳目，實行以華制華之計，製造傀儡組織。1932
年滿洲國之成立到 1938 年扶植汪偽，均此之圖。本
集主要內容有偽滿洲國的成立經過（1932-1935）；
中國控訴、國聯之處理（1931-1933）。十、《偽組
織的建立與各國態度》本冊文件集中在華北自治問題
（1935-1937）及南京偽政權（1938-1943）之醞釀與
成立。十一、《抗戰時期封鎖與禁運事件》戰爭發生
後，可注意的事有三，一是受戰爭影響的敵境及海外
華人權益維護問題、敵僑處理及外僑保護，二是敵人
對鄰近地區的禁運、控制，三是盟國以自身利益出發
的措施如何影響中國。大抵言之，國民政府與同盟國
結盟，提升了國際地位，也保障戰後國際角色的演
出。不過，同盟關係也有摩擦和困擾，例如美國中立
法案（1939-1941）、英國封鎖緬甸運輸通路（1940）
對中國造成的損害。本集資料內容即包括：一、戰時
中國政府的護僑、護產措施；二、日本對東南亞的控
制，如越南禁運、封鎖緬甸、控制泰國；三、美國中
立法案、禁運法案及與日使野村談判；四、1940 到
1945 年間日蘇關係的轉變等。十二、《日本投降與中
蘇交涉》1945 年 8 月 14 日，日本投降，上距七七有
八年，距九一八為時十四年，距甲午之戰五十一年，
「舉凡五十年間日本所鯨吞蠶食於我國家者，至是悉
備圖籍獻還。全勝之局，秦漢以來所未也」。中國戰

勝意義自是重大，但蔣中正委員長在當天廣播中，則
不無憂慮的指出：「抗戰是勝利了，但是還不能算是
最後的勝利。」顯然國共關係惡化、戰犯處置之外，
東北接收與中蘇交涉等棘手問題，均將一一出現。本
集資料重在日本投降經過，接收東北、接收旅大與中
蘇交涉，張莘夫被害案（1945-1947）。十三、《戰爭
賠償與戰犯處理》包含1943年同盟國準備成立戰爭罪
行調查會至1948年中國戰犯處理委會工作報告相關文
件。十四、《金山和約與中日和約的關係》交戰雙方
和約簽訂，戰爭才算結束。中華民國對日和約，遲至
1952年日降後六年又八個月才在臺北簽字，原因涉及
戰後中國變局。1945年日本敗降，1949年12月，中
國共產黨勢力席捲大陸，中華民國政府退守臺灣，這
時蘇聯在東亞勢力擴張，國際局勢鉅變，戰勝的中、
美、英、蘇、法五強，對東亞新秩序的建立，有複雜
考量，同盟52國在舊金山召開對日和會，直到1951
年9月8日，才有蘇、波、捷之外的49國參與簽訂的
金山和約。當時中華民國未獲邀參加，次年（1952）
4月28日在臺北正式簽訂中華民國對日和約，結束了
中華民國與日本的戰爭狀態。由於戰後美國在東亞扮
演舉足輕重的角色，因此也可看到中、美、日三方外
交穿梭的足跡。本集資料主要有一、中國對金山和約
立場表示（1950-1952）與金山和約的簽訂；二、中日
雙邊和約前的籌議，包括美方意向、實施範圍、中日
雙邊交涉及名稱問題的討論。十五、《中華民國對日
和約》二戰結束後，冷戰接踵而來，1949年後中國形

成一國兩府的分裂局面，蘇、英、美對誰能代表中國
與日本簽訂和約有分歧看法，1950 年韓戰爆發，英、
美獲得妥協，同盟國對日舊金山和會不邀中國參加，
在美方折衝下，日本決定與中華民國政府商訂雙邊條
約。1952 年 2 月，日代表河田烈與中華民國外交部長
葉公超在臺北磋商，最後雙方簽訂「中華民國與日本
國間和平條約」，雙方互換大使，直到 1972 年 9 月，
遷移臺灣的中華民國政府與日本維持了約二十年的正
式外交關係。這本資料集彙聚雙邊和會的一次籌備
會、十八次非正式會議及三次正式會議紀錄，完整呈
現整個會議自籌備至締約的過程，史料價值極高。

四

　　如果說抗日戰爭是八年，那麼九一八後的六年是
中國忍氣吞聲、一再退讓的隱忍時期，七七事變應是
中國人吃盡苦頭、退無可退的情況下，為求生存而奮
起的開端，此後的九十七個月，在烽火下的中國百
姓，過的何止漫漫長夜。八年中前五十三個月，中國
孤軍奮鬥，後四年才有盟軍並肩作戰，其間大小戰鬥
無數，國軍確實是勝少敗多，即使勝利前多，說國命
堪危也不為過。這次戰爭，日本固然掉入難以自拔的
泥潭，中華民國政府也在獲得遍體鱗傷的「皮洛式勝
利」（Pyrrhic Victory）後，隨即江山易色，勝利者反
變成另一場戰爭的失敗者，其後政局的演變，似乎不
容易給史家，從容寫出恰如其份的抗戰史來。
　　1970 到 1990 年代，中研院近史所曾利用庫藏外

交部檔案，出版過民國時期「中日關係史料」十五種二十一冊，選題時間範圍只限於北京政府時期（1912-1928）。本社出版這套《彙編》，正好延續了其後國民政府的時段。這個時段提供了局面更為複雜的交涉、戰鼓不斷、煙硝不熄的中日關係發展史料。

有了新史料，就會有新議題，就可期待史家新研究成果的出現。我們出版史料的初衷是如此。

編輯凡例

一、本書原件為俗體字、異體字者，改為正體字；無法
　　識別者，則以□符號表示；挪抬及平抬一律從略。

二、本書排版格式採用橫排，惟原文中提及如左如右
　　等文字皆不予更改。

三、本書依照原件，原文中提及「偽」等文字皆不予
　　更改。

四、本書中出現「註」、「附註」，皆為原件所示。

五、以上若有未盡之處，敬祈方家指正。

目錄

第一章
雙邊和約初步的進行

第一章　雙邊和約初步的進行

第一節　條約名稱問題的交涉

一　中日和會籌備會議紀錄

時間：民國四十一年二月十九日下午四時

地點：中華民國外交部

出席人員：

中華民國：胡副代表慶育

　　　　　薛司長毓麒

　　　　　鈕專門委員乃聖

日本國：團員木村四郎七

　　　　團員後宮虎郎

　　　　團員真崎秀樹

　　　　團員力石健次郎

中日雙方出席人員，經就有關中日和會之程序事項，逐一討論；

雙方同意下列各點：

一、會議紀錄及文字：

　　（一）各項會議均應有簡要紀錄，紀錄以中文、日文為之，另備英文譯本。

　　（二）中文紀錄由中華民國外交部準備，日文紀錄由日本國代表團準備，雙方應於每次會議後各將所備紀錄，儘速互送校閱。所提修正，至遲不得過四十八小時。

　　（三）會議紀錄經校閱後，由中華民國外交部備就

英文譯本送交日本國代表團。

二、新聞之發表：

（一）雙方各指派負責發表新聞人員一人。嗣經中
華民國外交部指定濮專員德玠，日本代表團
指定真崎秀樹團員。

（二）每次會議後，應由雙方負責新聞人員共同撰
擬新聞稿，予以發表，如有疑難，應於陳奉
雙方全權代表核可後始行發表。

三、會議之名稱：雙方經一再商討，對於會議之名稱，
不能獲得一致之意見，經決定此項名稱中文為中日
和會，日文為日華條約會議，英文為 Sino-Japanese
Peace Conference.

四、以上各點，均可向新聞界發表，惟對於會議之名
稱，中日文未能完全一致一節，應守秘密，而除對
日本新聞界外，均用中文及英文名稱。

二　中日和會第一次會議紀錄

時間：民國四十一年二月二十日上午十一時二十分
　　　至正午十二時

地點：中華民國外交部

出席人員：

中華民國：全權代表　葉公超

　　　　　副代表　胡慶育

　　　　　外交部亞東司司長　汪孝熙

　　　　　外交部條約司司長　薛毓麒

　　　　　　　　外交部專門委員　鈕乃聖

　　　　　　　　外交部專門委員　孫秉乾

　　　　　　　　外交部專門委員　凌崇熙

　　　　　　　　外交部亞東司第一科科長　賴家球

　　　　　　　　外交部條約司第二科科長　胡駿

　　　　　　　　外交部情報司專員　濮德玠

日本代表團：全權代表　河田烈

　　　　　　　首席團員　木村四郎七

　　　　　　　顧問　堤汀

　　　　　　　顧問　井上清一

　　　　　　　團員　後宮虎郎

　　　　　　　團員　中田豐千代

　　　　　　　團員　真崎秀樹

　　　　　　　團員　力石健次郎

　　　　　　　秘書　坂本四郎

　　　　　　　事務官　山本晃

　　　　　　　事務官　崎山喜三郎

　　　葉全權代表宣佈開會後，致詞如左：河田烈全權特使，今天是中日和平條約會議的開幕，本人趁這個機會，以充滿著希望和愉快的心情，代表本國政府並以本人的名義，向閣下及貴代表團的全體團員敬致熱烈而誠摯的歡迎。本國政府曾屢次明白宣示和日本早日媾和的願望。遠在民國三十四年九月十五日，蔣總統在對國內外廣播中，即已預見將來中日友善的必要，當時他曾昭示國人不但要不念舊惡而且還要以德報怨。他在民國四十年六月十八日發表的聲明中，又重申多年前孫中山

先生所制訂的政策，就是：只有藉中、日這亞洲兩大鄰
國的誠意合作，亞洲始能確保安定。蔣總統說：「本人
於日本投降未幾，則一再聲稱，中國對於日本不採報復
主義，而應採合理的寬大政策，並以種種直接間接辦
法，求取對日和約的及早觀成。」

　　今天我們聚會一堂，足見得我們對於我們兩國人民
間和平的恢復，都具有共同的願望。我們認為遠東和平
是世界和平所不可缺少的一部分。我們相信：在業已飽
受侵略之蹂躪與威脅的世界中，除非我們準備共同努力
來加強我們的關係，我們所求取的和平是不會獲得實現
的。我們今日所希望以金山和平條約的精神來商訂的兩
國間的和約，即足為將來兩國人民所願望的進一步合作
的基礎。

　　我們不能不預期在談判過程中雙方間將有若干歧
見，但本人可確告貴方：在本國政府方面，對於這些歧
見，將不致於缺乏與貴方共商解決之意願。當會談結束
時，本人希望在中日關係史上將翻開嶄新的一頁，而合
作與互相尊重亦將成為將來雙方一切關係的基本精神。
對於貴我兩國政府及人民付託給我們的歷史任務，本
人切望我們均能順利完成而無負於他們的厚望。

　　河田全權代表致詞：葉全權代表閣下，今天在此地
能和貴代表聚會一堂，開始正式商談，不勝欣快。以往
中，日兩國之間，屢次發生不幸的事件，以致不測兩國
國民衷心希求和平的真意，遂陷於戰爭狀態，我們實
在以為惋惜。但在戰爭剛剛結束之時，蔣總統正如葉
全權代表現在所說的，宣示內外以極寬大的態度對待敵

國。因此我國人民不但受多大的感銘，而且獲深刻的反省。本人茲代表本國政府和國民，對於中國官民仰體著蔣總統的意旨，對我國僑民予以寬大親切的措置，衷心表示感謝。

我們確信對於亞洲，尤其是東亞的全面復興與繁榮，作最大的努力，以貢獻其安定，這就是所以報答蔣總統的崇高德義的最善辦法。

本國政府去年所簽定的和平條約之條款，決定以誠意履行，在這條約內，我們已經表明「將來無論在任何場合，均遵守聯合國憲章的原則」之堅固意志。本人希望貴國政府從大局的見地，相信我國的將來，以敦善鄰之誼。

這次交涉，本應俟貴國政府提出草案，然後以互相敬愛之忱，開誠討議，是為妥當；惟這次條約的內容雖是遵照金山和平條約的原則，但在可能的範圍內作成簡潔的條約，是所切望。本人相信這是也符合於早期簽訂本條約的願望。

今天我們雙方已經會於一堂，開始商談簽訂條約，如因折衝工作遷延時日，或有政治上招致相反的效果之慮；一面鑒於金山和平條約不久將要發生效力，對於東亞和平與安全含有甚大的政治意義的本條約，早日達到妥結，不勝盼禱。

葉全權代表在致詞末段，給予我們的諾言，亦即我們方面所欲舉以相告者；若果雙方以高邁的政治家精神，及對於彼此立場以深切的理解，盡量討議，則本人確信必定在短期間內，可以得到公正條約的妥結。

　　葉全權代表請新聞記者退出會場後，向河田全權代
表稱：現在將中日和平條約初草中、英文各五份送給閣
下（送和約初草），以作將來討論的基礎。另送本人所
奉全權證書抄本一份（送抄），請察收。

河田全權代表：全部文件都已收到。本人所奉全權證書
　　　　　　　　抄本正抄繕中，容繕就後補送。關於
　　　　　　　　草案，我們需要加以研究，請給予研
　　　　　　　　究的時間；又我方可能提出疑問，屆
　　　　　　　　時並請惠予解答。

葉全權代表：似可決定以兩、三天的時間來研究草案。
　　　　　　　在這個期間內，我與河田特使可隨時作非
　　　　　　　正式的接觸，貴團團員在必要時，亦可隨
　　　　　　　時與我方人員作非正式的接觸。下次正式
　　　　　　　會議的時間，今日能否商定？

河田全權代表：（與木村首席團員磋商後）關於研究期
　　　　　　　　限，現在不能確定；但當儘量迅速，
　　　　　　　　如閣下所稱的三日或四日。

葉全權代表：特使準備停妥，請即通知我方。

河田全權代表：草案上印有「極密」字樣，想必是不能
　　　　　　　　對外發表。

葉全權代表：當然不能對外發表，請貴方保守機密。

河田全權代表：全權證書是否亦不發表？

葉全權代表：是的，也不發表。現在本人還有幾句話要
　　　　　　　說：中日雙方人民的心理都很敏感，但我
　　　　　　　們總希望談判能得到成功，以期無負兩國
　　　　　　　政府，所以，今後雙方官員對外聲明及與

記者談話時，希望絕對避免刺激雙方人民心理，尤其希望貴方負責當局對於和約的性質少作公開評論，尤望能避免足以刺激中國人民的話，中國方面對於暗示中華民國政府為地方政府一點，反感極大。希望貴方特予注意。

河田全權代表：對貴代表所說表示同意，並一定照辦。

葉全權代表：下次會議日期決定以前，如有必要，可由雙方隨時作非正式的接觸，現在假如沒有別的話就請散會。

（正午十二時散會）

三　中方所提中日和約初稿

中華民國與日本國間和平條約初草

中華民國與日本國鑒於兩國由於其歷史文化關係及領土鄰近而產生之相互睦鄰願望；了解兩國之密切合作對於增進其共同福利及維持遠東以及世界和平與安全均屬重要；均欲使其國家與人民重享和平之福祉，並將兩國將來之關係置於鞏固與敦睦之基礎上；均認盟國與日本國間，尤其是本兩國間，由於戰爭狀態之存在而引起之各項問題亟待解決；爰經決定締結和平條約。為此，各派全權代表如左：

中華民國總統閣下：……

日本國天皇陛下：……

各該全權代表經將其所奉全權證書提出互相校閱，認為均屬妥善，爰議定條款如左：

第一章　和平

第一條

（甲）中華民國與日本國間之戰爭狀態，自本約發生
　　　效力之日起即告終止。

（乙）中華民國承認日本國人民對於日本國及其領海
　　　有完全之主權。

第二章　領土

第二條

（甲）日本國放棄其對於臺灣及澎湖群島之一切權
　　　利，權利名義，與要求。

（乙）日本國放棄其對於南沙群島及西沙群島之一切
　　　權利，權利名義，與要求。

（丙）日本國承認韓國之獨立，且放棄其與於韓國，
　　　包括濟州島，巨文島及鬱陵島之一切權利，權
　　　利名義，與要求。

（丁）日本國放棄其由於國際聯合會委任統治制度而具
　　　有之一切權利，權利名義與要求；並接受聯合
　　　國安全理事會於中華民國三十六年即公曆一千
　　　九百四十七年四月二日為將前由日本國委任統治
　　　之太平洋島嶼置於託管制度下而採取之行動。

（戊）日本國放棄其對於南冰洋任何區域由於日本國人
　　　民之活動或由於其他方式而取得之任何權利，權
　　　利名義或與該區域有關之任何利益之一切要求。

第三條

（甲）關於日本國及其國民在臺灣及澎湖之財產及其對
　　　於在臺灣及澎湖之中華民國當局及居民（包括

法人在內）所作要求（包括債權在內）之處置，及該中華民國當局及居民在日本國之財產及其對於日本國及日本國國民所作要求（包括債權在內）之處置，應由中華民國與日本國另商特別處理辦法。任一其他盟國或其國民在臺灣及澎湖之財產，若至今尚未歸還，應由中華民國依其現狀予以歸還。（本約任何條款所用「國民」一詞，均包括法人在內。）

（乙）日本國所有之海底電線，其聯接日本國與依照本約而脫離日本國統治之領土者，應平均分配之；日本國保留該電線之日本國終點及與其鄰接之一半，該脫離之領土保留該電線其餘之一半及與終點相聯之便利。

第三章　安全

第四條

（甲）日本國茲接受聯合國憲章第二條所載之義務，尤其下列各項義務：

（一）以和平方法解決國際爭端，俾免危及國際和平、安全及正義；

（二）在其國際關係上不得以武力為威脅或使用武力或以與聯合國宗旨不符之任何其他方法，侵害任何國家之領土完整或政治獨立；

（三）對聯合國依憲章規定而採取之任何行動盡力予以協助；並於聯合國對於任何國家採取防止或執行行動時，對該國家不給予任何協助。

（乙）中華民國證實其對日本國之關係將以聯合國憲章第二條之原則為準繩。

（丙）中華民國在其本身方面承認日本國以一主權國之資格擁有聯合國憲章第五十一條所規定單獨或集體自衛之自然權利，並承認日本國得自動加入集體安全之措施。

第四章　政治及經濟條款

第五條　日本國同意所有由中國及日本國在中華民國三十年即公曆一千九百四十一年十二月九日以前所商訂之條約、公約及協定，概予廢止。

第六條　日本國將承認中華民國現在或將來為結束自中華民國三十年即公曆一千九百四十一年十二月九日開始存在於中華民國及除日本國以外之其他國家間之戰爭狀態而締結之一切條約，以及中華民國為恢復和平或關於恢復和平而訂之任何其他辦法之完全效力。日本國並接受為結束前國際聯合會及國際裁判常設法庭所訂之各項辦法。

第七條　日本國一經中華民國提出請求，將立即與之進行談判，以締結一項為規範或限制捕魚及保存暨開發公海漁業之協定。

第八條　日本國放棄在中國之一切特權及利益，包括由於中華民國紀元前十一年即公曆一千九百零一年九月七日在北京簽訂之最後議定書，與一切附件，及補充之各換文暨文件，所產生之一切利益與特權；並同意該議定書、附

件、換文與文件就有關日本國部分，予以廢
止，日本國並放棄與據稱在中華民國十六年
即公曆一千九百二十七年四月十八日以前中
國當局與日本國當局或國民間所存在之契約
有關之一切利益與特權。

第九條　日本國接受遠東國際軍事法庭，及其他在日
本國境內及境外之盟國戰罪法庭之裁判，並
將執行各該法庭所科予現被監禁於日本國境
內之日本國國民之刑罰。對該項人犯之大
赦、減刑及假釋權，除由對每一案件處刑之
一個或數個政府決定並由日本國建議外，不
得行使。如該等人民係由遠東國際軍事法庭
科刑者，則該項權力除由參加該法庭之過半
數政府決定並由日本國建議外，不得行使。

第十條

（甲）日本國宣佈準備迅即與中華民國進行締結條約或
協定之談判，藉以將兩國貿易，航業及其他商
務關係，置於穩定與友好之基礎上。

（乙）在前節所稱條約或協定尚未締結之前，日本國將
於本約生效起四年期間內：

（一）給予中華民國其國民，產品及船舶，以下
列各項待遇：

（子）關於關稅、規費、限制及其他施行
於貨物之進口及出口或與其有關之
其他規章，給予最惠國待遇；

（丑）關於船運、航行及進口貨物，及關

於自然人與法人及其利益，給予國
民待遇；該項待遇並包括關於徵收
稅捐、起訴及應訴，訂立及執行契
約，財產權（有形財產及無形財
產），參加依照日本國法律所設立
之法人，及通常關於各種商業及職
業活動行為之一切事項；

（二）保證日本國國營貿易企業之對外購買及出
售，應僅以商務考慮為基礎。

（丙）但關於任何事項，日本國所應給予中華民國之國
民待遇或最惠國待遇，應僅至中華民國關於同
一事項，所給予日本國以國民待遇或最惠國待
遇之程度。

（丁）在適用本條時，如某項差別待遇辦法係基於適
用該項辦法一造之商約中所通常規定之一項例
外，或基於保障該造之對外財政地位，或收支
平衡之需要（除涉及船運及航行者外），或基於
其保障其主要安全利益，又如該項辦法係隨情
勢推移，且不以獨斷或不合理之方式適用者，
則該項差別待遇辦法不得視為對於視情形應行
給予之國民待遇或最惠國待遇，有所減損。

（戊）本條所規定之日本國義務，不得因本約第十二
條所規定中華民國權利之行使而有所影響；本
條之各規定亦不得了解為限制日本國因本約第
十三條所採取之各項承諾。

第十一條

（甲）日本國一經中華民國提出請求，將立即與之進行
　　　談判，以締結一項關於民用航空運輸之協定。

（乙）在上節所稱協定尚未締結之前，日本國將於本
　　　約生效起四年期間內，給予中華民國以不低於
　　　中華民國在本約生效時所行使之空中交通權利
　　　及特權；並將在經營及發展空運業務方面，給
　　　予完全平等之機會。

（丙）本約之任何一方，在關於兩國間之空運業務
　　　方面，承擔適用中華民國三十三年即公曆
　　　一千九百四十四年在芝加哥簽訂之國際民用航
　　　空公約之原則。

第五章　要求及財產

第十二條

（甲）茲承認日本國對其在戰爭中所引起之損害及痛
　　　苦，應向中華民國及其他盟國給付賠償。但亦承
　　　認日本國如欲維持足以自存之經濟，則其資源現
　　　尚不足對一切該項損害及痛苦作完全之賠償，並
　　　於同時對其所負其他義務，仍予履行。因之，

　　　一、日本國將迅速與中華民國進行談判，以求
　　　　　利用日本人民在生產，打撈沉船及在其他
　　　　　工作方面對中華民國所作之服務，作為協
　　　　　助補償中華民國修復其所受損害之費用。
　　　　　此項辦法應避免使其他盟國增加負擔，且
　　　　　當需要製造原料時，應由中華民國供給，
　　　　　藉免以任何外滙上之負擔，加諸日本國。

二、（一）除本節第（二）項另有規定外，中
華民國應有權扣押、保留、清算或以其他
方式處分在本約生效時即受其管轄之左列
一切財產，權利及利益：

（子）屬於日本國及其國民者；

（丑）屬於為日本國或國民之代理人者；
及

（寅）屬於為日本國或其國民所有或控制
之團體者。

本項所列舉之財產，權利及利益，應包括現由
中華民國敵產管理當局所封閉、變更權利、占
有或控制，而於受該敵產管理當局控制之時，
即屬於上述（子）款、（丑）款或（寅）款所
稱之任何人民或團體或由其所持有或為他人代
其管理之資產。

（二）左列財產應不在本節第（一）項所列權
利之限：

（子）在戰爭期內，經中華民國政府之准
許，居住於其未經日本國占領之領
土內之日本國自然人之財產；但在戰
時曾受限制，且在本約生效之日並
未免除該項限制之財產，應予除外；

（丑）日本國政府所有並為外交或領事目
的使用之一切不動產，傢俱及裝
備，及日本國外交領事人員所有之
一切私人傢俱設備及其他非屬投資

性質且為執行外交及領事職務所經
常必需之私人財產；

（寅）屬於宗教團體或私人慈善機構並純
為宗教或慈善目的使用之財產；及

（卯）自中華民國三十四年即公曆一千九
百四十五年九月二日以後，因中華
民國與日本國間恢復貿易及金融關
係而受中華民國管轄之財產，權利
及利益；但因違反中華民國法律之
交易而生之任何財產，權利及利
益，應予除外。

（三）上述（子）款至（卯）款所稱財產，應予
歸還，但為保存及管理此項財產而支出之
合理費用，得予扣除。如任何此項財產業
經清算，則其經清算所得之價款，應予
歸還。

（四）本節第（一）項所規定與日本國財產扣
押、保留、清算或以其他方式處分之權
利，應依照中華民國之法律行使之；財產
所有人應僅具有該項法律所給予之權利。

（五）中華民國同意儘量在其本國情形許可範
圍內，對於日本國商標及文學與藝術上
之財產權利，予以優遇。

（乙）除本約另有規定外，中華民國放棄其一切賠償
要求，並放棄其國家其國民對由日本國及其國
民在戰爭過程中所採行動而生之其他要求。

第十三條

（甲）自本約生效之日起九個月內，日本國對於中華民
國及其國民在日本之有形及無形財產，一切權利
或任何種類之利益，凡在中華民國二十六年即公
曆一千九百三十七年七月七日至中華民國三十四
年即公曆一千九百四十五年九月二日間之任何時
期曾在日本國境內者，經其請求，將在此項請求
日期六個月內，予以歸還或恢復；但權益關係
人未經脅迫或詐欺而業已予以自由處分者，不
在此限。凡在某一時間被認為由在中國之偽政
權，如「滿洲國」及「汪精衛政權」者所保管
或屬於該偽政權之在日本國之財產，權利或利
益，應視為係中華民國之財產，權利或利益。
上述財產，權利及利益，縱因戰爭而或已在其
上設定義務或負擔費用，仍應不受此項義務或
費用之限制而予以歸還或恢復；歸還或恢復時，
亦應免除任何費用。凡在規定期間內未經權益
關係人或其代理人或中華民國政府請求歸還或
恢復之財產，權利及利益，得由日本國政府自
行決定處分之。如此項財產，權利或利益於中華
民國二十六年即公曆一千九百三十七年七月七日
係在日本國境內，但不能歸還或恢復，或已因戰
爭而遭受損害或其他損失時，則將以不低於公曆
一千九百五十一年即日本國昭和二十六年即中華
民國四十年七月十三日日本內閣所核定之盟國財
產賠償法案所規定之條件，給付賠償。

（乙）關於在戰爭中遭受損害之工業財產權利，日本
　　　與中華民國及其國民將繼續給予不低於前此日
　　　本國內閣於公曆一千九百四十九年，即日本國
　　　昭和二十四年，即中華民國三十八年九月一日頒
　　　行之第三零九號閣令，公曆一千九百五十年，
　　　即日本國昭和二十五年，即中華民國三十九年
　　　一月二十八日，頒行之第十二號閣令，及公曆
　　　一千九百五十年，即日本國昭和二十五年，即中
　　　華民國三十九年二月一日，頒行之第九號閣令（均
　　　以現行修正本為準）所給予之利益，但以該項國
　　　民已依照規定之期限申請此項利益者為限。

（丙）（子）日本國承認：在中華民國二十六年，即
　　　公曆一千九百三十七年七月六日存在於日本國
　　　境內有關中華民國及其國民已出版，或未出版
　　　之著作物之文學及藝術品之財產權利，業自該
　　　日期起，繼續有效；並對於因執行在該日日本
　　　國係屬一造之公約或協定自該日期起，已在日
　　　本國產生或如非戰事發生亦當已產生之該項權
　　　利，予以承認；至各該公約或協定是否在戰爭
　　　爆發之當時，或其後由中華民國或日本國以其
　　　國內法予以廢止或暫停實施，則在所不論。
　　　（丑）著作權人無須申請及繳納任何費用或
　　　履行任何其他手續，其著作權利之正常有效期
　　　間，應不包括自中華民國二十六年，即公曆一千
　　　九百三十七年七月七日至本約生效之日之期間在
　　　內；此項期間及另加六個月之期間，應不包括

在一文藝作品為獲得在日本國之翻譯權利而必須譯成日文之期限之內。

第十四條　為對中華民國及其他盟國軍隊人員在作日本國戰俘期間，所受不當之痛苦表示補償之願望起見，日本國將以在戰時中立之國家或與任何盟國作戰之國家內日本國及其國民所有之資產，或隨日本國斟酌以與此項資產相等之物，讓與萬國紅十字會，由其清理之，並將所得款項依其所認定為公允之基礎，分配與中華民國紅十字會及其他盟國國內之適當機構，以充前戰俘及其家屬之利益。

本約第十二條（甲）段第二節第（二）項（丑）至（卯）各款所稱資產項目，及在本約生效時不在日本國居住之日本國自然人之資產，不在讓與之列。茲並了解：本條約所規定之讓與，不適用於日本國金融機構在國際清理銀行現所擁有之一萬九千七百七十股股份。

第十五條

（甲）日本國政府經中華民國之請求，對於涉及中華民國國民所有權案件之日本國捕獲法庭所作判決或命令，應依國際法之原則，予以復判並予修正，並應提供有關此項案件紀錄之全部文件抄本，包括所作判決及命令之抄本在內。此項復判或修正如顯示應將財產恢復原狀，則本約

第十三條之規定，應適用於該項財產。

（乙）日本國政府應採取必要措施，使中華民國國民
可於本約生效後一年以內之任何時期向日本國
適當當局申請復判在中華民國二十六年，即公
曆一千九百三十七年七月七日至本約生效之日
之期間，日本國法庭在任一次開庭時，該國民
未能以原告或被告之身分為充分陳述而作成之
任何裁判。日本國政府應規定該國民因任何該
項判決而受損害者應恢復其在未經審判前之地
位，或應給予在此種情形下公平允當之救濟。

第十六條

（甲）茲承認戰爭狀態之介入並未影響償付，由於在
戰爭狀態存在以前已有之義務及契約（包括有
關公債者在內），及已取得之權利而產生且現
為日本國政府或其國民所欠中華民國政府或其
國民，或為中華民國政府或其國民所欠日本國
政府或其國民之金錢債務之義務。但本約第八
條另有規定者，不在此限。又戰爭狀態之介入
亦不得視為影響對於戰爭狀態發生以前，因財
產之損失，或損害，或人員之傷害，或死亡，
而由中華民國政府向日本國政府，或由日本國
政府向中華民國政府可能提出，或重行提出之
要求，而就其案情予以考慮之義務。本項之規
定並不妨礙本約第十二條所授與之權利。

（乙）日本國承認其對於日本國家戰前所負外債，及
其後宣稱由日本國國家負責之組合團體所負債

務，擔負責任；並表示其早日與其債權人就各
該債務償付之恢復問題進行談判；助成對戰前
其他債權債務問題之談判；以及便利由此產生
之款項之移轉之意向。

第十七條

（甲）日本國放棄日本國及其國民對中華民國及其國
民，或因戰爭，或因戰爭狀態之存在所採之行
動而生之一切要求，並放棄其由於在本約生效
以前中華民國官憲在日本國領土內之留駐或行
動而生之一切要求。

（乙）上述之放棄，包括對因中華民國自中華民國
二十六年，即公曆一千九百三十七年七月七日
至本約生效之日，對日本國船舶所採取行動而
生之要求，及因中華民國當局拘留日本國戰俘
及平民所生之債權關係；但不包括自中華民國
三十四年，即公曆一千九百四十五年九月二日
以後，經中華民國所制定之法律所特別承認之
日本國人之要求。

（丙）日本國承認在占領期間內根據或由於占領當局
之指令，或為當時日本國法律所准許之一切積
極與消極行為之效力；且將不採取使中華民國
國民因該項積極或消極行為而負民事或刑事責
任之行動。

第十八條　日本國將採取一切必要措施，俾依照中華民
國三十四年，即公曆一千九百四十五年柏林
會議紀錄議定書，有權處分德國在日資產之

　　　　　各國所已或所可能決定之對該等資產之處
　　　　　分，得以實施；又日本國在該等資產之最後
　　　　　處分前，將負保存及管理該等資產之責。

第六章　爭議之解決

第十九條　倘本約之任何一方認為關於本約之解釋或執
　　　　　行已發生爭議，而該爭議復不能以提交某一
　　　　　處理權益主張之特種法庭，或以其他協議方
　　　　　法予以解決時，該項爭議，經爭議任何一方
　　　　　之請求，應即提交國際法院予以裁判。日本
　　　　　國於批准本約時，將依照聯合國安全理事會
　　　　　中華民國三十五年即公曆一千九百四十六年
　　　　　十月十五日之決議，向國際法院書記官長遞
　　　　　送一概括宣言，聲明對於本條約所稱任何性
　　　　　質之爭議，接受國際法院之管轄，而毋須另
　　　　　訂特別協定。

第七章　最後條款

第二十條　就本約而言，中華民國國民應認為包括依照
　　　　　中華民國在臺灣及澎湖所已施行或將來可能
　　　　　施行之法令規章，而具有中國國籍之一切臺
　　　　　灣及澎湖居民，法人及船舶，應認為包括依
　　　　　照中華民國在臺灣及澎湖所已施行，或將來
　　　　　可能施行之法律規章所登記之一切法人及船
　　　　　舶；產品應認為包括發源於臺灣及澎湖之一
　　　　　切產品。

第二十一條　倘日本國與任何其他國家成立媾和協定
　　　　　　或處理戰爭要求之協議而給與該國以較

　　　　　　本約規定為大之利益時，則該項利益應
　　　　　　同樣給予中華民國。

第二十二條　　本約應予批准，批准文件應儘速在
　　　　　　互換。本約應自批准文件互換之日起發
　　　　　　生效力。

為此，上開全權代表特於本約簽字蓋印，以昭信守。

中華民國四十一年　月　日即日本國昭和二十七年　月　日即公曆一千九百五十二年　月　日訂於臺北，共一式兩份，分繕中文、日文及英文，遇有解釋不同，應以英文本為準。

四　中日和會第一次非正式會議簡要紀錄

初步交換意見

時間：民國四十一年二月二十三日上午十時至下午三時

地點：葉代表私邸

出席：

中國方面：全權代表　葉公超
　　　　　副代表　胡慶育
　　　　　外交部專門委員　鈕乃聖

日本方面：全權代表　河田烈
　　　　　首席團員　木村四郎七
　　　　　團員　中田豐千代

一、河田謂：（一）中方和約草案與日方所構想者，
　　在基本精神上，顯有不同。日方認為，兩國間應先
　　恢復國交，重建東亞安定之基礎。否則不惟無以對
　　抗中共與蘇聯，抑且不易獲得美國及西方集團之信

賴。締約應以此為目標。條文務宜簡潔。至細目問題，不妨留俟將來再行協商。（二）中方草案幾全部仿效金山和約，條款繁多，似無必要。（三）日本國民對與中國締約一事，並未一致贊成。如完全仿照金山和約締約，勢必使日本負擔片面之義務，亦即不能不將對戰敗國之條款表現於條約之內，將使日本國民失望。中國過去對英、對日各條約，均非中國國民所樂於接受者。中國方面對此應具理解。（四）吉田致杜勒斯函應為締約之基本原則。該函主要點為：（甲）日本無意與中共訂交。（乙）日本終將對中國就締結和平條約，與締定通商關係，作全面措置。但目前僅為一過渡辦法，即依照金山和約之原則，就中國政府現在控制及將來控制之領土，恢復關係。因此此次締約，應就可能適用之範圍進行。河田並請中方就草案重行檢討，提出修正草案。並謂日方亦願提出方案，以供閱覽。

二、葉代表及胡副代表正告日方：中國政府為合法之正統政府，且為盟國及聯合國之一員。日方必須尊重中國政府此種地位。否則和會將無法進行。中國與日本所定者，必須為和平條約。請日方就和平條約之名稱，及草案第一條關於和平實質之規定，先予同意。以便進入正式會議。中方在討論約稿內容時，自願充分聽取日方之意見。但中方並無修正業已提出之草案之意。亦不擬接受日方任何方案。

三、日方謂可同意草案第一條（甲）款之規定。但認

（乙）款無必要。葉代表謂日方即已同意草案第一條（甲）款，是和平條約之實質業已具備。故謂日方同時接受和平條約之名稱。

四、河田允研究後再行決定。並稱請中方重行檢討，提出修正草案之議，願予撤回。因約定二月二十六日下午二時半續談。

五　中日和會第二次非正式會議簡要紀錄

條約名稱問題的商討

時間：民國四十一年二月二十六日下午二時三十分至
　　　四時三十分

地點：新北投佳山外交部招待所

出席人員：

中國方面：全權代表　葉公超
　　　　　副代表　胡慶育
　　　　　外交部專門委員　鈕乃聖

日本方面：全權代表　河田烈
　　　　　首席團員　木村四郎七
　　　　　團員　中田豐千代

（一）河田代表首先表示日方雖願即接受和約之名稱，但與內對外有下列兩項顧慮：（甲）日方輿論之反對，及（乙）日本在政治上及經濟上，均不願開罪於英國。為避免國內反對及獲得英方原諒起見，似宜先將名稱問題暫為擱置，而先討論條約內容。倘雙方先行商討條約內容，而商討之結果係一項確能表現蔣總統崇高德義

精神之寬大和約，則日本人民自必樂於接受，而英方亦難再予反對。中方先定名稱之用意，日方極為了解，雙方用意在表面雖屬相反，但實際僅為程序上之差異，而結果未必不同。河田代表又謂彼可向中方保證：「將來定可決定條約名稱為和平條約」。此項保證可向少數有關當局報告，但對外必須嚴守秘密。

（二）葉代表乃將中方立場重予解釋：（一）中方所主張者，非不談條約內容而先定條約名稱，而實係於有關內容商定後，即決定條約名稱。約稿內容與和約名稱有關者，僅為第一條。日方如同意第一條甲項之規定，即不能不隨之決定名稱。

（二）日方所慮者，似為被外界知悉，此點恐難避免。中國人民與立法院均極明瞭政府之立場，即：（甲）條約之名實均須為和約；（乙）關於條約實施範圍之規定不能訂入和約正文之內；此兩點為先決條件。立法院並已知悉政府給予代表之訓令係完全符合上述立場，現在即使中方同意河田代表提供保證之辦法而進入正式會議，當立法院詢及會議進行情形時，中國代表縱僅告以「進行順利」一語，而彼等即可推知日方關於條約名稱已同意中方建議。且中國代表在立法院報告時，似亦決不能作如此簡短之答覆。故不如仍用二十三日所談由河田代表先予同意之辦法。

（談至此，河田代表要求考慮一夜再談。）

六　條約名稱問題的初步協議

1. 中日和會第三次非正式會議簡要紀錄

時間：民國四十一年二月二十七日上午十一時至下午
　　　二時四十五分

地點：新北投佳山外交部招待所

出席人員：

中國方面：全權代表　葉公超
　　　　　　副代表　胡慶育
　　　　　　外交部專門委員　鈕乃聖

日本方面：全權代表　河田烈
　　　　　　首席團員　木村四郎七
　　　　　　團員　中田豐千代

（一）河田代表首先表示日方可同意中方約稿第一條
　　　甲項，故對條約名稱暫可同意其為「中華民國
　　　與日本國間和平條約」。至於約稿之序文，希
　　　望中方再給日方考慮之時間。

（二）葉代表當即詳述中方起草時所採之寬大態度，並
　　　強調和平條約之序文例，應敍述戰爭之由來及其
　　　責任。中方為顧及日方之情感故避而不談。但此
　　　種態度並未蒙中方一部分人士之諒解。彼輩仍堅
　　　決主張序文應敍明戰爭之起因及責任。故為避免
　　　枝節，似以從速決定為愈。

（三）河田代表表示，彼對中方約稿序文尚未充分研
　　　究，故仍希望中方能給予考慮之時間。

（四）雙方代表，經商討後，決定第二次正式會議程
　　　序如左：

（甲）開會。

（乙）雙方代表表示一般態度。

（丙）討論約稿序文（日方代表請暫保留）

（丁）討論約稿第一條甲項（日方代表表示同意）。

（戊）中方代表宣稱：「日本代表即已同意第一條甲項，是和平條約之實質業已具備，本約應定名為『中華民國與日本國間和平條約』」。日方代表表示同意後，聲明三點，即（一）雙方議訂中之條約，所載條文，須力求簡潔；（二）對於條文應與現存環境相適應一節，雙方於議訂該項條文中，須予顧及；（三）此項條文尤期對於以協調及相互為基礎之兩國間友好合作，有所貢獻，日本代表希望中國代表對此三點，予以注意。（日方代表原建議中國代表於聆悉上項聲明後，答稱「是」，但葉代表未表贊同。）

（己）討論約稿第一條乙項。（日方代表請刪除，中方代表稱：「不能同意」，日方代表請保留此點。）

（庚）散會。

（五）雙方代表對會後例須發表共同聲明之措詞未能獲致協議。日方草案為：「雙方代表在此次會議中已就彼此間之立場，加深理解，因已進入討

論條約內容之階段」。中方草案為：「雙方代
表在本次會議中，已就條約名稱及與名稱有關
之條款獲致協議，並已進入討論條約內容之階
段。」此點議久不決，遂由雙方代表商定，由
胡副代表及木村首席團員於次晨會商解決，並
決定正式會議之時期。

2. 胡副代表慶育與日本代表團首席木村四郎七 談話簡要紀錄

木村四郎七於二月二十八日晨十一時來外交部與胡副代
表慶育晤談，茲將談話要點綜合紀述如次：

一、木村首稱，河田全權代表在正式會議同意條約名稱
時，將提出三點聲明，並出示英文聲明草稿如下：

I accept your proposal. In so doing I would like to
stress some of the points I have mentioned in my
statement, namely:

（1）that the provisions of the treaty to be and negotiated
should be as brief and concise as possible;

（2）that in working out these provisions, due regard
should be given to make them compatible with
the existing circumstances; and

（3）that they should in particular contribute to the
friendly cooperation between the two Parties on
a basis of reconciliation and reciprocity.

胡副代表建議將 "make them compatible" 數字改為
"their compatibility" 兩字；並建議將 "reciprocity"

一字改為 "mutual respect" 一語，木村表示同意。
木村續稱：河田代表於誦讀此三點聲明後，並表示
希望中國代表能予注意。中國代表於聆悉此聲明後
即答曰「是」，均答載入紀錄。胡副代表復稱：昨
日貴方曾作此請求；但葉代表未表同意。此點最好
勿再提出。木村允撤回其請求。

二、正式會議後，將發表聯合公報，木村經出示日方所
　　擬英文公報稿如下：

Joint communique（Japanese Draft）

In regard to the fundamental questions of the treaty,
including its title, negotiations have made sufficient
progress, and an understanding has been reached
to such an extent as will enable discussion on the
provisions.

胡副代表閱後，認為其中關於條約名稱各節，未標
明已獲協議，爰建議另加修正，幾經磋商後，始
初步同意另用修正稿文字，木村以此事關係重要，
未敢擅自作主，尚須請示河田全權代表始能最後決
定，胡副代表亦聲明所提修正文字亦尚須請示葉全
權代表。修正如下：

（Revised Joint Communique Draft）

In regard to the fundamental questions of the treaty,
the two Plenipotentiaries have exchanged views. An
agreement on the title of the treaty has also been
reached thus enabling both Parties to proceed with
discussions on the provisions of the proposed Draft

prepared by the Chinese Government.

三、胡副代表謂：日本代表團抵臺已近兩週，而關於和
約案，現可能稱為已大致獲得協議者，僅一條約名
稱及我方約稿第一條半條文字，現我已將約稿交日
方，日方對我立場及主張已甚明瞭，但在我方，則
對日方之立場及主張究竟如何，仍感茫然。日方常
言約稿應力求簡潔，究應簡潔至何種程度，我亦殊
無觀念。聞日方曾準備一項約稿，或意見書，是否
屬實？木村答以有之。胡副代表乃問：為便利商談
進展起見，是否可將該項文件非正式送來一閱？言
次並說明，索閱約稿僅係為供參考，並非欲以作為
商談基礎，蓋在第一次正式會議時，雙方已同意以
我方約稿作為商談基礎也。木村當答以渠本人認為
可將約稿送閱，惟須請示河田代表；並謂河田代表
原有意將約稿送我方過目，但因恐刺激我方情緒，
故躊躇至今。胡副代表謂：日方果不欲刺激我方情
緒，則宜對我方意見多事遷就，將日方意見遲遲不
明告知我方，固不能減少其對我方之刺激也。

七　中日和會第二次會議紀錄

時間：民國四十一年三月一日下午四時二十分至四時
　　　四十五分

地點：中華民國外交部

出席：

中華民國：全權代表　葉公超

　　　　　副代表　胡慶育

外交部亞東司司長　汪孝熙

外交部條約司司長　薛毓麒

外交部專門委員　鈕乃聖

外交部專門委員　孫秉乾

外交部專門委員　凌崇熙

外交部亞東司第一科科長　賴家球

外交部條約司第二科科長　胡駿

外交部情報司專員　濮德介

日本代表國：全權代表　河田烈

首席團員　木村四郎七

顧問　堤汀

顧問　井上清一

團員　後宮虎郎

團員　中田豐千代

團員　真崎秀樹

團員　力石健次郎

秘書　坂本四郎

事務官　山本晃

事務官　崎山喜三郎

中國全權代表宣布開會後請日本全權代表發言。

日本全權代表：

　　「葉全權代表閣下：一、貴方所提草案內容，本人業已閱過。發現其與敝方所預想以至所期待者，大為不同。因此，現如照草案逐條開始審議，討論增刪修改，則恐在許多項目上，將反復引起同樣之議論，以致大費時間，是以，獲致雙方對於擬訂條約所應依據之基本事

項，以及灌注整個條約之基本思想上之一般同意，實有必
要。因此，本人願就此等事項，申述敝方之意見。本人
相信今日最重要之急務為：中日兩國政府應先將國交恢
復，並從新奠定安定東亞之基礎。否則欲有效對抗蘇聯
與中共，維持美國信賴，以及獲得西歐之信心，恐將均
有困難。以此見地為出發點，希望從速締結一極為簡潔
之雙邊條約，其內容當以上述各項考慮為主，至由此發
生之枝節問題，則各別加以檢討商議，本人相信如此方
為恰合時宜。

二、然一讀貴方草案，關於此點有與敝見不一致之
點，即：第一要注意者，本條約應為雙邊條約，就貴方
言，因儘可能倣照金山和約，故條文較多，此當係由於副
合國內的政治立場，但雙邊條約，在本質上僅規定二當
事國間有關係之條款已足，即為雙邊條約，則比諸多邊
條約，其條文應該簡潔，乃屬必然。更就積極的觀點觀
之，如單模寫金山和約，製定約稿，亦無特別派全權從
事交涉之必要，可以說唯有作成適合於兩國間親密關係
之條約，方有意義。

三、與此點相關連，茲更就日本國民感情，喚起貴
方之注意。以倣效金山和約而擬成之貴方草案方式，必
然有若干片面的使我方負擔義務之方式，使人怵目，因
而金山和約中，對於戰敗國之有限制的（restrictive）規
定，將大部分包含於此次條約之中，若然，則違反日本
國民對條約之期待，勢必感覺失望。坦白言之，正如貴
方所諗知，日本國民之中，對於此次之條約交涉，並非
全表贊成，鑑於此種現狀，條約內容要儘可能在形式上

勿刺激日本國民之感情，希貴方予以了解。

縱令兩國政府間在此成立和解之條約，而兩國民間之感情，如仍存有芥蒂，此不僅深為遺憾，且將給予人民一種不良回味，認為該條約乃為兩當事國政府間之條約，並非兩國人民間之條約，而結果將妨害條約之圓滿施行，此不僅無意義，而且難保不發生流弊。關於此類情形，貴方過去在對英對日等條約上，已飽嘗痛苦經驗，不難想像。中、日兩國今日正當開始重新奠定關係之際，希望將此種顧慮一掃而空，因之基於理解及信賴之本條約，其規定方式，切望在原則上採取雙邊規定方式，此種方式不僅與貴方毫無害處，而且相信正可與日本國民感情上以良好影響。

四、其次，本人擬就促成此次條約交涉開始，作為交涉基本規程（ground rule）之吉田書簡，聊盡一言。吉田書簡之基本事項如左：

1. 日本無意與中華人民共和國發生條約關係；
2. 希望最後與中國採取政治的和平及通商關係之全般措置，並且在直至今日為止之現階段上，希望使兩國政府之關係，循上述路線發展。

　A. 以多邊條約所規定之各種原則為基礎；

　B. 準備盡速就國民政府現在所支配，及將來所支配地區可能適用之條款締結條約。

可見據所諒解，此次條約之適用範圍，乃限於現實可能適用之地區。而貴方之草案，對於此點毫未加以分析，盡最大限度採錄金山和約之條文，條約中加入我方現實上不可能實用之條文，相信此僅為一種紙上解決

（paper settlement）並無意義。因此，希望採用限於目前可能適用之條文。再本人以為雖可能適用，而效用較低之條款，亦不必將其包含在內，以避免使事態繁雜糾紛。

總之，正如在開始所談及者，鑑於今日之國際情勢，中、日兩國政府，應專心將儘速恢復國交之事實宣示中外，以禦列強之欺侮，贏得友邦之信賴與信心。至其細節則應留待日後協商。」

中國全權代表：「河田全權代表閣下：閣下適間所發表的言論本人已殷切諦聽。貴我雙方曾舉行三次非正式會議，力求消除彼此所商議條約中各種事項之歧見，在非正式談話過程中，本人曾向閣下將我國人民對於與貴國媾和之情緒，及我國政府對於與貴國媾和之立場說明頗詳。本人希望在這次會議中吾人能獲致若干協議。

在過去幾十年內，中國與日本之關係曾因兩次戰爭及許多不幸事件，而有所損害。從民國二十年「九一八」瀋陽事變以迄勝利停戰之日，中國人民，尤其是東北數省的人民在日本軍閥不斷侵略之下，都做了慘痛的無辜犧牲者。長年的對日戰爭耗損了中國的資源，斲傷了中國的元氣，以致在戰事結束時，中國對於赤色侵略狂潮的抵抗，已屬心有餘而力不足。在對日戰爭中，我方所付代價誠屬鉅大。如無對日戰爭所加之摧殘，中國大陸當仍在我方手中，而四億五千萬中國人民當亦能免受共產黨徒所推行之恐怖統治。

為符合中國自勝利停戰之日，以還所採對日寬大及協調之精神，我方已自願採用金山和約之精神，亦就是

歡迎日本重返國際社會及以平等地位參加和平工作之精神。閣下自必明瞭，我方所擬之約稿，在精神上及實質上，大體均以金山和約為根據。例如，我方約稿之序言，即未依照一般和約序言之習用格式，對於行將終止之戰爭狀態之起源與責任予以說明。

中華民國政府以中國人民之合法政府，對日宣戰及作戰之政府及接受日本投降之政府的地位，現已準備以與其他盟國在金山所議定各條款大致相同之條款與日本締結和平條約。所應予提明者，我方固願以金山和約之原則為準繩，然我方並未忽視一項事實，就是：由於存在於貴我兩國間之戰爭狀態，已引起若干特別涉及貴我兩國關係之特殊問題。我方約稿中已列有為金山和約所無之若干條款，即可證明對於此等問題，已予顧及。

本人希望：在貴我雙方之考量中，閣下對於此一約稿內所表達善意及協調之精神當能明察。本人並願向閣下重申：中國仍享有盟國之地位，而中國大陸現雖暫為共產侵略者所竊據，我國政府仍保有對全部中國之完全主權。」

中國全權代表：現在請賴科長家球宣讀中國政府所擬約稿之序文。賴科長家球宣讀：「中華民國與日本國鑒於兩國由於其歷史文化關係及領土鄰近而產生之相互睦鄰願望；了解兩國之密切合作對於增進其共同福利及維持遠東以及世界和平與安全均屬重要；均欲使其國家與人民重享和平之福祉，並將兩國將來之關係置於鞏固與敦睦之基礎上，均認盟國與日本國間，尤其是本兩國間，由於戰爭狀態之存在而引起之各項問題亟待解決；

爰經決定締結和平條約。為此，各派全權代表如左：

中華民國總統閣下：……

日本國天皇陛下：……

各該全權代表經將其所奉全權證書提出互相校閱，認為均屬妥善，爰議定條款如左」

賴科長繼宣讀英文，並由鈕專門委員乃聖譯為日文。

中國全權代表：河田全權代表對於所讀序文是否同意？

日本全權代表：本人尚須更充裕之時間來細細研究序文，因之，本人建議：關於序文應延至以後會議中商討。

中國全權代表對日本全權代表之建議表示同意。

中國全權代表：現在請賴科長家球宣讀約稿第一章第一條（甲）項。

賴科長家球宣讀：

「第一章　和平

第一條

（甲）中華民國與日本國間之戰爭狀態，自本約發生效力之日起即告終止。」

賴科長繼宣讀英文，並由鈕專門委員乃聖譯為日文。

中國全權代表：貴代表對剛才所宣讀的條文規定是否同意？

日本全權代表：是的，本人同意。

中國全權代表：本人現擬建議，商議中之條約應定名為「中華民國與日本國間之和平條約」貴代表對此建議是否接受？

日本全權代表：本人接受貴代表之建議。在接受此一建議時，本人願就本人前已聲述之若干意願中，再行複述

三點，以示側重：

（一）議訂中之條約所載條款，須力求簡潔；

（二）在擬訂此等條款時，各該條款對於現有情況之適
　　　宜性，應予顧及；

（三）各該條款，尤期對於以協調及相互尊重為基礎之
　　　友好合作，有所貢獻。

中國全權代表：現在請賴科長家球宣讀約稿第一章第一
條（乙）項。

賴科長宣讀：

「第一章

　第一條

　（乙）中華民國承認日本國人民對於日本國及其領海
　　　　有完全之主權。」

賴科長繼宣讀英文，並由鈕專門委員乃聖譯為日文。

日本全權代表：本人建議將此項刪去。

中國全權代表：本人尚未準備與貴代表討論所提建議，
本人願予以保留，以待將來討論。

日本全權代表：現時將我方條約草案日文及英文各四份
提出，請閣下查收。

中國全權代表：多謝。貴方文件，可供參考。本人了
解：在第一次會議時本人遞交河田代表之我方約稿，仍
係雙方商談之基礎。

日本全權代表：了解。

散會（四時四十五分）。

第二節　和約實質部分的談判及日方的稽延

一　葉公超部長與河田烈代表談話紀錄

時間：民國四十一年三月一日下午（第二次會議散會後）

地點：中華民國外交部部長辦公室

在座：胡副代表慶育

　　　外交部鈕專門委員乃聖

　　　日本代表團首席團員木村四郎七

　　　團員中田豐千代

河田：頃間面交貴代表之我方草案，係本團離東京前即
　　　已備妥者，故條約名稱及關於實施範圍之規定
　　　（即草案第六條）未有更動；本人與貴代表迭次
　　　接談以後，現已對貴方意見，深切明瞭。除該草
　　　案所載之條約名稱，已於頃間當場塗去外，其第
　　　六條甲項仍列在條文之內，因恐條文錯亂，故一
　　　仍其舊。關於此點，本人極願與貴方協商，並非
　　　於深明貴方意見之後，仍依舊提出該項條款，請
　　　勿誤會是幸。

葉　：承告甚謝，我方自將以貴方草案作為參考資料。
　　　至我方草案，則仍為將來雙方商討之基礎。此點
　　　適間已向貴代表表明，想已同意。

河田：本人同意。

胡　：本人曾與木村先生約定：雙方除就今午所舉行之
　　　正式會議，各自發布公報外，不另發消息。關於
　　　貴方曾將貴方約稿交我全權代表參考一節，當亦

　　　　在不向外界透露範圍之內，未審貴方是否亦具同
　　　　樣了解？

葉　：此事對外透露，對雙方均多不便。

木村：此點我方甚了解。

二　中日和會第四次非正式會議紀錄

1. 第一部份：關於約稿第二十一條之討論

時間：民國四十一年三月五日上午九時三十分至十一
　　　時四十分

地點：中華民國外交部

出席人員：

中華民國：胡副代表慶育
　　　　　汪司長孝熙
　　　　　薛司長毓麒
　　　　　鈕專門委員乃聖
　　　　　胡科長駿

日本國：團員木村四郎七
　　　　團員後宮虎郎
　　　　團員中田豐千代
　　　　團員真崎秀樹
　　　　團員力石健次郎
　　　　事務官山本晃

胡　：現在宣布開會。上次會議討論至我方約稿第一條
　　　甲項，今天是否順序逐條討論，貴方有何意見？

木村：我方約稿業經送交貴方參考，本日會議是否可
　　　將雙方約稿中意見較為接近之條文先行討論？

胡　：貴方約稿甚簡略，且形式與內容均與我方約稿迥異。我方約稿，既經雙方商定為唯一談判基礎，當吾人從事於條款審議時，應以我方約稿為依據並照其條款順序，俟議及與貴方意見有關條款時，貴方自有機會提出貴方意見。惟如貴方願先就貴方所持意見，作一概括討論，本人亦可同意。

木村：逐條討論方式可表同意，惟在雙方對某一問題一時難獲協議時，是否可保留以待從長計議，俾使全案之討論不致因此稽延？

胡　：誠然。往例亦復如是。我方前曾同意先將約稿序言部份暫予擱置，而即討論第一條，即是此意，以後自可照此辦理。貴方此時是否已準備與我議討序言之措詞？

木村：尚未準備停妥。

胡　：是否現在開始討論約文第一條？

木村：副代表適纔提及雙方可先作概括討論，本人認為此舉極有必要。

胡　：貴方既有此意，願先重複撮述我方所持立場，我方之意見概括言之，有如下數端：（甲）首先須雙方證實者，即在我接受貴方約稿時，雙方已同意我方約稿仍為談判基礎。（乙）就貴方約稿之性質而論，殊非一和約，因其第一條雖有終止戰爭狀態之規定，但屬於其他性質之條款佔絕大多數。（丙）貴方一再強調和約須簡明扼要，屢請刪除我約稿內之條文，此處本人願提出約文

中中國政府最重視之條款即約稿第二十一條，在貴方願意接受該一條款之情況下，對貴方請求簡化約文之舉，我方當可考慮。

木村：貴方對該條文可否予以解釋？

胡　：請胡科長宣讀第二十一條。

胡科長宣讀第二十一條如下：

「第二十一條

倘日本國與任何其他國家成立媾和協定或處理戰爭要求之協議，而給與該國以較本約規定為大之利益時，則該項利益應同樣給予中華民國。」

胡　：該條文極為簡短，相當於金山多邊和約第二十六條最後一段之規定。

木村：我方對貴方所提和約名稱已經接受，且已接受貴方約稿第一條，因此雙方洽訂之條約，殆為「和約」無疑。我方主張其餘條文宜力求簡明，僅須列入關於重建中日新關係之必需條款。抑中日和約之締訂，乃在適應目前遠東局勢，故不必對於金山和約之條款，多所抄襲。

胡　：中日和約之議訂，應「依照多邊和平條約內所揭櫫之原則」即吉田首相致杜勒斯先生函件中亦已言明。矧我方在歷次與貴方晤談中，均一再強調中國應與其他對日作戰各盟國立於平等之地位，質言之，我所享待遇，不得劣於各該盟國，故約稿第二十一條實為關鍵所在。

木村：中國政府之地位，與其他盟國之地位，實未盡相同。金山和約第二十五條對所稱盟國有一定

義，中國非該定義所指之盟國，亦非金山和約
簽字國，自無從享受該約第二十六條最惠國條
款之待遇。日本雖無意否認中國為盟國之一，
然中國終非金山和約所指之「盟國」。

胡　：金山和約第二十五條中載有「除第二十一條另有
規定外」一語，而該第二十一條，即涉及中國之
條文也。此點貴方顯予忽略，惟此點在現正舉行
之談判中，並不重要，因我方所主張者非據金山
和約以保障我方之權益，而實係以金山和約為依
據，另訂中日和約，以保障我方之權益也，我方
約稿第二十一條所規定者，為基本原則之一，故
必須予以堅持。

木村：我方約稿實含孕金山和約之精神，茲請貴方考
慮者，乃目前議訂條約之新意義，雙方應注重
中日間之特殊關係，及該約對於鞏固遠東安全
與和平之作用。

胡　：貴方所指者，似僅為貴方約稿中之半條條文。

木村：金山和約第二十六條之規定，似難為非締約國
所援用。

胡　：我方無意援用金山和約第二十六條，而實欲根據
該條之原則，於中日和約中另設專條，即我方約
稿第二十一條。又採取金山和約原則作為議定中
日和約之基礎，與在中日和約中列入其他適應中
日兩國新環境之規定，實係截然二事。

木村：此一問題可否留待日後再談？

胡　：我方提出第二十一條條文，意在表明中國政府

之立場，我方固願將和約內容簡化，亦願尊重
貴方之情緒，惟須在貴方接受上述第二十一條
條文後，始可予以考慮。對於此點，貴方如尚
需充分時間考慮，或尚須報請貴國政府指示，
自可留待日後商議。茲願重行提請貴方注意
者，即該條對中國之權益，具有「保障價值」
（Safeguard Value），故中國政府不得不視為全
約之關鍵而特予重視。

胡　：茲繼續討論約稿第一條（乙）項。

胡科長宣讀中華民國與日本國間和平條約初草第一條
（乙）項中英文條文如下：

「第一章　和平

　第一條

　（乙）中華民國承認日本國人民對於日本國及其領海
　　　　有完全之主權。

　（b）The Republic of China recognizes the full sovereignty
　　　　of the Japanese people over Japan and its territorial
　　　　waters.」

胡　：據本人記憶：在上次會議中貴方建議將第一條
　　　（乙）項刪除，而我方則主張將其保留。

木村：該項規定乃一當然之事。中日兩國既以互相尊
　　　重原則議約，則該條文之列入，徒為贅文，且
　　　足刺激日本人民之情緒。

胡　：對於該項之刪除，本人茲表示極臨時性之同意，
　　　且係基於如下兩項了解：（一）仍待中國政府最
　　　後核定，（二）貴方終將接受我方約稿所載第

　　　　　二十一條。我方願盡量顧及貴國人民之心理，但
　　　　　貴方亦須了解我方對該第二十一條條文之重視。

木村：貴方態度本人十分感謝。本日會議對全盤問題
　　　　　均有涉及，我方當詳予研討貴方之各項意見。
　　　　　現為時不早，會議可否告一結束，容本日午后
　　　　　三時再行商討？

胡　　：然。本人茲再重述幾句簡單的話，中國此次商
　　　　　談和約，決不能拋棄其為盟國一員之地位，換言
　　　　　之，其在和約所享地位，不能劣於任一盟國，如
　　　　　雙方對此屢獲致諒解，則對於約稿中之細節，自
　　　　　易著手磋商。

木村：貴方所稱盟國地位之涵義如何，請具體言之。

胡　　：即與其他盟國完全平等之謂，換言之，其他盟國
　　　　　所享權益，我方亦應同樣享有。金山和約乃一合
　　　　　理化條約。我方所欲獲致者乃一與其他盟國平等
　　　　　地位，無意在金山和約之外加重貴國之負擔。

木村：我國近與印度洽商和約，該項和約之內容簡單
　　　　　扼要，針對事實而發。貴我關係，遠較印日關
　　　　　係為密切，貴方之對日同情與寬大，亦遠在印
　　　　　度之上，貴方對日方所要求，似不宜反超出印
　　　　　日和約範圍之外。

胡　　：一如貴方所述，中、印兩國對貴國關係確有不
　　　　　同，我國抗戰之慘重損失恐不啻千百倍於印
　　　　　度。夫簽署金山和約之諸盟國又有幾國曾實際
　　　　　參與對日作戰？又有幾國領土曾被貴國佔領？
　　　　　其人民遭受慘殘之禍害有如中國者？彼等既均

享盟國之待遇，我中國自更有理由享受盟國之待遇。此項言論，非激於感情而發，不過欲藉此使貴方與我方立場，益加明瞭而已。

木村：貴方不獲參加金山和約，其咎不在日本。目前雙方似應以中日新關係為重，而對於已往史實，似不宜過予重視。

胡　：除顧及我為盟國一員應處之地位外，尚有甚多與戰爭有關問題，亦待解決，吾人對於中日戰爭，雖願盡量避免重提；然對因此戰爭而產生之問題，則須亟圖予以解決。金山和約對於此類問題所涉權利義務，已有規定，願循此規定，以與貴方商訂和約。

木村：吉田首相在其致杜勒斯大使函中，雖曾提及金山和約之原則應予依從；然非謂中日條約應逐字抄襲金山和約全文。須知中日條約之及早觀成，實有賴於雙方之「互信」、「互諒」。

胡　：條文為精神之所寄，離去條文，尚焉有精神之可言。

木村：我方目前已接受者，誠為一百分之百的和約，貴方似應滿意。如從枝節問題推敲，實足阻礙談判之進展。

胡　：我方所要求者，僅為其他盟國在金山和約中所享權益。我國浴血抗戰亙八年之久，所處地位若反不及其他盟國，於情於理均有未合。何況金山和約之條款實空前寬大，中國未有報復之心，日本豈可不顧及中國人民之情緒？

木村：我方非欲避開戰爭不提，但於中、日兩國之未來
　　　關係尤應特予重視，須知雙方人民對於此次會議
　　　之成功，屬望甚殷，故中日和約之政治意義，實
　　　甚鉅大。

胡　：我方對中日兩國之未來關係，亦甚重視，倘我
　　　國人民獲有「日本不以盟國地位對待中國」之
　　　印象，將使中日未來關係，蒙受莫大之損害。
　　　故此為一癥結問題，處置不慎，將造成心理裂
　　　痕，談判合作豈能收實效？

木村：就金山和約而論，我方感覺，諒為貴方洞悉。
　　　我方人民對於金山和約，並不認為完全滿意，
　　　實則美國原持態度，實遠較該和約為更寬大。

胡　：貴方朝野對金山和約之反響，本人亦有所聞。實
　　　則和約無論如何寬大，在既經簽訂之後，在戰敗
　　　國觀之，總是不夠寬大，正不獨貴國為然。今我
　　　方要求貴方事項，既未增加貴方義務，且為促進
　　　中日未來合作開一坦途，貴方接受自無困難，貴
　　　方人民當亦不難理解。中國此次議約，極願盡量
　　　避免使貴方感覺身為戰敗國，然亦不能自置於劣
　　　於其他盟國之地位。

木村：貴方之意思本人深為了解，貴方若不以為所處地
　　　位劣於其他盟國，僅在自動對日本寬大，不亦可
　　　乎？對於條文，本人意見以為即將與兩國無直接
　　　關係及無實際效用之條文刪除，此層諒不影響貴
　　　方地位。

胡　：我方態度仍以貴方是否接受第二十一條條文為

定。此一問題能獲解決，將與談判前途，裨益甚

多，本人之了解，貴我雙方之談判，迄在協調友

好氣氛下進行。

木村：深感貴方於本次會談中坦白相告各項意見。

胡 ：此次會談，雖無具體成就；然望能對於彼此了

解，有所增進。

十一時四十分散會。

2. 第二部份——關於領土、財產問題之討論

時間：民國四十一年三月五日下午三時四十五分至五

時三十分

地點：中華民國外交部

出席人員：

中華民國：胡副代表慶育

汪司長孝熙

薛司長毓麒

鈕專門委員乃聖

孫專門委員秉乾

胡科長駿

濮專員德玠

日本國：團員木村四郎七

團員後宮虎郎

團員中田豐千代

團員力石健次郎

事務官山本晃

胡 ：現在繼續開會，現在是否續議我方約稿第一條

（乙）項？

木村：我方仍主張將其刪除。

胡　：本人已表示臨時性之同意；但仍須政府核准，且以
　　　貴方接受我二十一條條文為條件，請貴方注意。

木村：本人當予注意。

胡　：茲討論約稿第二條。

胡科長宣讀中華民國與日本國間和平條約初草第二條
中、英文條文：

　「第二條

（甲）日本國放棄其對於臺灣及澎湖群島之一切權
　　　利，權利名義與要求。

（乙）日本國放棄其對於南沙群島及西沙群島之一
　　　切權利，權利名義與要求。

（丙）日本國承認韓國之獨立，且放棄其對於韓
　　　國，包括濟州島，巨文島及鬱陵島之一切權
　　　利，權義與要求。

（丁）日本國放棄其由於國際聯合會委任統治制度
　　　而具有之一切權利，權利名義與要求；並接
　　　受聯合國安全理事會於中華民國三十六年即
　　　公曆一千九百四十七年四月二日，為將前由
　　　日本國委任統治之太平洋島嶼置於託管制度
　　　下而採取之行動。

（戊）日本國放棄其對於南冰洋任何區域由於日本
　　　國人民之活動，或由於其他方式而取得之任
　　　何權利，權利名義，或與該區域有關之任何
　　　利益之一切要求。

ARTICLE 2.

（a）Japan renounces all right, title and claim to Taiwan (Formosa) and Penghu (the Pescadores).

（b）Japan renounces all right, title and claim to the Spratly Islands and to the Paracel Islands.

（c）Japan, recognizing the independence of Korea, renounces all right, title and claim to Korea, including the islands of Quelpart, Port Hamilton and Dagelet.

（d）Japan renounces all right, title and claim in connection with the League of Nations Mandate System, and accepts the action of the United Nations Security Council of April 2, 1947, extending the trusteeship system to the Pacific Islands formerly under mandate to Japan.

（e）Japan renounces all claim to any right or title to or interest in connection with any part of the Antarctic area, whether deriving from the activities of Japanese nationals or otherwise.」

貴方對此有何意見？

木村：該項條文可否重予研擬，使其語氣不若原稿之直接敘述？

胡　：莫非建議貴方約稿第三條之文字？

木村：此乃我方之希望。貴方以為然否？

胡　：兩岸有下列之紛歧：（一）我方約稿除列入日本國放棄臺灣、澎湖外，尚將日本所放棄其他土地

一併提及，貴方約稿僅稱日本國放棄臺灣、澎湖
兩地；（二）我方約稿係直接規定，並未提及金
山和約，貴方則謂依據金山和約，日本以放棄臺
灣、澎湖等地。又貴方草案，在體裁上不類條約規
定，茲試擬一折衷方案如下，未審貴方以為何如：
「日本國確認其對於有關臺灣、澎湖及有關一九
五一年九月八日在金山所簽對日和平條約第二條
（甲）項（丁）項及（己）項所列舉各地區之一
切權利，權利名義與要求之放棄。

Japan affirms her renunciation of all right, title
and claim to Taiwan (Formosa) and Penghu (the
Pescadores), and such other territories as specified in
paragraphs (a) (d) and (f), Article 2 of the Treaty of
peace with Japan signed at the city of San Francisco
on the eighth day of September, 1951.

木村：此一修正案是否用以替代第二條原文？

胡　：然。

木村：我方認為：該條所規定者，應以與貴國有關之
　　　地區為限，故主張僅規定日本國放棄臺、澎，
　　　餘均刪略。

胡　：貴方避免將所放棄之其他領土列入中日和約中，
　　　豈非使第三國解釋日本對各該土地之處置，另存
　　　保留之心，否則，各該規定既已明訂於金山和約
　　　中，何憚於在此復述？

木村：日本決不存有此心，例如韓國之獨立，係既成
　　　事實，何必贅述？

胡　：貴方豈能忽略其他國家之反應乎？韓國之獨立，
　　　載諸開羅宣言。中國為開羅宣言之一方，故韓國
　　　之獨立，並非與中國無關。

木村：關於將日本放棄委任統治地等規定列入，亦無
　　　需要。

胡　：貴方當了解中國曾為國際聯合會之會員國，目
　　　前亦為聯合國託管理事會之一員，故此事亦與
　　　我國有關。

木村：貴方約稿將金山和約第二條（丙）項略去，立
　　　場如何？

胡　：千島群島、庫頁島等之處置，係在雅爾達會議中
　　　議定，中國未參加該項會議，並不受其拘束，此
　　　其一。關於千島、庫頁島問題之解決，乃日本
　　　與另一國家間之事，中國無意介入，此其二。

木村：然則貴方將金山和約第二條（己）項列入，用意
　　　何如？本人知悉該項所規定者乃極小之島嶼。

胡　：本人了解和約如付實施，將不因地區之大小而分
　　　軒輊。各該島嶼係屬中國領土，焉能不予規定？

木村：此說有根據否？

胡　：絕無疑義。惟此點目前毋須詳予討論，因貴方
　　　已在金山和約中予以放棄，我方約稿亦僅規定
　　　貴方對此二島予以放棄而已；至他國如有異議，
　　　則為中國與該他國間之事，貴國自無意介入，
　　　另作左右袒。此外，關於本問題，尚有兩點，
　　　希望貴方注意：（甲）日本於占據臺灣期間將
　　　南沙群島作為臺灣轄區之一部份；（乙）最近

日本政府表示日本從未侵佔西沙群島。

木村：我方對韓國及委任統治地等項之列入，仍感無
　　　此需要。

胡　：我方亦有堅持悉予明文規定之理由。本人是否
　　　可作成下列結論，即日本將同意中國適間所提
　　　修正案，惟對金山和約第二條（甲）項及（丁）
　　　項所稱領土之列入，保留其意見？

木村：我方對於（己）項，亦須再予研究。又貴方約
　　　稿，未將金山和約第三條關於琉球等地之條文
　　　列入，願聞其說。

胡　：我方對此問題之立場一如前所提及者，即該地
　　　區為美國與日本國間之問題，中國政府不擬表
　　　示意見。

　　　茲繼續討論約稿第三條。

胡科長宣讀中華民國與日本國間和平條約初草第三條
中、英文條文：

「第三條

（甲）關於日本國及其國民在臺灣及澎湖之財產，及
　　　其對於在臺灣及澎湖之中華民國當局及居民（包
　　　括法人在內）所作要求（包括債權在內）之處
　　　置，及該中華民國當局及居民在日本國之財
　　　產，及其對於日本國及日本國國民所作要求（包
　　　括債權在內）之處置，應由中華民國與日本國
　　　另商特別處理辦法。任一其他盟國或其國民在
　　　臺灣及澎湖之財產，若至今尚未歸還，應由中
　　　華民國依其現狀予以歸還。（本約任何條款所

用「國民」一詞，均包括法人在內。）

（乙）日本國所有之海底電線，其聯接日本與依照本
約而脫離日本國統治之領土者，應平均分配之；
日本國保留該電線之日本國終點及與其鄰接之
一半，該脫離之領土保留該電線其餘之一半及
與終點相聯之便利。

ARTICLE 3.

（a）The disposition of property of Japan and of
its nationals in Taiwan (Formosa) and Penghu
(the Pescadores) and their claims, including
debts, against the authorities of the Republic
of China in Taiwan (Formosa) and Penghu (the
Pescadores) and the residents (including juridical
persons) thereof, and the disposition in Japan of
property of such authorities of the Republic of
China and residents, and their claims, including
debts, against Japan and its nationals, shall be
the subject of special arrangements between
the Republic of China and Japan. The property
of any other Allied Power or its nationals in
Taiwan (Formosa) and Penghu (the Pescadores)
shall, insofar as this has not already been done,
be returned by the Republic of China in the
condition in which it now exists. (The term
nationals whenever used in the present Treaty
includes juridical persons.)

（b）Japanese owned submarine cables connecting Japan with territory removed from Japanese control pursuant to the present Treaty shall be equally divided, Japan retaining the Japanese terminal an adjoining half of the cable, and the detached territory the remainder of the cable and connecting terminal facilities.」

胡　：該項約文與貴方約稿第三條第二項結構雖異，實質實大致相同（貴方約稿將金山和約之相當條文部份刪略，當另行商討）。

木村：該條提及另一盟國之處，似非關係貴我間問題。

胡　：誠然，此為中國與其他國家間事務，我可將此節刪去不提。（刪去約稿第三條（甲）項「任一其他盟國或其國民在臺灣及澎湖之財產，若至今尚未歸還，應由中華民國依其現狀予以歸還」一段）。

木村：我方約稿列入「將以協調之精神並依照公平允正之原則迅速予以解決，」貴方有無異議？此一語句，乃在符合雙方人民之心理願望。

胡　：我方意以此點無庸提及，因此乃通則問題，非僅專適用於本條，此項通則乃文明國家間交涉所遵行之準則，中、日雙方定能依據此項通則達成協議，故無庸特別強調。今金山和約第四條並無此項規定，豈謂簽署金山和約之盟國將不照此通則與日本交涉乎？

木村：本人擬提出一項疑問，則金山和約對本條資產

之處理，係由「日本與各該行政當局商訂特別
處理辦法」，中國約稿之相當部份，僅稱「應
由中華民國與日本國另商特別處理辦法」，其
用意何在？

胡 ：此乃起草技術不同所致。本項所指負責談判當
局，其在我方，自係指臺、澎主管當局。我約
稿中逕用「中華民國」字樣，實與貴方所提第五
條逕用「民航空運隊」字樣，在起草技術上約略
相似。因此，對於約稿第三條（甲）項之修正，
雙方意見為：（甲）將原條文「任一其他盟國或
其國民在臺灣及澎湖之財產，若至今尚未歸還，
應由中華民國依其現狀予以歸還」一句刪除。
（乙）日本代表團對該條建議兩點，（子）插入
「將以協調之精神，並依照公平允正之原則迅速
予以解決」，（丑）修正該條文字，仍保留其日
後發表意見之權利。

木村：本人如是了解。

胡 ：現在討論第三條（乙）項。在貴方約稿中，將
此節略去，未審理由何在？

木村：我方意以是項財產已隨其所在領土而為日本放
棄。金山和約對此已有規定，此處無庸贅述。

胡 ：此款實有規定之必要，中、日磋商雙邊和約，其
間付與中國之權利，不便以金山和約為根據，貴
方之上述主張，不啻使雙邊和約之內容簡化至一
條，即「均適用金山和約之規定」是也！

木村：我方可同意此點，貴方約稿第三條（乙）項之規

定仍予載入，惟須引述金山和約有關規定。

胡　　：採此方式，無益貴方而有損於中國人民之情緒。

木村：此一問題請留待日後考慮。

胡　　：既屬如此，本款將暫予擱置，留待日後討論。

胡科長宣讀中華民國與日本國間和平條約約稿第四條中、英文條文：

「第四條

（甲）日本國茲接受聯合國憲章第二條所載之義務，尤其下列各項義務：

　　　（一）以和平方法解決國際爭端，俾免危及國際和平、安全及正義；

　　　（二）在其國際關係上不得以武力為威脅或使用武力，或以與聯合國宗旨不符之任何其他方法，侵害任何國家之領土完整或政治獨立；

　　　（三）對聯合國依憲章規定而採取之任何行動盡力予以協助；並於聯合國對於任何國家採取防止或執行行動時，對該國家不給予任何協助。

（乙）中華民國證實其對日本國之關係將以聯合國憲章第二條之原則為準繩。

（丙）中華民國在其本身方面承認日本國以一主權國之資格擁有聯合國憲章第五十一條所規定單獨或集體自衛之自然權利，並承認日本國得自動加入集體安全之措施。

ARTICLE 4.

(a) Japan accepts the obligations set forth in Article 2 of the Charter of the United Nations, and in particular the obligations

> (i) to settle its international disputes by peaceful means in such a manner that international peace and security, and justice, are not endangered;
>
> (ii) to refrain in its international relations from the threat or use of force against the territorial integrity or political independence of any State or in any other manner inconsistent with the Purposes of the United Nations
>
> (iii) to give the United Nations every assistance in any action it takes in accordance with the Charter and to refrain from giving assistance to any State against which the United Nations may take preventive or enforcement action.

(b) The Republic of China confirms that it will be guided by the principles of Article 2 of the Charter of the United Nations in its relations with Japan.

(c) The Republic of China for its part recognizes that Japan as a sovereign nation possesses the inherent right of individual or collective self-defense referred to in Article 51 of the Charter of the United Nations and that Japan may voluntarily enter into collective security arrangements. 」

木村：我方認為本條規定太繁，且係片面者，不適合
　　　中日兩國間現狀之需要，貴方是否可考慮採納
　　　我方草擬之約稿第二條？

胡　：該條第一項規定貴國應遵守聯合國憲章第二條；
　　　第二項亦規定中國應遵守該憲章第二條，僅語
　　　氣不同，若併而為一，且以同樣語句出之，當
　　　能滿足貴方之願望。我國為聯合國會員國，所應
　　　遵守者，原不以憲章第二條為限。關於此點，我
　　　方當設法顧及貴國人民之情緒，另行草擬適當條
　　　款。至第三項則係規定中國承認日本有自衛權。
　　　貴方既嫌其有傷自身尊嚴，我方以其無損我方權
　　　益，且亦不影響我盟國地位，當可考慮予以刪
　　　除，又兩國合作一節，亦可酌量採入。

木村：我方至表欣慰與感謝。此係貴方對我方最明顯
　　　之友好表示，亦係貴方在談判中對我方之最大
　　　讓步，吾人當本此精神草擬適當條款，以符兩
　　　國人民之願望。

胡　：現為時已遲，對明日談判時間貴方有何意見？
　　　每日商談次數如何，並請見告。

木村：每日兩次會議，似嫌過繁，約定一次如何，又開
　　　會時間請在每日下午二時三十分或三時。（旋
　　　經雙方商定，每日下午三時舉行會議）。

胡　：今日會議空氣較前融洽，望下次會議，更有起
　　　色。尚有一事，即發表聯合公報問題，本人茲建
　　　議發表一簡單消息，謂雙方在和談中曾審議若干
　　　條文，並獲若干進展。其發佈仍由雙方分別辦

理，惟內容應一致。

木村：日本記者極關心日方約稿已否提出討論問題，我
　　　方頗感困難答覆，可否說明日方約稿已置於會
　　　議桌上，貴方於此有何意見。

胡　：雙方既已決定採納中國約稿為談判基礎，貴方
　　　約稿自不能與之相提並論，中田副所長在本次
　　　會議中曾稱貴方草案為日方「意見書」，中文
　　　沿用此語，自屬恰當。至在英文則可稱之為
　　　"observations"。

木村：當如是辦理。

散會。（下午五時三十分）

三　中日和會第五次非正式會議紀錄

討論中方約稿第六至第九條

地點：中華民國外交部

時間：民國四十一年三月六日下午三時至四時二十分

出席人員：

中華民國：胡副代表慶育

　　　　　汪司長孝熙

　　　　　薛司長毓麒

　　　　　鈕專門委員乃聖

　　　　　孫專門委員秉乾

　　　　　賴科長家球

　　　　　胡科長駿

　日本國：團員木村四郎七

　　　　　團員後宮虎郎

　　　　團員中田豐千代

　　　　團員真崎秀樹

　　　　團員力石健次郎

　　　　事務員山本晃

胡　：（詢真崎團員）近日記者常至貴處麻煩否？

真崎：然。渠等實為無法滿足之人，極難應付。

木村：貴部是否經常舉行記者招待會？

胡　：否。本部發言工作多經由政府發言人辦公室辦
　　　理。茲進行討論約稿第五條。

木村：在討論之先，本人擬向貴方提出一項詢問，即
　　　貴方約稿內未將金山和約第六條列入，按該條
　　　（乙）項規定遣送日軍回國，此一問題為日本
　　　舉國所極關切者。由於戰爭結束後蔣總統之寬
　　　大措施，使在貴國留駐之日軍，大半均能重返
　　　家園，我日人實感戴無地，惟事實上仍有少數
　　　日軍，在大陸無法歸國，仍請貴方予以注意。

胡　：我方認為遣送日軍回國事已告結束。貴方曾一
　　　再表示在約稿內避免對於戰爭痕跡予以煊染，
　　　我方了解貴方處境，故將金山和約內遣俘條款
　　　刪略。如貴方仍擬列入，我方自不反對，無論
　　　如何貴方應了解遣俘事在我方業已辦竣。

木村：上述詢問係表示我方關切此節而已。

胡　：貴方對適間之解釋滿意否，抑仍主張恢復該
　　　條款。

木村：我方滿意貴方之解釋。
　　　約稿第五條之用意，請予以說明。

胡　：本條脫胎於金山和約第七條，其間之區別在金山
　　　和約規定盟國與日本戰前所訂條約將依盟國對日
　　　本之通知而廢止，而我方約稿則認定中、日間戰
　　　前所訂各項條約業已廢止，現由日本加以承認，
　　　兩者涵義相同措辭不同而已。縱使中國約稿完全
　　　照金山和約擬訂，中國政府亦仍得以一紙通知書
　　　將所有中日條約，概行予以廢止，此點甚明。木
　　　村：我方認為：中日和約內所載各條款，均應與
　　　現存環境相適應。今貴國政府尚未能有效控制大
　　　陸，上述條款既不能有效實施，似難規定於本約
　　　之內。

胡　：設若貴方之了解如是，我方認為涉及根本問題。
　　　中國政府以代表全中國之立場與貴方議約，所有
　　　約內條款，均應以此立場為基礎，否則即有懷疑
　　　中國主權是否完整之嫌。

木村：我方決無此意。我迭次表示中國政府現在聯合國
　　　擁有席位及發言權、表決權，與大多數聯合國
　　　會員國保持外交關係，故為一完全主權國。適
　　　繞我方之提議，與根本問題無關，僅表示為適
　　　應現存環境無須對此作一全盤規定，此事可留
　　　待將來再行規定。際此過渡階段，不妨議訂合
　　　乎現狀之條款，亦即能立予實施之條款。

胡　：我堅定之立場，蓋在維護我國對全部領土主權之
　　　完整，貴方不能望我方簽訂一足以解釋為我不享
　　　有完全主權之和約，本人茲再強調此點。

木村：貴方萬勿誤會我方有此意向，我方將考慮此層。

胡　：余極了解貴方立場，但貴方亦須清晰明瞭我方立
　　　場。中國現與甚多國家維持條約關係，此等國家
　　　無一懷疑我對全部領土主權之完整，換言之，渠
　　　等未因中國目前之處境，提議廢止前所訂定之條
　　　約，彼等之見解，中國政府之地位與昔日訂約時
　　　無異，其對全部領土之主權未受任何限制。

木村：此層余極了解。目前可否暫緩商討此節？

胡　：當可同意，惟對我方上述立場，貴方切須注意。
　　　如有誤會，將影響和約之進行。

胡科長宣讀中華民國與日本國間和平條約約稿第六條
中、英文條文：

「第六條

日本國將承認中華民國現在或將來為結束自中華民國
三十年即公曆一千九百四十一年十二月九日，開始存在
於中華民國及除日本國以外之其他國家間之戰爭狀態而
締結之一切條約，以及中華民國為恢復和平，或關於恢
復和平而訂之任何其他辦法之完全效力。日本國並接受
為結束前國際聯合會及國際裁判常設法庭所訂之各項
辦法。

ARTICLE 6.

Japan will recognize the full force of for all treaties now or
hereafter concluded by the Republic of china for terminating
the state of war which existed between the Republic of China
and countries other than Japan since December 9, 1941, as
well as any other arrangements by the Republic of China for,
or in connection with, the restoration of peace. Japan also

accepts the arrangements made for terminating the former League of Nations and Permanent Court of International Justice.」

胡　：對該條貴方有何意見？

木村：我方之感覺為本條無甚作用，因其間規定者均為既成之事實，國際聯合會已成過去，對義和平條約已大部失效，在此無需詳加規定，且本條不似前條之有基本重要性，貴方可否同意將該條刪除？

胡　：本條自不如前條之重要，我方或可考慮貴方之意見，惟願再度提醒貴方，如貴方接受我約稿第二十一條，則此類問題較易解決。

木村：貴方立場茲謹了解。

胡科長宣讀中華民國與日本國間和平條約約稿第七條中、英文條文：

「第七條

日本國一經中華民國提出請求，將立即與之進行談判，以締結一項為規範或限制捕魚及保存暨開發公海漁業之協定。

ARTICLE 7.

Japan will enter into negotiations with the Republic of China, immediately upon the request of the Latter, for the conclusion of an agreement providing for the regulation or limitation of fishing and the conservation and development of fisheries on the high seas.」

木村：金山和約第九條規定日本將與若干盟國締訂漁

業協定，其原因在美、加兩國對在公海上發展漁業，保存漁源甚為注意，中、日兩國海疆毗鄰，兩國對於合作發展漁業亟有需要，我方對此問題看法較為積極而有建設性，在我方約稿第二條所稱「經濟方面之友好合作」即包括漁業問題，並以漁業合作為經濟合作之嚆矢。鑒於貴方配合食糧之需要重視漁業，美國經濟合作總署復多方協助，預料今後中、日雙方之合作將日益增進，故我方與本條之文字，建議修正為一更具雙邊性者，或予刪除，另由兩國積極進行談判一漁業協定，日本代表團對後一方式，更具熱忱。

胡　：貴方約稿第二條廣泛論及中、日之經濟合作，然未見具體，對修正本條款抑另商訂協定，貴方有所建議否？

木村：尚未有意見。

胡　：設若貴方不滿該條現用敘述方式，本人茲另提條文如後：

"The Republic of China and Japan will endeavor to conclude, as soon as possible, an agreement providing for the regulation or limitation of fishing and the conservation and development of fisheries on the high seas."

貴方意見如何？本人認為該項修正案措辭較佳，適合於貴方。

木村：我方對此亦有一建議：

"The Government of Japan and the Government of

the Republic of China will conclude a convention, stipulating limitation or regulation on high sea fisheries for the conservation and development of fishery resources, on a free and equal footing and in the light of their respective rights to high sea fisheries under the principles of international law and custom."

胡　：該條文豈非太累贅？

木村：我將考慮貴方所提修正意見。

胡科長宣讀中華民國與日本國間和平條約約稿第八條中、英文條文：

「第八條

日本國放棄在中國之一切特權及利益，包括由於中華民國紀元前十一年即公曆一千九百零一年九月七日在北京簽訂之最後議定書，與一切附件，及補充之各換文暨文件，所產生之一切利益與特權；並同意該議定書、附件、換文與文件就有關日本國部分，予以廢止，日本國並放棄與據稱在中華民國十六年即公曆一千九百二十七年四月十八日以前，中國當局與日本國當局或國民間所存在之契約有關之一切利益與特權。

ARTICLE 8.

Japan renounces all special rights and interests in China, including all benefits and privileges resulting from the provisions of the final Protocol signed at Peking on September 7, 1901, and all annexes, notes and documents supplementary thereto, and agrees to the abrogation in respect to Japan of the said protocol, annexes and documents, Japan further renounces all benefits and interests ince connction with any contracts claimed to have been in existence between the Chinese authorities on the one hand and the Japanese authorities or nationals on the other prior to the date of 18 April, 1927.」

木村：對此條文有數點疑問：（甲）約文所提「民國十六　　　年四月十八日」是否國民政府成立之日，（乙）　　　在此日期之前，中、日間債務有何具體例證？

胡　：例證甚多，諒貴方必甚明瞭，約文所以提此日　　　期，原因在國民政府成立後，對北京政府所舉外　　　債簽訂之契約從未承認。其後中日雙方就此雖有　　　交涉，然無具體結果，迄為中日間之懸案，目前　　　殆為解決之良機。

木村：了解貴方意見。我方認為本條與第五條有聯帶之　　　關係，前者（第五條）泛指一切條約，後者性質　　　較為特殊，此項見解貴方以為然否？

胡　：確係如此。兩條條文均取自金山和約，由於性質　　　之類似，應請貴方本上述之原則併予考慮。

木村：對貴方之解釋極具了解。我方欲更進一言，即第　　　八條之規定既明見於金山和約之中，且在該約第　　　二十一條內重申，處置不可謂不審慎，此處似無　　　須規定。

胡　：此說難於贊同。苟認為金山和約所規定之事項均　　　自然適用於貴我兩國，豈非不須另訂和約？對於　　　此類重要之權益，我方自須依照我所自行議訂之

條約而予享受，而不賴我未參加之金山和約之規
定。中國人民咸認為此條關鍵重大，我方立場不
能改變。

木村：貴方似對每一條款非謂為「基本」，即謂為
　　　「重大」。

胡　：所謂基本者，就其法律性質而言，所謂重大者，
　　　就其與吾人利害關係而言，均在所必爭。

木村：尚有一點擬請解釋，即南京國民政府成立後兩國
　　　間各項契約仍存在乎？

胡　：對於此層貴方不難自行引伸而知；又關於此類
　　　問題，約內其他條款尚有規定（即指我約稿第
　　　十六條）。

木村：（笑謂）果屬如此乎？

胡科長宣讀中華民國與日本國間和平條約約稿第九條
中、英文條文：

「第九條

日本國接受遠東國際軍事法庭，及其他在日本國境內及境
外之盟國戰罪法庭之裁判，並將執行各該法庭所科予現
被監禁於日本國境內之日本國國民之刑罰，對該項人犯之
大赦，減刑及假釋權，除由對每一案件處刑之一個或數
個政府決定並由日本國建議外，不得行使。如該等人民
係由遠東國際軍事法庭科刑者，則該項權力除由參加該
法庭之過半數政府決定並由日本國建議外，不得行使。

ARTICLE 9.

Japan accepts the judgments of the International Military
Tribunal for the Far East and other Allied war Crimes

Courts both within and outside Japan, and will carry out the sentences imposed thereby upon Japanese nationals imprisoned in Japan. The power to grant clemency, to reduce sentences and to parole with respect to such prisoners may not be exercised except on the decision of the Government or Governments which imposed the sentence in each instance, and on the recommendation of Japan. In the case of persons sentenced by the International Military Tribunal for the Far East, such power may not be exercised except on the decision of a majority of the Governments represented on the Tribunal, and on the recommendation of Japan.」

木村：我方對此條之意見為（一）請貴方考慮貴我兩國間之特殊關係，將本條予以刪除。（二）目前在東京監獄中拘押之戰犯有百人之譜，日方將繼續依法對之執行，並無考慮寬赦之意，且將本良心處理本案，現正考慮以國內法予以治罪問題，貴方當可信任日方。

胡 ：我方關於處理戰犯問題，與貴國政府之意願素本同情精神予以考慮。最近我方協助解除整肅之案件即為明證。對於貴國人民之情緒，我方於考慮本案時當併予顧及。惟為貴方利益計，似有下列問題須予考慮，即我國為參加遠東國際軍事法庭之國家，根據金山和約有關條款及我方約稿第九條，凡由該法庭判決之案件，其大赦、減刑及假釋須由參加該法庭國家之政府多數意見予以決定。倘貴方同意保留該約稿第九條，則由於我國

對處理戰犯問題，向取與貴方合作之態度，貴方在參加遠東國際軍事法庭之政府內，可多得一有力之援助。否則，我國如無與其他參加國家有同樣之條約根據，則我國政府對貴方之援助，可能有限。故為貴方利益起見，本條款仍有保留之必要。為貴方榮譽著想，我方固願刪除本條，然又有其不便刪除之考慮，亦則約稿第二十一條所涉及之我國為一盟國之地位問題。

木村：實則依照金山和約之規定，貴方已有參與各該案件之權利。

胡　：我國非金山和約之締約國，是為問題所在。

木村：金山和約既有規定，是貴方權利已有保障，又何必拘於形式而另在中日和約內另作同樣規定。

胡　：須知條約與普通契約不同，除規定雙方權利義務外，尚另具有政治之色彩與意義。

木村：由於河田全權抱恙在身，日來未克親自赴會，其間本人亦未便就各項問題作零星之請示，惟本人決就貴方所提各節，轉報河田全權，俾能早日奉復。又貴方是否認為應由河田特使親臨會議，葉全權有何意見？

胡　：如河田全權身體欠適，自以休養為宜，俾得早日痊可，會議中之重要問題，自尚待兩全權間商議解決。

散會。（四時二十分）

（會後雙方發言人會同擬製本日會議聯合公報）。

四　中日和會第六次非正式會議紀錄

時間：民國四十一年三月七日下午三時至六時三十五分

地點：中華民國外交部

出席人員：

中華民國：胡副代表慶育

　　　　　汪司長孝熙

　　　　　薛司長毓麒

　　　　　鈕專門委員乃聖

　　　　　孫專門委員秉乾

　　　　　胡科長駿

　　　　　濮專員德玠

日本國：團員木村四郎七

　　　　團員後宮虎郎

　　　　團員中田豐千代

　　　　團員真崎秀樹

　　　　團員力石健次郎

　　　　事務員山本晃

胡　　：現在宣佈開會。本日自約稿第十條開始討論。

胡科長宣讀中華民國與日本國間和平條約初草第十條
中、英文條文如下：

「第十條

（甲）日本國宣佈準備迅即與中華民國進行締結條約或
　　　協定之談判，藉以將兩國貿易、航業及其他商務
　　　關係，置於穩定與友好之基礎上。

（乙）在前節所稱條約或協定尚未締結之前，日本國將
　　　於本約生效起四年期間內。

（一）給予中華民國，其國民、產品及船舶，以下列各項待遇：

　　子、關於關稅、規費、限制及其他施行於貨物之進口及出口或與其有關之其他規章，給予最惠國待遇；

　　丑、關於船運，航行及進口貨物，及關於自然人與法人及其利益，給予國民待遇；該項待遇並包括關於徵收稅捐，起訴及應訴，訂立及執行契約，財產權（有形財產及無形財產），參加依照日本國法律所設立之法人，及通常關於各種商業及職業活動行為之一切事項；

（二）保證日本國國營貿易企業之對外購買及出售，應僅以商務考慮為基礎。

（丙）但關於任何事項，日本國所應給予中華民國之國民待遇或最惠國待遇，應僅至中華民國關於同一事項，所給予日本國以國民待遇或最惠國待遇之程度。

（丁）在適用本條時，如某項差別待遇辦法，係基於適用該項辦法一造之商約中所通常規定之一項例外，或基於保障該造之對外財政地位，或收支平衡之需要（除涉及船運及航行者外）。或基於其保持其主要安全利益，又如該項辦法係隨情勢推移，且不以獨斷或不合理之方式適用者，則該項差別待遇辦法不得視為對於視情形應行給予之國

民待遇或最惠國待遇，有所減損。

（戊）本條所規定之日本國義務，不得因本約第十二條
所規定中華民國權利之行使而有所影響；本條之
各規定亦不得了解為限制日本國因本約第十三條
所採取之各項承諾。

ARTICLE 10.

（a）Japan declares its readiness promptly to enter into
negotiations for the conclusion with the Republic of
China of treaties or agreements to place their trading,
maritime and other commercial relations on a stable
and friendly basis.

（b）Pending the conclusion of the treaties or agreements
referred to in the preceding paragraph, Japan will,
during a period of four years from the coming into
force of the present Treaty:

（1）accord to the Republic of China, its nationals,
products and vessels

（i）most-favoured-nation treatment with respect
to customs duties, charges, restrictions and
other regulations on, or in connection with,
the importation and exportation of goods;

（ii）national treatment with respect to shipping,
navigation and imported goods, and with
respect to natural and juridical persons and
their interests-such treatment to include
all matters pertaining to the levying and

collection of taxes, access to the courts, the making and performance of contracts, rights to property (tangible and intangible), participation in juridical entities constituted under Japanese law, and generally the conduct of all kinds of business and professional activities; and

(2) ensure that external purchases and sales of Japanese state trading enterprises shall be based solely on commercial considerations.

(c) In respect to any matter, however, Japan shall be obliged to accord to the Republic of China national treatment, or most-favoured-nation treatment, only to the extent that the Republic of China accords Japan national treatment or most-favoured-nation treatment, as the case may be, in respect of the same matter.

(d) In the application of this Article, a discriminatory measure shall not be considered to derogate from the grant of national or most-favoured-nation treatment, as the case may be, if such measure is based on an exception customarily provided for in the commercial treaties of the party applying it, or on the need to safeguard that party's external financial position or balance of payments (except in respect to shipping and navigation), or on the need to maintain its essential security interests, and provided such measure is proportionate to the circumstances and not applied in an arbitrary or unreasonable manner.

(e) Japan's obligations under this Article shall not be affected by the exercise of any rights of the Republic of China under Article 12 of the present Treaty; nor shall the provisions of this Article be understood as limiting the undertakings assumed by Japan by virtue of Article 13 of the present Treaty.」

木村：本人建議在本日會議中將所剩未經討論之條文，迅速討論完畢，俾雙方代表團能於週末時對全盤問題作一檢討，在下週會議時各將具體意見提出。

胡　：本人亦有此意，切盼各項問題迅獲解決。

木村：我方對約稿第十條之意見為一、條文之草擬似未依照相互原則。二、貴方約稿第十條（甲）項所稱通商條約，議訂需時，我方認為雙方通商關係之建立與發展，乃屬目前急務，故主張應於本約內即予積極規定；同時擬請貴方同意將約稿（甲）項予以刪除。

胡　：本人曾就貴我雙方約稿之規定予以比較研究，認為兩者實質上差異幾希。我方約稿第十條（丙）項，對貴方利益已予確切保障。該條雖先規定貴方應以各項待遇給予我方，惟縱即規定貴方所給待遇僅至我方關於同一事所給予貴方待遇之程度。實質上仍與相互原則相符。

木村：第十條（丙）項之規定仍置我方於被動之地位，

故屬片面性之規定。

胡　　：從法律觀點而論。決無對貴方不利之處。至於貴

　　　　方對該項條文之心理反應，自亦不難想像而知。

木村：依照貴方約稿之規定，我方無提出要求之權利。

胡　　：此說蓋似是而非者，本條在形式上或使貴方感覺

　　　　處於不利地位，然實際上貴方利益毫無損失。在

　　　　貴方約稿第四條中、貴方所要求者，並未超出我

　　　　方原已準備給予貴方權利之範圍以外。關於本條

　　　　（甲）項，下述方式，望能滿足貴方願望：

　　　　（a）The Republic of China and Japan will endeavor

　　　　　　to conclude, as soon as possible, a treaty or

　　　　　　agreement to place their trading, maritime

　　　　　　and other commercial relations on a stable and

　　　　　　friendly basis.

　　　　至本條（乙）、（丙）兩項乃相併成立，貴方不

　　　　可僅著眼於（乙）項中貴方擔承之義務，而忽略

　　　　（丙）項中我方擔承之相對義務。

木村：茲請貴方注意，印度與我國所訂條約乃完全平等

　　　　互惠者。此外，我方約稿第四條復經予以修正（面

　　　　遞修正約稿四份與胡副代表），擬請貴方重新考

　　　　慮，或由雙方成立一起草小組研究。

日方修正約稿全文如下：

ARTICLE 4.

（a）The relations of commerce and navigation between

　　　Japanese territory and the territory under the control

　　　of the Government of the Republic of China shall be

governed by the following provisions:

(1) Japanese nationals and those Chinese people who are residents of the territory under the control of the Government of the Republic of China shall be permitted respectively to enter, sojourn, travel, and reside, in the territory of the other party. However, in the enjoyment of those rights, they shall be subject in general to such laws and orders and rules of the country concerned as are applicable equally to all foreigners.

(2) Most-favoured-nation treatment shall be accorded reciprocally with respect to customs duties, charges, restrictions and other regulations on or in connection with the importation and exportation of goods, and with respect to the entry, travel, sojourn, and exit, of natural persons.

(3) Most-favoured-nation treatment shall be accorded reciprocally with respect to shipping, navigation and imported goods, and with respect to natural and juridical persons and their interests-such treatment to include all matters pertaining to the levying and collection of taxes, access to the courts, the making and performance of contracts, rights to property (including intangible property rights and excluding mining rights), participation in juridical entities, and generally the conduct of

all kinds of business and professional activities except financial business (including insurance business), pilot business and notary public business. Provided that with regard to rights to property, participation in juridical entities, and business and professional activities, if the grant of most-favoured-nation treatment by either Government to the other amounts to the grant of a treatment substantially the same as national treatment, it shall suffice that a treatment same as the one accorded by the other Government by way of most favoured-nation treatment be granted.

(4) External purchases of government trading enterprises shall be based solely on commercial considerations.

(b) In the application of this Article, a discriminatory measure shall not be considered to derogate from the grant of most-favoured-nation treatment, if such measure is based on an exception customarily provided for in the commercial treaties of the party applying it, or on the need to safeguard that party's external financial position or balance of payments (except in respect to shipping and navigation), or on the need to maintain its essential security interests, and provided such measure is proportionate to the circumstances and not applied in an arbitrary or unreasonable manner.

胡　：我方當予研究，或將另提意見。此外，余更願坦
　　　率相告，即我國內部對此問題亦有各種看法，如
　　　欲對本於本條規定，多所修改，逆料困難甚多。
　　　現在貴我兩國間已存有一項「貿易協定」。該項
　　　貿易協定係以相互原則為基礎。既有此協定，貴
　　　方又何必對我約稿第十條之措詞，另有過慮？

胡科長宣讀中華民國與日本國間和平條約初草第十一條
中、英文條文如下：

「第十一條

（甲）日本國一經中華民國提出請求，將立即與之進行
　　　談判，以締結一項關於民用航空運輸之協定。

（乙）在上節所稱協定尚未締結之前，日本國將於本約
　　　生效起四年期間內，給予中華民國以不低於中華
　　　民國在本約生效時所行使之空中交通權利及特
　　　權；並將在經營及發展空運業務方面，給予完全
　　　平等之機會。

（丙）本約在任何一方，在關於兩國間之空運業務方面，
　　　承擔適用中華民國三十三年即公曆一千九百四十
　　　四年在芝加哥簽訂之國際民用航空公約之原則。

ARTICLE 11.

（a）Japan will enter into negotiations with the Republic
　　　of China, immediately upon the request of the Latter,
　　　for the conclusion of an agreement relating to civil air
　　　transport.

（b）Pending the conclusion of the agreement referred to in
　　　the preceding paragraph Japan will, during a period of

four years, from the coming into force of the present Treaty, extend to the Republic of China treatment not less favourable with respect to air-traffic rights and privileges than those exercised by the Republic of China at the date of such coming into force, and will accord complete equality of opportunity in respect to the operation and development, of air services.

（c） Either Party to the present Treaty undertakes to apply, in connection with the air services between their two countries, the principles set forth in the Convention on International Civil Aviation, signed in Chicago in 1944.」

木村：此條可否依照相互原則重予草擬？

胡　：本人了解。我約稿第十一條，相當於貴方約稿第五條。貴方約稿第五條之起草，並非基於相互原則。

木村：誠然。此係我方一時錯誤，現正擬重予修正。我方原擬第五條，係屬暫時性 Tentative。在貴方尚未予以接受以前，我方自仍得另提修正案。

胡　：我方所提約稿亦具此暫時性，對若干條文，我方已另作修正，當然議及各該條文時予以提出

（胡註：關於條文內應戴明「九一八」之日期一節，我方此時已備有修正案兩種，故趁日方擬修正其第五條之便，先作伏筆。）

木村：余茲冒昧指出貴方約稿第十一條（乙）項之草擬，至少在技術上犯有錯誤。該項規定「……日本將於本約生效四年期間內，給予中華民國以不

　　　　低於中華民國在本約生效時所行使之空中交通權
　　　　利及特權，並將在經營及發展空運業務方面。給
　　　　予完全平等之機會。」倘在金山和約生效時，本
　　　　約尚未生效，而貴國在日之航空權利復於此時喪
　　　　失，則約稿內所稱「生效時所行使之權利」，豈
　　　　非落空？

胡　　：承貴方以此意相告，甚感。但我方既未料想金山
　　　　和約生效在前，亦不認為貴方有意在屆時停止我
　　　　既享之航空權利。

木村：現我方對第五條之修正約文尚未整備停妥，惟其
　　　　要點在添列一互惠性之條款，使日方航空機構亦
　　　　得在華享受民航空運隊在日本享受之同樣權利。

胡　　：余之了解即貴方所提約稿第五條不復有效，修正
　　　　案尚在準備中。如余了解無誤，本人將俟接覽貴
　　　　方約文後再予研究答覆。

木村：貴方了解完全正確。

胡科長宣讀中華民國與日本國間和平條約初草第十二條
中、英文條文如下：

「第十二條

（甲）茲承認日本國對其在戰爭中所引起之損害及痛
　　　　苦，應向中華民國及其他盟國給付賠償。但亦承
　　　　認日本國如欲維持足以自存之經濟，則其資源現
　　　　尚不足對一切該項損害及痛苦作完全之賠償並於
　　　　同時對其所負其他義務，仍予履行。

因之：

一、日本國將迅速與中華民國進行談判，以求利用日本

國人民在生產、打撈沉船及在其他工作方面對中華
民國所作之服務，作為協助補償中華民國修復其所
受損害之費用。此項辦法應避免使其他盟國增加負
擔，且當需要製造原料時。應由中華民國供給，藉
免以任何外滙上之負擔，加諸日本國。

二、（一）除本節第（二）項另有規定外，中華民國應
　　　　有權扣押、保留、清算或以其他方式處分在
　　　　本約生效時即受其管轄之左列一切財產，權
　　　　利及利益：
　　　　（子）屬於日本國及其國民者；
　　　　（丑）屬於為日本國或其國民之代理人者；及
　　　　（寅）屬於為日本國或其國民所有或控制之
　　　　　　　團體者。
　　本項所列舉之財產，權利及利益，應包括現由中華
　　民國敵產管理當局所封閉、變更權利、占有或控
　　制，而於受該敵產管理當局控制之時，即屬於上述
　　（子）款、（丑）款或（寅）款所稱之任何人民或
　　團體或由其所持有或為他人代其管理之資產。
　　（二）左列財產應不在本節第（一）項所列權利
　　　　之限：
　　　　（子）在戰爭期內，經中華民國政府之准許，
　　　　　　　居住於其未經日本國占領之領土內之日
　　　　　　　本國自然人之財產；但在戰時曾受限
　　　　　　　制，且在本約生效之日並未免除該項限
　　　　　　　制之財產，應予除外；
　　　　（丑）日本國政府所有並為外交或領事目的使

用之一切不動產，傢俱及裝備，及日本
國外交領事人員所有之一切私人傢俱設
備及其他非屬投資性質且為執行外交及
領事職務所經常必須之私人財產；

（寅）屬於宗教團體或私人慈善機構並純為宗
教或慈善目的使用之財產；及

（卯）自中華民國三十四年即公曆一千九百四
十五年九月二日以後因中華民國與日本
國間恢復貿易及金融關係而受中華民國
管轄之財產，權利及利益；但因違反中
華民國法律之交易而生之任何財產，權
利及利益，應予除外。

（三）上述（子）款至（卯）所稱財產，應予歸還，
但為保存及管理此項財產而支出之合理費
用，得予扣除。如任何此項財產業經清算，
則其經清算所得之價款，應予歸還。

（四）本節第（一）項所規定對日本國財產扣押、
保留、清算或以其他方式處分之權利，應依
照中華民國之法律行使之；財產所有人應僅
具有該項法律所給予之權利。

（五）中華民國同意儘量在其本國情形許可範圍
內，對於日本國商標及文學與藝術上之財產
權利，予以優遇。

（乙）除本約另有規定外，中華民國放棄其一切賠償要
求，並放棄其國家其國民對由日本國及其國民在
戰爭過程中所採行動而生之其他要求。

ARTICLE 12.

（a）It is recognized that Japan should pay reparations to the Republic of China and other Allied Powers for the damage and suffering caused by it during the war. Nevertheless it is also recognized that the resources of Japan are not presently sufficient, if it is to maintain a viable economy, to make complete reparation for all such damage and suffering and at the same time meet its other obligations.

Therefore,

1. Japan will promptly enter into negotiations with the Republic of China, with a view to assisting to compensate the Latter for the cost of repairing the damage done, by making available the services of the Japanese people in production, salvaging and other work for the Republic of China. Such arrangements shall avoid the imposition of additional liabilities on other Allied Powers, and where the manufacturing of raw materials is called for, they shall be supplied by the Republic of China, so as not to throw any foreign exchange burden upon Japan.

2. （I）Subject to the provisions of sub-paragraph（II）below, the Republic of China shall have the right to seize, retain, liquidate or otherwise dispose of all property, rights and interests of

（i）Japan and Japanese nationals,

（ii）persons acting for or on behalf of Japan or Japanese

nationals, and

(iii) entities owned or controlled by Japan or Japanese nationals, which on the coming into force of the present Treaty, were subject to its jurisdiction. The property, rights, and interests specified in this sub-paragraph shall include those now blocked, vested or in the possession or under the control of enemy properties of the Republic of China, which belonged to, or were held or made on behalf of, any of the persons or entities mentioned in (i) , (ii) or (iii) above at the time such assets came under the controls of such authorities.

(II) The following shall be excepted from the right specified in sub-paragraph (I) above:

(i) property of Japanese natural persons who during the war resided with the permission of the Government of the Republic of China in its territory, other than territory occupied by Japan, except property subjected to restrictions during the war and not released from such restrictions as of the date of the coming into force of the present Treaty;

(ii) all real property, furniture and fixtures owned by the Government of Japan and used for diplomatic or consular purposes, and all personal furniture and furnishings and other private property not of an investment nature which was normally necessary for the carrying out of diplomatic and consular functions, owned by Japanese diplomatic and consular personnel;

(iii) property belonging to religious bodies or private charitable institutions and used exclusively for religious or charitable purposes; and

(iv) property, rights and interests which have come within the jurisdiction of the Republic of China in consequence of the resumption of trade and financial relations subsequent to September 2, 1945, between the Republic of China and Japan, except such as have resulted from transactions contrary to the laws of the Republic of China.

(III) Property referred to in exceptions (i) through (iv) above shall be returned subject to reasonable expenses for its preservation and administration. If any such property has been liquidated the proceeds shall be returned instead.

(IV) The right to seize, retain, liquidate or otherwise dispose of property as provided in sub-paragraph (I) above shall be exercised in accordance with the laws of the Republic of China, and the owner shall have only such rights as may be given him by those laws.

(V) The Republic of China agrees to deal with Japanese trademarks and literary and artistic property rights on a basis as favourable to Japan as circumstances ruling in the Republic of China will permit.

（b）Except as otherwise provided in the present Treaty, the Republic of China waives all its reparations claims, its other claims and those of its nationals arising out of any actions taken by Japan and its nationals in the course of the prosecution of the war.」

胡　：關於約稿第十二條甲項二節（二）款（丑）目，我方有所修正，即在該條第二項第（二）節（丑）段之後，補入（II）⋯⋯⋯

（ii）⋯⋯ it being understood that nothing in the provisions under（ii）of this sub-paragraph shall be construed to extend any exception to the real property, furniture and fixture used by such set-ups as were established since September 18, 1931, without concurrence of the Republic of China and were once claimed to be diplomatic or consular set-ups of the Japanese Government in China, and the personal furniture and furnishings and other private property used by the personnel of such set-ups.

之規定，我方因擬表明自該款所擔承之義務，僅限於業經我方認可之派駐我國之貴方外交，領事人員及使、領館與財產，而無意承認日本派至偽政權所謂「外交官」等亦得適用該條款，貴方當可了解。

木村：此項設置於偽政權管轄區內之財產，當屬貴方

所有，此點並無疑義。我方主張將第十二條全條刪除，非因我方忽略賠償之責任，乃因此條之適用問題，幾全部與貴國大陸有關，目前欲加規定，尚非其時。吉田首相在其致杜勒先生函中，曾表示中、日現所商議之和約，似難即時實施於大陸，故我方認為：有關賠償問題之規定，不宜列入中日和約之內。然此非謂：日本對於貴國主權，及於包括中國大陸在內之全部中國領土，貴國政府係屬中國正統政府兩節，尚有懷疑。其次，金山和約第二十一條特別指明中國得享有同約第十條及第十四條甲項第二款所規定之利益。吾人認為中國之利益已在金山和約內予以適當顧及，此處似無須重提。金山和約第十四條甲項第二款已明白規定：日本放棄在貴國領土內之多種權利，此項規定所加諸日本之負擔，在日本國民觀之，已嫌過重，若中日和約復重行予以規定，自足更加深其對於日本國民之刺激。請貴方基於對日寬大之立場且為顧及中、日雙方今後合作之需要，惠允刪除該款之規定。日本過去因受少數軍人錯誤之領導，發動侵略戰爭，致使貴國遭受空前浩劫，日本全國上下，莫不深切痛悔，並亟求彌補其對貴國之虧負，諒貴國定能本寬仁態度予以自新之機會。

胡　：貴方頃表示：日方對於中華民國之主權，及於包括中國大陸在內之中華民國之全部領土，我政府為中華民國之唯一合法政府兩節，已有明確認

識。貴方又表示：日本對於賠償責任未嘗忘懷。本人對此樂於聽聞。茲願就貴方所提出各節，約略答覆如下：（一）貴方謂金山和約已對中國之權益適度顧及云云，貴方須知：金山和約與議定中之中日雙邊和約在法律上並無相關之處。中國非金山和約之締約國，亦不受其約束；至其對於中國權益所為規定，亦非當然對我有效。故對於各該規定所涉權益，中日和約仍有另行予以規定之必要。此在我方視之，在法律上如此，在情緒上尤然。再就我方約稿第十二條之本身而論，依其規定，日本雖亦承擔若干義務；但其（乙）款明白規定：除和約中另有規定外，中國放棄「一切賠償要求」及因戰爭時期所採行動而生之「其他要求」。以我國在戰時所蒙犧牲之慘重，我放棄賠償要求，乃屬極寬大之態度。中國政府及其人民得自該條之權益，與其所受損害相較，幾不成比例。

木村：貴方政府之為中華民國正統政府，絕無疑義。我方主張刪除第十二條並非逃避責任，而在認定所簽和約在求建樹兩國新關係，該項條約如全部抄襲金山和約，殊有失其意義。我方另一目的，在求該項和約能切合於實際情況，在吉田首相致杜勒斯先生函中，將我方簽約之立場，敘述甚明，在該函件中，吉田首相指出在目前情況下商訂一解決中、日全面問題之條約，殊非可能。茲願將函中重要語句重行提請貴方注意：

甲、該函載稱：「日本政府無意與中國共黨政
權締結雙邊和約。」是乃我方認定貴方政
府為中國正統政府之保證。

乙、該函載稱：「中國為日本之近鄰，日本政
府終願與之有一全面之政治和平與商務關
係。」是乃申述我方終久須與貴方訂一全
面條約之願望。

丙、該函復載稱：「……依照多邊和平條約內
所揭櫫之原則，與中國政府締結一項將重建
兩國政府間正常關係之條約，該項雙邊條
約之條款，關於中國國民政府之一方，應
適用於現在在中華民國國民政府控制下及
將來在其控制下之全部領土。……」是乃強
調目前所訂條約之性質。茲為使貴方對我方
上述立場特予注意計，特將上述函件，抄製
一份，送請貴方參考（面遞吉田首相致杜勒
斯先生函一份與胡副代表），上述立場且獲
美政府及杜勒斯先生之支持。今貴方約稿，
匪特容納金山和約之多數條文，且將若干保
障日本權益之條款如金山和約第十四條甲項
二節（二）款（辰）目予以刪略，由於金山
和約第二十六條之規定，我方勢須將給予貴
國之特殊利益，給予簽訂金山和約之盟國，
殊令我方失望。河田代表一再與貴方懇談，
謂中、日和約之簽訂有極重大之政治意義，
望雙方深予體念，以期早日觀成。須知余等

　　　　在此商議和約，必隨時考慮所訂條約是否可
　　　獲批准，換言之，即國內人民可否接受。如
　　　不存此項意念，則條約縱可簽署，亦難望生
　　　效。本人之所以坦率相告者，亦發自誠摯，
　　　期盼和約及早觀成之用心耳！

胡　：本人注意諦聽適間貴方之發言，撮要言之，共
　　　有七點意見。

一、貴方表示我約稿幾全部抄襲金山和約。實則我
　　方約稿之有異於金山和約者，亦有多處。賠償為
　　一重大問題，不得不於中日和約內明予規定。

二、貴方謂我約稿第十二條之實施，幾全部與中國
　　大陸有關，故於此時所訂條約予以規定，實與現
　　存環境，不相適應。我方以為本條款規定者咸
　　屬原則問題，並非實施賠償之細節，故與現存
　　環境，並非不相適應。依照該條（乙）項之規
　　定，我亦放棄重要權利，此點日方應特予注意。

三、貴方強調吉田首相致杜勒斯先生函件之重要，
　　並自其中擇出三點，請我特予注意，茲願逐一
　　答覆如下：

　　（一）貴方聲稱不與中共簽訂雙邊和約。貴方
　　　　　態度既如此，為表示絕無保留計，自應
　　　　　立與我方簽訂一全面之和約。

　　（二）貴方既深悉中、日兩國因近鄰關係，在
　　　　　政治和平與商務關係方面均應深相維
　　　　　繫，對於全面和約之議訂，自更應立即
　　　　　進行，無須等待。

（三）貴國表示願依金山多邊和約之原則與我
　　　締結一項重建兩國間正常狀態之和約，
　　　須知不先恢復兩國間之和平，即無從恢
　　　復兩國間正常關係。

四、貴方主張和約應力求簡單。我方對於貴方此項
　　願望，亦欲兼予顧及：但若要求刪除其間主要條
　　款如第十二條者，則斷非我所能同意。我方約
　　稿曾將金山和約甲項二節（二）款（辰）目予
　　以刪除。其理由為該目所涉問題，我方約稿第
　　三條，已有規定，適用該條規定，似較合理。

五、貴方謂金山和約第二十六條規定，日本不能將
　　較給予金山和約盟國更為優厚之權利，給與其
　　他任何國家。須知我方要求之權利，無一踰越
　　金山和約規定之範圍。

六、至關於中、日兩國前途應特予側重一節，我方
　　宗旨與貴方相同，如我方已允將約稿第四條重
　　予起草，即係我方合作精神之顯示。

七、貴方強調和約之批准，須視人民可能接受之
　　程度而定，此項情形應對雙方適用，我方亦
　　面臨同一問題。

木村：然則貴方對於日方處境，竟不能略表同情乎？日
　　　印條約中並無此項規定，何以中國不能以同樣寬
　　　大態度出之？

胡　：中國與印度情形不同，試問印度在上次世界大戰
　　　中所受損害究竟至何程度？

木村：我方並無財產在印度。總之，我方一貫想法，在

　　　　求和約切乎實際，我方已在多方表示讓步，本案
　　　　問題仍請貴方多予考慮。

胡　：此項問題，料難立時解決；惟有留待稍後再議。

胡科長宣讀中華民國與日本國間和平條約初草第十三條
中、英文條文如下：

「第十三條

（甲）自本約生效之日起九個月內，日本國對於中華
　　　民國及其國民在日本國之有形及無形財產，一
　　　切權利或任何種類之利益，凡在中華民國二十六
　　　年即公曆一千九百三十七年七月七日至中華民國
　　　三十四年即公曆一千九百四十五年九月二日間之
　　　任何時期曾在日本國境內者，經其請求將在此項
　　　請求日期六個月內，予以歸還或恢復；但權益關
　　　係人未經脅迫或詐欺而業已予以自由處分者，不
　　　在此限。凡在某一時間被認為由在中國之偽政
　　　權，如「滿洲國」及「汪精衛政權」者所保管或
　　　屬於該偽政權之在日本國之財產，權利或利益，
　　　應視為係中華民國之財產，權利或利益。上述財
　　　產，權利及利益，縱因戰爭而或已在其上設定義
　　　務或負擔費用，仍應不受此項義務或費用之限制
　　　而予以歸還或恢復；歸還或恢復時，亦應免除任
　　　何費用。凡在規定期間內未經權益關係人或其代
　　　理人或中華民國政府請求歸還或恢復之財產，權
　　　利及利益，得由日本國政府自行決定處分之。如
　　　此項財產，權利或利益於中華民國二十六年即公
　　　曆一千九百三十七年七月七日係在日本國境內，

但不能歸還或恢復，或已因戰爭而遭受損害或其他損失時，則將以不低於公曆一千九百五十一年即日本國昭和二十六年即中華民國四十年七月十三日日本國內閣所核定之盟國財產賠償法案所規定之條件，給付賠償。

（乙）關於在戰爭中遭受損害之工業財產權利，日本國對中華民國及其國民將繼續給予不低於前此日本國內閣於公曆一千九百四十九年即日本國昭和二十四年即中華民國三十八年九月一日頒行之第三零九號閣令，公曆一千九百五十年即日本國昭和二十五年即中華民國三十九年一月二十八日頒行之第十二號閣令，及公曆一千九百五十年即日本國昭和二十五年即中華民國三十九年二月一日頒行之第九號閣令（均以現行修正本為準）所給予之利益，但以該項國民已依照規定之期限申請此項利益者為限。

（丙）（子）日本國承認：在中華民國二十六年即公曆一千九百三十七年七月六日存在於日本國境內有關中華民國及其國民已出版或未出版之著作物之文學及藝術品之財產權利，業自該日期起，繼續有效；並對於因執行在該日日本國係屬一造之公約或協定自該日期起已在日本國產生或如非戰事發生亦當已產生之該項權利，予以承認；至各該公約或協定是否在戰爭爆發之當時或其後由中華民國或日本國以其國內法予以廢止或暫停實施，則在所不論。

（丑）著作權人無須申請及繳納任何費用或履行任何
　　　其他手續，其著作權利之正常有效期間，應不
　　　包括自中華民國二十六年即公曆一千九百三十
　　　七年七月七日至本約生效之日之期間在內；此
　　　項期間及另加六個月之期間，應不包括在一文
　　　藝作品為獲得在日本國之翻譯權利而必須譯成
　　　日文之期限之內。

ARTICLE 13.

（a）Upon application made within nine months of the
coming into force of the present Treaty, Japan will,
within six months of the date of such application,
return the property, tangible and intangible, and re-
store all rights or interests of any kind in Japan of the
Republic of China and its nationals which were with-
in Japan at any time between July 7, 1937, and Sep-
tember 2, 1945, unless the interested party has freely
disposed thereof without duress or fraud. Property,
rights or interests in Japan for one time claimed to be
under the custody of, or belong to, a collaborationist
regime in China, such as the "Manchukuo" and the
"Wang ching wei regime", shall be deemed to be
property, rights or interests of the Republic of China.
Such property, rights and interests shall be returned
or restored free of all encumbrances and charges
to which they may have become subject because of
the war, and without any charges for their return or

restoration. Property, rights and interests the return or restoration of which is not applied for by or on behalf of the interested party or by the Government of the Republic of China within the prescribed period may be disposed of by the Japanese Government as it may determine. In cases where such property rights and interests were within Japan on July 7, 1937, and cannot be returned or restored or have suffered damage or other losses as a result of the war, compensation will be made on terms not less favourable than the terms provided in the draft Allied Powers Property Compensation Law approved by the Japanese Cabinet on July 13, 1951.

(b) With respect to industrial property rights impaired during the war, Japan will continue to accord to the Republic of China and its nationals benefits no less than those heretofore accorded by Cabinet Orders No. 309 effective September 1,1949, No. 12 effective January 28, 1950, and No. 9 effective February 1, 1950, all as now amended, provided such nationals have applied for such benefits within the time limits prescribed therein.

(c) (i) Japan acknowledges that the literary and artistic property rights which existed in Japan on July 6, 1937, in respect to the published and unpublished works of the Republic of China and its nationals have continued in force since that date and recognizes, those rights which have arisen, or but for the war would have arisen, in Japan since that date, by the operation of any conventions and agreements to which Japan was a party on that date, irrespective of whether or not such conventions or agreements were abrogated or suspended upon or since the outbreak of war by the domestic law of the Republic of China or of Japan.

(ⅱ) Without the need for application by the proprietor of the right and without the payment of any fee or compliance with any other formality, the period from July. 7, 1937, until the coming into force of the present Treaty shall be excluded from the running of the normal term of such rights; and such period, with an additional period of six months, shall be excluded from the time within which a literary work must be translated into Japanese in order to obtain translating rights in Japan.

木村：我方認為（一）本條並無實際效用。因在戰時日本政府從未視貴國國民為敵國國民，僅對英、美、荷蘭三國人民有此待遇，金山和約列入此項條款，殆為此故。（二）日本與臺灣、澎湖間債權債務之清理，已另見約稿第三條之規定。（三）偽組織財產，乃屬貴國組織所有，亦可依第三條規定處理。本條請予刪除。

胡　：貴方所提第一點，係屬事實問題，請提供具體資
　　　料，已便重予研究。偽政權之資產，不屬約稿第三
　　　條範圍，難強依該條，尋求解決，故我方仍主張保
　　　留本條。又關於約稿第十三條，我方另有修正（言
　　　次以另紙書成之如下修正文字遞交木村團員）：

ARTICLE 13.

（a）…… Property, rights or interests in Japan for one time
　　claimed to be under the custody of, or belong to, a
　　collaborationist regime created in China during the
　　period from September 18, 1931 to September 2,
　　1945, such as the "Manchukuo" and the "Wangchin-
　　gwei regime", shall be deemed to be property, rights
　　or interests of the Republic of China …….

胡科長宣讀中華民國與日本國間和平條約初草第十四條
中、英文條文如下：

「第十四條

為對中華民國及其他盟國軍隊人員在作日本國戰俘期間
所受不當之痛苦表示補償之願望起見，日本國將以在戰
時中立之國家或與任何盟國作戰之國家內日本國及其國
民所有之資產，或隨日本國斟酌以與此項資產相等之
物，讓與萬國紅十字會，由其清理之，並將所得款項依
其所認定為公允之基礎，分配與中華民國紅十字會、及
其他盟國國內之適當機構，以充前戰俘及其家屬之
利益。

本約第十二條（甲）段第二節第（二）項（丑）至（卯）
各款所稱資產項目，及在本約生效時不在日本國居住之

日本國自然人資產，不在讓與之列。茲並了解：本條約
所規定之讓與，不適用於日本國金融機構在國際清理銀
行現所擁有之一萬九千七百七十股股份。

ARTICLE 14.

As an expression of its desire to indemnify those members
of the armed forces of the Republic of China and other
Allied Powers who suffered undue hardships while prisoners
of war of Japan, Japan will transfer its assets and those of
its nationals in countries which were neutral during the war,
or which were at war with any of the Allied Powers, or, at
its option, the equivalent of such assets, to the International
Committee of the Red Cross which shall liquidate such assets
and distribute the resultant fund to the Red Cross Society
of the Republic of China and appropriate national agencies
of other Allied Powers for the benefit of former prisoners of
war and their families on such basis as it may determine to be
equitable. The categories of assets described in Article 12 (a)
2 (II) (ii) through (iv) of the present Treaty shall be
excepted from transfer, as well as assets of Japanese natural
persons not residents of Japan on the coming into force of
the present Treaty. It is equally understood that the transfer
provision of this Article has no application to the 19,770
shares in the Bank for International Settlements presently
owned by Japanese financial institutions.」

木村：我方主張將約稿第十四條刪除。蓋金山和約對各
　　　該被涉及之財產已有處置之規定，各該資產已由

日本交與盟國，日本殊無權利作何主張。貴方若有任何要求似應逕向盟國提出。

胡　　：各該資產處理之實際情況如何？貴方可否就此案準備一說帖，俾供我方參考。

木村：當如命辦理。

胡科長宣讀中華民國與日本國間和平條約初草第十五條中、英文條文如下：

「第十五條

（甲）日本國政府經中華民國之請求，對於涉及中華民國國民所有權案件之日本國捕獲法庭所作判決或命令，應依國際法之原則，予以復判並予修正，並應提供有關此項案件紀錄之全部文件抄本，包括所作判決及命令之抄本在內。此項復判或修正如顯示應將財產恢復原狀，則本約第十三條之規定，應適用於該項資財產。

（乙）日本國政府應採取必要措施，使中華民國國民可於生效後一年以內之任何時期向日本國適當當局申請復判，在中華民國二十六年即公曆一千九百三十七年七月七日至本約生效之日之期間日本國法庭在任一次開庭時，該國民未能以原告或被告之身分為充分陳述而作成之任何裁判。日本國政府應規定該國民因任何該項判決而受損害者，應恢復期在未經審判前之地位，或應給予在此種情形下公平允當之救濟。

ARTICLE 15.

（a）Upon the request of the Republic of China, the

Japanese Government shall review and revise in conformity with international law any decision or order of the Japanese Prize Courts in cases involving ownership rights of nationals of the Republic of China and shall supply copies of all documents comprising the records of these cases, including the decisions taken and orders issued. In any case in which such review or revision shows that restoration is due, the provisions of Article 13 shall apply to the property concerned.

(b) The Japanese Government shall take the necessary measures to enable nationals of the Republic of China at any time within one year from the coming into force of the present Treaty to submit to the appropriate Japanese authorities for review any judgment given by a Japanese court between July 7, 1937, and such coming into force, in any proceedings in which any such national was unable to make adequate presentation of his case either as plaintiff or defendant. The Japanese Government shall provide that, where the national has suffered injury by reason of any such judgment, he shall be restored in the position in which he was before the judgment was given or shall be afforded such relief as may be just and equitable the circumstances.」

木村：對第十五條我方亦主張刪除，蓋我方認為其

（甲）項所稱捕獲法庭之判決等，已處理完結，
並無涉及貴方權益之實際案件。（乙）項則因日
本從未以貴國人民為敵國人民，故在戰時所作以
中國國民為一造之案件，無須重予審查。

胡　：此乃事實問題，我方尚待作一具體之調查，未悉
貴方能否提供有關資料？又貴方上述對我國民之
待遇，是否認定渠等為屬於偽組織下之人民，在
遇有忠於國民政府之中國人民為一造之案件，貴
方是否採取另一態度？

木村：所稱偽組織或中國國民政府下之人民，實無法予
以區分。我方認為縱有是類案件，為數極少，至
其調查工作，恐頗費周章。

胡　：除非獲有具體事例證明，我方恐難同意刪除
本條。

木村：我當竭力以赴。

胡科長宣讀中華民國與日本國間和平條約初草第十六條
中、英文條文如下：

「第十六條

（甲）茲承認戰爭狀態之介入，並未影響償付由於在戰
爭狀態存在以前已有之義務及契約（包括有關公
債在內），及已取得之權利而產生且現為日本國
政府或其國民所欠中華民國政府，或其國民或為
中華民國政府或其國民所欠日本國政府或其國民
之金錢債務之義務。但本約第八條另有規定者，
不在此限。又戰爭狀態之介入，亦不得視為影響
對於戰爭狀態發生以前，因財產之損失或損害或

人員之傷害或死亡而由中華民國政府向日本國政
府，或由日本國政府向中華民國政府可能提出或
重行提出之要求而就其案情予以考慮之義務。本
項之規定並不妨礙本約第十二條所授與之權利。

（乙）日本國承認其對於日本國國家戰前所負外債，及
其後宣稱由日本國國家負責之組合團體所負債
務，擔負責任；並表示其早日與其債權人就各該
債務償付之恢復問題進行談判；助成對戰前其他
債權債務問題之談判；以及便利由此產生之款項
之移轉之意向。

ARTICLE 16.

（a）It is recognized that subject to the provisions of Article
8, the intervention of the state of war has not affected
the obligation to pay pecuniary debts arising out of
obligations and contracts (including those in respect of
bonds) which existed and rights which were acquired
before the existence of a state of war, and which are
due by the Government or nationals of Japan to the
Government or nationals of the Republic of China,
or are due by the Government or nationals of the
Republic of China to the Government or nationals of
Japan. The intervention of a state of war shall equally
not be regarded as affecting the obligation to consider
on their merits claims for loss or damage to property
or for personal iniury or death which arose before the
existence of a state of war, and which may be presented

or represented by the Government of the Republic of China to the Government of Japan, or by the Government of Japan to the Government of the Republic of China. The provisions of this paragraph are without prejudice to the rights conferred by Article 12.

（b）Japan affirms its liability for the prewar external debt of the Japanese State and for debts of corporate bodies subsequently declared to be liabilities of the Japanese State, and expresses its intention to enter into negotiations at an early date with its creditors with respect to the resumption of payments on those debts; to encourage negotiations in respect to other prewar claims and obligations; and to facilitate the transfer of sums accordingly.」

胡　：請注意本條係相互實施者。貴方仍主刪除乎？

木村：然。因臺灣、澎湖人民與日本間之債務，可依約稿第三條處理。其他債務案件未受戰事影響，事實上恐亦無此類案件。對本條（乙）項有關事項，貴方如有具體案件，請惠予提示。由貴方寬大之態度，我盼貴方能將本條予以刪除，因此項規定，似有舊事重提之嫌，在政治上不免刺激我方人民感情。又按金山和約列有有關戰前損害案件之規定，係因戰前一英僑因間諜行為被捕，頗受損失，英國堅欲覓求補償之故。

胡　：本條所涉及第一部份問題，自可賴約稿第三條予以解決。此條係屬相互性質之條款，彼此均有權

　　利義務，貴方既提議刪除，我方當再加考慮後表
　　示意見。

胡科長宣讀中華民國與日本國間和平條約初草第十七條
中、英文條文如下：

「第十七條

（甲）日本國放棄日本國及其國民對中華民國及其國民
　　　因戰爭或因戰爭狀態之存在所採之行動而生之一
　　　切要求，並放棄其由於在本約生效以前中華民國
　　　官憲在日本國領土內之留駐或行動而生之一切
　　　要求。

（乙）上述之放棄，包括對因中華民國自中華民國二十
　　　六年即公曆一千九百三十七年七月七日至本約生
　　　效之日對日本國船舶所採取行動而生之要求，及
　　　因中華民國當局拘留日本國戰俘及平民所生之債
　　　權關係；但不包括自中華民國三十四年即公曆
　　　一千九百四十五年九月二日以後經中華民國所制
　　　定之法律所特別承認之日本國人之要求。

（丙）日本國承認在占領期間內，根據或由於占領當
　　　局之指令或為當時日本國法律所准許之一切積
　　　極與消極行為之效力；且將不採取使中華民國
　　　國民因該項積極或消極行為而負民事或刑事責
　　　任之行動。

ARTICLE 17.

（a）Japan waives all claims of Japan and its nationals
　　　against the Republic of China and its nationals aris-
　　　ing out of the war or out of actions taken because of

the existence of a state of war, and waives all claims arising from the presence or actions of authorities of the Republic of China in Japanese territory prior to the coming into force of the present Treaty.

（b）The foregoing waiver includes any claims arising out of actions taken by the Republic of China with respect to Japanese ships between July 7, 1937, and the coming into force of the present Treaty, as well as any claims and debts arising in respect to Japanese prisoners of war and civilian internees in the hands of the authorities of the Republic of China, but does not include Japanese claims specifically recognized in the laws of the Republic of China enacted since September 2, 1945.

（c）Japan recognizes the validity of all acts and omissions done during the period of occupation under or in consequence of directives of the occupation authorities or authorized by Japanese law at that time, and will take no action subjecting the nationals of the Republic of China to civil or criminal liability arising out of such acts or omissions.」

木村：我方提議將本條刪除。因本條與現存環境，不相適應，且對國民感情有不良印象。如本條（甲）項前段不合實際，後段之規定與貴國無多大關係。（乙）項則包括戰爭結束後之問題，當由兩國專案處理；其後半段亦不合實際。（丙）項之

規定，將使日本人民情緒，遭受刺激。

胡　：貴方是主張將本條全部刪除，抑另提修正案，
如提修正案，將置於何處？

木村：我方主張刪除全條。惟（乙）項問題亟應由雙方
另行解決，無法接受條文之目前形式。因日本漁
船之被他國緝捕者，除貴方而外，尚有蘇聯，韓
國及中共，我等無法在此開一處分之先例。又日
本漁船超越麥克阿瑟線捕漁，經他國發現後應交
由盟總議處，倘逕予沒收處分，失之過峻。

胡　：該條條文取自金山和約，要求並非過分。我方
對金山和約所規定之盟國權益，殊難放棄。故
認為係屬原則問題，萬難讓步。

木村：貴方似宜察覺，除適間所稱三國及中共外，其
他國家並無扣押沒收我方漁船之舉。

胡　：本問題係屬原則問題，頃已言之。總之，貴方
所考慮者，僅係數艘船舶之權利，而我方所爭
取者，則為與其他盟國立於平等地位之原則，
兩者之間有懸殊之區別，貴方豈能因些微之權
利使我放棄所持之原則？

木村：解決漁船問題與貴方所持原則似無重要之關連？

胡　：對該款規定所作任何修正或保留，即係違反我
方基本權利，損及我為盟國一員之地位，任何
人均可獲致此項結論，我方倘作任何讓步，無
以向國人解釋。

木村：貴方之意，似在以各種方式彌補未能參加金山
和約之遺憾！

胡　：我方一貫之立場，乃在確保我為盟國一員之地位。

木村：如此堅持，寧非使人與貴方之善意與誠意頓生疑
　　　竇？我方認為談判若因此等次要問題遭受破裂，
　　　殊不值得。本人意以對此問題之討論，暫告一
　　　段落。

胡科長宣讀中華民國與日本國間和平條約初草第十八條
中、英文條文如下：

「第十八條

日本國將採取一切必要措施，俾依照中華民國三十四年
即公曆一千九百四十五年柏林會議紀錄議定書，有權處
分德國在日資產之各國所已或所可能決定之對該等資產
之處分，得以實施；又日本國在該等資產之最後處分
前，將負保存及管理該等資產之責。

ARTICLE 18.

Japan will take all necessary measures to ensure such dispo-
sition of German assets in Japan as has been or may be de-
termined by those powers entitled under the Protocol of the
proceedings of the Berlin Conference of 1945 to dispose
of those assets, and pending the final disposition of such
will be responsible for the conservation and administration
thereof.」

木村：貴方約稿之規定似有事實上差誤。據本人所知，
　　　德國在日資產，係以英、美、法三國為保管人。
　　　貴方似無權利參與處分。

胡　：關於本條之事實部份，我方當隨後提出，容再
　　　討論。

胡科長宣讀中華民國與日本國間和平條約初草第十九條
中、英文條文如下：

「第十九條

倘本約之任何一方認為關於本約之解釋或執行已發生爭
議，而該爭議復不能以提交某一處理權益主張之特種法
庭，或以其他協議方法予以解決時，該項爭議，經爭議
任何一方之請求，應即提交國際法院予以裁判。日本
國於批准本約時，將依照聯合國安全理事會中華民國
三十五年即公曆一千九百四十六年十月十五日之決議，
向國際法院書記官長遞送一概括宣言，聲明對於本條約
所稱任何性質之爭議，接受國際法院之管轄，而毋須另
訂特別協定。

ARTICLE 19.

If in the opinion of either Party to the present Treaty there
has arisen a dispute concerning the interpretation or execu-
tion of the Treaty, which is not settled by reference to a spe-
cial claims tribunal or by other agreed means, the dispute
shall, at the request of either Party, be referred for decision
to the International Court of Justice. Japan will deposit with
the Registrar of the Court, at the time of its ratification of
the present Treaty, and in conformity with the resolution
of the United Nations security Council, dated October 15,
1946, a general declaration accepting the jurisdiction, with-
out special agreement, of the Court generally in respect to
all disputes of the character referred to in this Article.」

木村：對兩國間所生爭議，我方主張應由兩國自行解

決，如有必要，請援印日條約之例，經由仲裁
調解。

胡　　：關於本條我方並無成見，如貴方有新建議，我
願予考慮。

木村：時已不早，第十九條可否留待下次會議再行
審議？

胡　　：本人無異議。

木村：我方外務省亞細亞局長倭島英二即將來臺，本代
表團內部將有若干會商，下次會議最好定在下星
期一而不在明日。

胡　　：本人可表同意；惟關於我方約稿二十一條，貴方
如有決定，請先見告。

木村：如有可奉告者，當即奉告。

散會：六時三十五分。

五　日方第二次提出約稿

葉公超代表與河田烈代表談話紀錄

時間：民國四十一年三月十二日下午三時至四時半

地點：中華民國外交部部長辦公室

在座：

中國方面：副代表胡慶育

　　　　　外交部專門委員鈕乃聖

日本方面：代表團首席團員木村四郎七

　　　　　團員中田豐千代

河田：茲擬奉上我方對貴方草案之修正案，特先作說明
（出草稿宣讀），會議開始以來，已逾三星期，

在此期間，由於兩政府代表坦率交換意見，使雙
方立場及用意所在，已趨明確，誠屬幸事，現信
吾人已達到應謀交涉全盤之具體協議之階段。
關於條約名稱問題，因鑑於貴國政府熱烈之希
望，已在前次會議中，由本人負責暫時表明日
本方面之意思，嗣經本人續與外務省聯絡結果，
已確定此次條約名稱為「中華民國與日本國間之
和平條約」，此點已於前日奉告貴代表。本人深
悉貴國政府非常重視貴方草案之第二十一條，亦
即貴國與其他盟國之關係問題，認為係全約之關
鍵，並欲獲知日本方面對此一問題之意見。我方
對此問題，已參酌貴國政府用意所在，而作種種
研究，此條為本條約全盤之關鍵，誠如貴方所
云，是以此條之問題，自無法與條約全盤問題分
別考慮，因此在陳述我方對於此一問題之立場
時，應同時申述我方對條約全盤所持之意見，方
為妥當。且會議既已進入目前階段，如本人頃間
所陳者，則率直表明意見，對於今後交涉之進
行，或不無裨益，為此我方在陳述此項意見時，
為使討論易於具體化起見，暫備一項由十三條條
文構成之條約，同時另附以一項換文之形式，我
方綜合過去會議之情形，希望大致歸結為上述之
形式及內容。至關於辭句等細節問題，我方並不
拘泥，此項方案，要不過表明我方對於條約全盤
之基本意思，而最近與外務省相商之結果，亦已
歸納在內，此點敬希瞭解。再此項方案，關於條

約之名稱問題，實質問題，適用範圍之規定方
式，及第二十一條等問題，已力求符合貴方意
旨，在另一方面，關於條約之其他內容，則以我
方過去反復強調之三點為著眼點，而構成比較簡
潔之內容，該方案既已充分參酌貴方在過去會議
中所表明之見解，故本人不但認為係一合理之方
案，將有裨於今後之會議，同時並相信此項條
約，一經簽定，則在國內國外，均將被譽為照目
前國際情形，中日雙方所能企求之最善之條約，
即對國際間亦無所愧報也。

葉　：今日本定舉行非正式會議，仍照過去辦法，由我
方胡副代表主持，而由雙方較多助理人員出席，
今晨聞悉貴代表擬親自出席，故本人亦預定出席
主持。既據貴代表談稱，攜有方案，本人殊不欲
該項方案，在會議席上提出，因貴方報紙，日前
即已喧稱，貴代表團將提第二次草案，此在我方
視聽上，殊不相宜，因貴我雙方始終認為我方草
案為商談之基礎，貴方所提任何形式之文件自
均不過為一項提供意見之書面而已，何能再提對
案？貴代表所稱方案，請即在此見示，以便少頃
進行會議時，將貴方方案，作為參考資料。連日
木村先生與我方胡副代表間之商議，聞已進行至
第十八條，今日會議，似應就未竟部分，作一歸
結。再貴方方案內容，是否對木村先生在歷次非
正式會議中所作之承諾，有所改變？以及對於第
二十一條之意見如何？統祈見告。

胡　　：第十九條，雙方已有諒解，問題不多。第二十
　　　　條，昨承木村先生見告，日方已接受我約稿。第
　　　　二十一條，據云在原則上亦可接受我約稿。至第
　　　　二十二條則係形式條款，似無須多所討論。

木村：第二十二條，我方亦可接受貴方約稿。第二十
　　　　條，我方在文字上略有整理（按前指在該條末句
　　　　加入「除第三條另有規定外」語）。至第二十一
　　　　條我方已將其內容寫入換文稿內，相信精神尚與
　　　　原條文相符，是全約初步審議工作，可謂已告一
　　　　段落，今日殊無繼續舉行非正式會議之必要。

河田：茲將我方擬就之約稿，英、日文各四份，換文稿
　　　　英、日文各四份，共十六份，提供貴代表閱覽
　　　　（言次取出各稿交葉代表）。此項方案，不過為
　　　　具體表達我方意見之便利而作者，並非對於貴方
　　　　草案提出修正案之意，更決不對外宣揚，望勿誤
　　　　會是幸。

葉　　：我方將以充分時間研讀貴方方案，今日之非正
　　　　式會議，可不舉行，日內再由我方訂定開會時
　　　　間，通知貴代表如何？又今日所提參考文件，
　　　　雙方可稱之為 observations，其性質亦然，未悉
　　　　貴代表同意否？

河田：可如此稱之，今日暫不開會一節，本人亦同意。

六　中日和會第七次非正式會議紀錄

關於賠償及實施範圍問題之討論（附致美備
忘錄）

時間：民國四十一年三月十七日下午三時至六時

地點：中華民國外交部

出席人員：

中華民國：全權代表　葉公超

　　　　　　副代表　胡慶育

　　　　　　亞東司司長　汪孝熙

　　　　　　亞東司專門委員　鈕乃聖

　　　　　　亞東司第一科科長　賴家球

日本國：全權代表　河田烈

　　　　　首席團員　木村四郎七

　　　　　團員　中田豐千代

　　　　　團員　真崎秀樹

葉　：綜合疊次非正式會議結果，服務補償問題似為
　　　雙方歧見最大之點，不知貴代表對我方約稿第
　　　十二條（甲）項第一款（按即關於服務補償之規
　　　定），尚有意見否？

河田：日本對中國並無逃避賠償責任之意，但中、日兩
　　　國締約應以將來雙方之親善關係及兩國國民之友
　　　好感情為目標，故本人相信日前我方所提意見書
　　　中關於服務補償問題之解決方案（按即指日本承
　　　認中國有依金山和約第十四條甲項二款之規定處
　　　分在華日產之權，而中國之一切賠償要求，應
　　　視為因此已獲滿足而不另行向日方索取服務補

　　償），仍為最妥善之辦法。至貴代表所稱歧見最
　　大之點，據本人所知似尚不止服務補償問題一
　　項，此外尚有關於貴國享受盟國對日媾和之最惠
　　國待遇問題及關於和約實施範圍問題。

葉　：我政府對我方約稿第十二條（甲）項第一款極為
　　重視，其理由已疊向貴方申述，諒已充分明瞭。
　　茲再補充說明兩點，即（一）我方如放棄服務補
　　償之要求，則將來返回大陸後，將無以對全國國
　　民，此點實具有重大之政治性；（二）簽署金山
　　和約之盟國，均享有此項待遇，我方如以予放
　　棄，恐影響其他盟國（例如菲律賓）對我之關
　　係，基於上述理由，仍請貴方接受我方約稿之該
　　項規定。惟為打開僵局並顧及現實暨使貴方易於
　　接受起見，本人擬將該款中「日本國將迅速與中
　　華民國進行談判（以商定服務補償辦法）」內之
　　「迅速」（promptly）字樣，予以刪去，並另於
　　條約正文之外，以換文或議定書之方式商定：此
　　次服務補償之辦法，應俟中國政府收復蒙受損害
　　之任何地區之後再行議訂。換言之，即將此一問
　　題予以擱置（shelf the problem）。現我方已擬就
　　關於此點之草案，貴代表以為如何？（言次將草
　　案一份遞交河田代表。該草案內容如下：「關於
　　本日簽署之中華民國與日本國間和平條約第十二
　　條甲項第一款所規定之服務補償辦法，應一俟中
　　華民國政府對其領土曾受該款所指之損害之任何
　　地區，重行建立其控制時，即行議定。」）

河田：適貴代表謂服務補償問題極為重要，本人前已言
　　　及其他重要問題尚有貴方約稿第二十一條（最惠
　　　國條款）及和約實施範圍等項，我方日前已就各
　　　該問題提出書面意見請貴方考慮。現請問正式會
　　　議之前，是否先討論服務補償問題？

葉　：似可先討論服務補償問題（言次轉詢胡副代表）。

胡　：似宜先就前此數次非正式會議結果，將雙方未
　　　獲協議之九條條文及一項問題，先於此作一總
　　　檢討，然後再進行專題討論，該九條條文為：
　　　（一）第十條關於商務之條款。（二）第十一條
　　　關於民用航空之規定。（三）第十二條關於賠
　　　償問題。（四）第十三條關於歸還財產。（五）
　　　第十五條關於司法復判。（六）第十七條關於
　　　日本放棄因戰事而惹起之要求。（七）第十四
　　　條關於日本在中立國資產之處理。（八）第
　　　十六條關於戰前之契約義務。（九）第二十一
　　　條關於日本所應給與各盟國之最惠國待遇問題；
　　　另一問題則為和約實施範圍問題。

葉　：適間本人曾就服務補償問題建議一項辦法，現
　　　仍請先就此點進行商談。

河田：本人現有一問題請貴代表解答：我方自始即主張
　　　中日和約應力求簡潔，經雙方數度非正式交換意
　　　見後，我方已參照貴方意見，在我方第二次提出
　　　之意見酌將約稿條文增加，但仍須以簡潔
　　　為原則。

葉　：我方不能無條件簡潔。

河田：然則貴方閱過我方意見書所附參考約稿後，有
　　　無意思將貴方約稿簡潔化？

葉　：有此意。

河田：本人因覺貴方似有不採納我方意見而仍堅持貴方
　　　約稿條文之意，故發此問。

葉　：我方每次均提及我方約稿條文者，係因我方約稿
　　　乃係雙方商談之基礎。至貴方提出參考之約稿，
　　　我方已細加研究，並準備儘可能採納貴方意見。
　　　現在仍請討論服務補償問題。

河田：關於此一問題，我方始終認為我國遺留在貴國大
　　　陸之財產，為數甚鉅，以美金計，當值數百億
　　　元，以此項巨額財產充作賠償之用，應屬已足。
　　　今貴方若再要求服務補償，實與貴方屢屢宣示對
　　　日寬大之旨不符。且中日此次締約之應顧及將來
　　　而不咎既往，已如頃間所述，貴方對服務補償之
　　　要求，適足引起日本人民對貴國之不愉快情緒，
　　　此點深望貴方慎加考慮。我方對賠償問題，已提
　　　出條文草案，仍懇貴方本寬大之旨予以採納，至
　　　條文寫法，自當有商討餘地，惟貴方所提於約文
　　　外另作補充規定一節，似無必要。

葉　：貴代表所述意見，本人甚為明瞭。但我國在對日
　　　戰爭中，軍民死傷之多，公私財產損失之鉅，實
　　　非任何盟國所可比擬，我政府本對日寬大之旨，
　　　並不欲根據此種事實，向貴國提出更大之要求，
　　　而僅遵從金山和約之原則，要求與其他盟國之同
　　　等待遇。抑有進者，本人已提出將約稿內「迅

速」（promptly）字樣刪去，而依本人頃間所提
辦法，貴國並無須立即擔負任何工作。本人認為
貴國人民對戰爭所予我國人民之損害如能有充分
之認識與反省，對我方關於服務補償問題之立
場，當能深切了解，並對我方所提辦法，樂予接
受。至貴方第二次所提意見，本人願大致一說：
例如，關於我方約稿第十條之通商待遇，貴方擬
置於互惠國待遇之基礎上，且將範圍擴大而及於
入境、居留等事項。我方則認為在和平條約內不
應有此類入境、居留等事項之瑣碎規定，但我方
仍願考慮貴方意見，並準備將我方約稿作局部修
正。又如關於和約實施範圍問題，我方亦有意
見，當另請胡副代表提出說明。

河田：關於賠償問題，本人還想說幾句話。適聞貴代表
　　　稱，戰時貴國損失甚大，倘我國人民思及此點，
　　　當能明瞭貴方對賠償之立場等語。我國人民固明
　　　瞭此次戰爭所予貴國之損失至為鉅大，但我國百
　　　分之七十至百分之八十之海外資產，均在貴國。
　　　今我方已承認依照金山和約規定，將此項鉅額資
　　　產作為對貴國之賠償，已屬難能。至我國在菲律
　　　賓、印尼等地，原未遺留幾何資產，故菲、印
　　　等國想出服務補償辦法，以期獲得補償，實則此
　　　一辦法亦難望順利實施也。又就我國遺留在貴國
　　　之資產而言，公產姑不置論，私產之中固亦有以
　　　不正當方式得來者，但極大部分均係以數十年之
　　　辛苦經營積聚而成，今此等善良人民之私有財產

　　　　亦皆悉數充作賠償，在國際慣例上，尚屬創舉。
　　　　倘貴方再要求我方負擔服務補償之義務，我國國
　　　　民必難認為貴方寬大，此對中日將來關係，自有
　　　　莫大影響，抑服務補償之不具實際價值，頃已言
　　　　及，故不應在此次和約內予以規定。茲附帶說明
　　　　一點，即關於賠償問題之表現方式，在我方第二
　　　　次意見書所附條文草案內，已自動表現我方承認
　　　　有對貴方賠償之義務。倘此項草案不獲貴方採
　　　　納，則另由我方承認賠償義務，而由貴方自動以
　　　　單獨宣言之方式聲明貴方有權要求賠償，但同時
　　　　自動放棄要求服務補償，似亦無不可。

葉　：服務補償之第一意義，係在協助修復損害物。我
　　　　返回大陸後，能由貴方協助我方從事修復工作，
　　　　自更能增進兩國人民之感情。故此一辦法之精
　　　　神，係在以友誼協助復元（rehabilitation），自
　　　　另一角度看，並無賠償要求之意。

河田：貴代表所稱友誼協助，本人認為甚屬重要，蓋我
　　　　方甚願在將來對貴國經濟有所協助也。倘貴方對
　　　　服務補償一節，作如是觀，我國人民當能了解。
　　　　惟關於經濟合作一節，在我方第二次意見書所附
　　　　參考約稿第四條內已有明顯規定。

葉　：貴方參考約稿第四條之規定，在精神上我方可予
　　　　考慮。惟適纔余乃解釋條文，謂服務補償實寓有
　　　　友誼協助之意。至貴代表所提經濟合作原則，係
　　　　另一問題。本人建議將服務補償問題暫予擱置。
　　　　現請胡副代表將我方參考貴方意見後所作意見提

出說明。

胡　：就我方約稿各條文順序而言，首先出現者為第十
　　　條即商務條款（commercial clause）。貴方參考約
　　　稿對此一事項之表現有二，一為以相互原則為基
　　　礎（based on reciprocity），一為擴大範圍而包括
　　　人民出入境、居留等事項，中國方面認為人民出
　　　入境、居留等事項，例在通商條約內予以規定，
　　　自我作古而在和約內予以規定，固未嘗不可，但
　　　商約例有期限，和約則無期限，鑒於此類事項原
　　　非永久不變，如載入和約之內，則不易修改，因
　　　此我方未採納貴方意見。另一問題為貴方所主張
　　　之相互方式。按我方約稿原係承襲金山和約而
　　　來，在精神上亦與金山和約相符，此條固首先規
　　　定貴方須在此約生效後四年之內，就某種事項給
　　　我方予某種待遇，但在此條丙項已規定貴方所應
　　　給我方之待遇，不能超過就同一事項我方所給貴
　　　方待遇之程度；此即係相互方式，我方並未占
　　　絲毫便宜。至謂須求文字好看，乃係起草技術問
　　　題。俟全盤討論時，當可提出磋商。倘貴方對此
　　　點無疑問，本人將報告次一條問題。

河田：（與木村商談後）貴方約稿第十條（丙）項，並
　　　非互惠主義，蓋依該項規定，日方僅能隨貴方之
　　　意而增加對某一事項之待遇，但不能依己意而減
　　　低對某一事項之待遇。

胡　：在形式上看，確係如此，蓋選擇之權不在日本而
　　　在中國，但在實質上仍將以相互方式為本。（In

form, it is not based on reciprocity, but in substance, it will be.）關於此點，願保留以後再談。現談到我方約稿第十一條關於民用航空之規定。本人前與木村首席團員非正式商談時，業已表明中國方面無意處處占日本便宜，但有一原則必須顧到，即：中國應與其他盟國立於平等地位。因此關於民用航空之規定，中國方面無意另予更動。關於此點，惟有藉兩國將來另訂民航協定予以補救。本人此一答覆，貴方或不滿意，而欲有所列論。但為經濟時間起見，仍請留待專題討論時再談，現擬由本人繼續報告。關於我方約稿第十二條即賠償條款，適間兩位全權代表已交換意見，茲不贅述。我方約稿第十三條（歸還財產）、第十五條（司法複判）、第十七條（日本放棄由戰事而惹起之要求）等三條，貴方主張刪去。中國方面對此已細加研究，現願參照貴方意見，準備將此三條刪去；但恐刪去後，有若干因戰爭而起之問題，無法解決，故擬另以議定書（protocol）方式規定關於此三條所涉之問題將適用金山和約相關條款之規定。我方約稿第十四條（日本在中立國資產之處理）及第十六條（戰前契約義務），貴方主張刪去，中國政府已準備接受貴方意見。我方約稿第二十一條（中國所享之最惠國待遇），中國政府極表重視，以往已數度向貴方表明。貴方此次意見書內對中國方面之意見甚為了解，並已適當予以顧及，但貴方對此項規定不

納入條約正文之內而另以換文方式出之，中國政
府認為尚屬不足。本人須報告之九條條文，已報
告完畢，現另報告一項問題，即和約適用範圍問
題。關於和約適用範圍，貴方已提出方案，在條
約正文之外，以換文方式予以規定。中國方面認
為將此項方案列在和約正文之外，自無問題，但
文字上尚須修正，且應以載入同意紀錄（Agreed
minutes）為宜。除上述九條及一項問題外，其他
問題似均已成立協議，僅最後形式尚待整理修潤
耳；惟此乃屬起草技術問題，本人希望前途困難
不多。現在報告完畢。

葉　：根據胡副代表之報告，我方已參照貴方對約稿
　　　簡潔化之意見，將我方約稿中之數條規定，予
　　　以刪除。關於尚未成立協議之九條及和約適用
　　　範圍問題，擬即由胡副代表與木村首席團員詳
　　　細商討。

河田：胡副代表所述各節均甚明白，本人認為各項問題
　　　亦可由木村首席團員與胡副代表從詳研討，惟關
　　　於和約適用範圍不以換文規定而以同意紀錄列載
　　　一節，本人不能同意，蓋我方原意係欲將此項規
　　　定載入條約正文之內，迄聆悉貴方意見後，乃
　　　向本國政府竭力解說，始獲准改用換文方式。

葉　：關於此一問題，本人亦有不能已於言者。我方此
　　　次與貴方訂約而同意考慮此一問題，已屬最大之
　　　犧牲，蓋我方必須顧到我國政府之地位，即我國
　　　政府乃代表全中國之政府而非地方政權。現各國

承認我政府者，均承認我為全中國之合法政府，
我焉能自貶本身地位？在和約適用範圍方案中，
固有將來適用於中國大陸之規定，但各方對此仍
誤解甚深。本人可明告貴代表，本國立法院對此
一問題之質詢特為激烈，本人反復予以解釋，已
費盡唇舌，總之，此一問題可能被人誤會以致影
響我國政府之地位，我方同意予以考慮，已屬極
不得已。關於此一問題之規定，如以同意紀錄方
式出之，其效力並不稍減，仍望貴方予以同意。

河田：此問題極為重要，此次議約即係以此為出發點。
吉田首相致杜勒斯先生函內，已明白提及此項
問題。倘此一基本原則發生動搖，則全部議約
事項均將隨之動搖。

葉　：吉田首相致杜勒斯先生函內，並未說明應將此
項規定載於何處。現貴方既已同意不列入條約
正文之內，則其他事項，似可即由胡副代表與
木村首席團員磋商解決。

河田：本人並不反對由彼等磋商，但此一問題極為重
要，對於改用同意紀錄規定一節，實無考慮餘
地。本人過去建議政府採納貴方意見不在條約
正文之內予以規定，業已煞費苦心。甚望貴方
考慮余個人之立場，否則余將無法返日面對本
國國民。

木村：此一問題極為重要，已如河田全權代表所言，
本人亦覺難負磋商之重任。

葉　：本人了解河田代表所作之努力，現尚有許多問題

仍望貴代表能繼續努力，本人亦當盡力合作。現
將我方所擬關於和約適用範圍規定之草案送請貴
方察閱。（將草案英文部分遞交木村。其中文文
字如次：本日簽署之中華民國與日本國間和平條
約，應適用於在締約雙方每一方主權下之全部領
土。但雙方了解：鑒於在中華民國主權下領土之
一部份，現有被共產黨占領之事實，本條約之各
條款，關於中華民國之一方，應適用於現在在
中華民國政府控制下及將來重歸其控制下之全
部領土。）

木村：本人願以私人資格閱讀，但以此一問題太過重
　　　要，本人未敢擅自處理。

河田：我方對於將此項規定載入同意紀錄一節，實無
　　　考慮餘地。

葉　：（思考後）余覺我方可同意將此項規定載入換
　　　文之內。貴方對我方草案文字有何意見？

河田：我方尚須時間加以研究，容後答覆。

葉　：關於列載此項規定之方式，本人已同意採用換
　　　文。至文字方面，可由胡副代表與木村首席團
　　　員另行磋商。惟本人希望在文字上少予更動，
　　　以免引起麻煩。

（六時散會）

附　備忘錄（譯文）

關於中國政府對談判中之中日和平條約所持最低限度之要求，前經製就節略一件，並經中國外交部部長於本年三月五日面遞美國代辦在案。

自該一日期以後，中日雙方代表曾舉行多次會議，交換意見，並逐條審議中國政府所提約稿間，其間已獲致若干進展。

本年三月十二日，日本代表團將其擬製之第二次約稿送交中國代表，並了解該項約稿將僅備中國代表之參考；中國政府之約稿，自如前所協議，仍係談判之基礎。如將該項日方約稿與中國約稿作一比較，即可顯示中、日雙方代表與中國約稿之各項條款，除下列各節外，大體上均已獲致協議：

一、第十條（商務條款）

　　日本代表團盼將本條完全置於互惠之基礎上。並將其範圍擴充，俾加列關於彼此國民入境與旅行之規定。中國政府雖難苟同和約中應列入過多商務事項之見解，但仍將於相當範圍內設法滿足日方願望。

二、第十一條（民航權利）

　　日本代表對本條亦擬以互惠為基礎。惟此項更改將使中華民國被置於顯較金山和約締約諸國為劣之地位，故中國政府惟有主張維持原條文，亦即與金山和約第十三條相同之條文。

三、第十二條（賠償條款）

　　日本代表團所提替代本條之條文為其第二次約稿之第十條，該條之用意在不給與中華民國以中國約

稿第十二條（甲）項（一）款所規定服務補償之利
益，上述中國約稿條文係取自金山和約第十四條。
在對日作戰之盟國中，以中國受害最劇，故如就賠
償事件期望中國接受較其他盟國為劣之待遇，殊無
理由。然鑒於中國所受損害幾全在中國大陸，而中
華民國政府目前對之未能控制，是對勞務賠償之實
施辦法可延至中國政府重建其與一部份中國大陸之
控制時再行商議。中國政府因將考慮將具有上述內
容之規定，列入於一議定書中，附屬於和約之後。
此種方式足以減除日本或將立即面臨中國政府提出
是項勞務賠償要求之疑慮。關於此層，中國政府擬
重申其曾向美國政府明確表達之立場，即中國準備
放棄其全部之賠償要求惟以其他盟國同樣辦理為條
件。今金山和約既已明文規定有勞務賠償，勢難使
中國放棄此項要求，中國政府苟同意放棄賠償要
求，中國人民必將獲致一印象，即其政府自喪中國
與其他盟國之平等地位，而大陸上之中國人民，尤
將認為政府出賣人民要求賠償之權利。即此一項印
象足以妨礙和約之批准。

四、第十三條（歸還條款），第十五條（法院判決之複
　　判）及第十七條（日本放棄其對中國及其人民戰時
　　活動所生要求）
　　日本代表團要求將此三條刪除。中國政府深感如無
　　條件允諾日方要求，幾使因戰爭所生之全部問題無
　　以解決。然為便利談判之進行，中國政府仍願考慮
　　將各該條款刪除，惟其條件為中國約稿第二十一條

須照原案予以接受，並另附屬於和約之議定書中，
規定依和約第二十一條之規定，金山和約之第十五
條、第十七條及第十九條將適用於在各該條範圍以
內之中、日間各項案件。

五、第十四條（日本在中立國資產之處理）及第十六條
（在戰爭狀態發生以前所負契約義務之處理）
日本代表團建議將該兩條刪除，中國政府準備考慮
日方之建議。

六、第二十一條（對盟國實施之最惠國條款）
中國政府對本條特予重視，蓋本條為全約中保障中
國與其他盟國平等之地位之惟一條款，中國代表曾
殫竭其智慮向日本代表團解釋中國認為本條為全約
中之主要規定，中國方面所作任何讓步，將視日方
是否接受本條之原案為準。日本代表團迄至目前，
猶未顯示接受之意。查上述未獲協議之各條款，幾
均採自金山和約，此層頗堪重視。抑有進者，中
國政府並未堅持各該條款須完全不加更改而由日方
予以接受。事實上除其中第十一條、第十二條及第
二十一條外，中國政府對其他條款均願與日方達成
折中之協議。中國政府係基於中、日間雙邊和約之
內容將與金山和約大體相同之了解而進行目前之談
判。如日本政府亦顧及此項了解，則目前雙方代表
所面臨之困難，自非不能迅速解決者。中國政府因
此認為目前乃為美國政府對日本運用力量俾使和約
談判早獲結果之時機。

中華民國四十一年三月十七日於臺北

第三節　和約的協議及協議的破壞

一　中日和會第八次非正式會議紀錄

中方表明願自動放棄服務補償

時間：民國四十一年三月十九日下午四時至七時

地點：中華民國外交部

出席人員：

中華民國：全權代表　葉公超

　　　　　副代表　胡慶育

　　　　　外交部專門委員　鈕乃聖

　　　　　外交部科長　胡駿

日本國代表團：全權代表　河田烈

　　　　　　　首席團員　木村四郎七

　　　　　　　團員　中田豐千代

葉　：現在宣布開會。本人茲有幾句重要的話，擬向
　　　河田代表提出。鑒於雙方日來對中國約稿第十二
　　　條甲項第一款談判之僵持狀況，本人擬向河田代
　　　表提出一項重要商榷，旨在打破僵局以期和約之
　　　早日簽訂。此項商榷之提出，本人尚未向政府請
　　　示，故盼貴方務必嚴守秘密。自和約開始談判以
　　　來，貴方屢次聲述，盼我方同情吉田首相應付日
　　　本國內情勢之艱難，我方亦願對日本國民表示寬
　　　大及友好，然就我方須應付國內種種情勢而論，
　　　困難情形並無二致。此層雙方代表當互有了解。
　　　茲為表示我方對簽訂和約具有最高度誠意，且發
　　　自本人受命議約之責任感，謹提出下列辦法，商

權於河田代表：

（一）我方願自動放棄「勞務補償」之要求，惟以貴方就約稿中未經商決之其他部份，接受我方所提意見為條件。

（二）如上述擬議為貴方所接受，其表達方式須由貴方承認有賠償義務，並願將「勞務補償」給予我方，我方於聆悉後，主動予以放棄。

本人須再度表示，上述辦法尚未向我政府提出，惟本人深信，倘貴方能全部接受，各該辦法不難邀准我政府之同意。河田代表當可明瞭，上述放棄勞務補償辦法乃為我方絕大讓步，此項讓步必以貴方對其他若干問題接受我方主張為條件。倘若貴方對其他未經解決問題，仍存過大歧見，本人將無法說服政府接納放棄勞務補償之意見。

本人經將雙方尚未獲致協議之諸項問題，於擬製之「議定書」中分別予以解決。此項議定書，即將送交貴方。惟本人鄭重表示，本人以上所提辦法與送達貴方之議定書，無論貴方接受與否，絕忌肆予洩露，如一經發覺其已洩露，必將招致損害簽約機會之後果。誠然，以上各節可於時機成熟之時，經由雙方同意後予以發佈，在過程中，切盼貴方恪守機密。憶河田代表曾有「自我作古」之語，本人今日所作擬議，即抱有此一精神。夫金山和約締約四十餘國，均獲得勞務補償之權利，今我方首予放棄，希貴方特予注意。雖然，此項擬議將來能否實現，端賴河田代表是否

接納我方對其他條款之意見。

茲將我方備就之「議定書」一式二份，送請查照，因係趕辦文件，不及分別譯成中、日文。其間文字、用語，亦或未能盡善，當由雙方副代表從詳研究。（面交河田代表「議定書」一式二份）。貴方如有疑問，亦請隨時提出。

河田：對貴部長苦心積慮，提出本日之建議，本人深表感謝。貴方適間提及貴方願放棄約稿第十二條中之勞務補償，然以我方接納貴方與其他條款所提意見為條件，未悉貴方所稱「對其他條款所提意見」係指「議定書」中意見，抑指原約稿各條所含意見？

胡　：係指「議定書」中之意見。自雙方談判過程以觀，作為談判基礎之中國約稿篇幅甚鉅，經雙方代表數次會商審議，對原約稿已作修正，貴方第二次約稿中，已將各該修正部份亦即獲致協議部份列入。目前我方擬就雙方尚存異議各問題，設一議定書予以解決，故貴方苟能接受該項議定書，則各項問題大體即告解決。我方在尊重貴方條約力求簡潔之立場，對原約稿多施刪改，目前斷無意將其回復原狀。貴方望勿誤解我要求貴方接受議定書外，尚須接受原約稿。依據本人之估計，新約稿將包括十二、三條，其間不免有文字修飾之事，但問題非如想像之大。

河田：對貴方之說明，已具了解。夫我方對原約稿深表關切之重要問題，除賠償問題已蒙貴方表示態

度外，其他問題如貴方約稿第二十一條，我方
約稿所附換文第一項等，貴方擬如何處理？

胡　：茲約略分析我對貴方第二次約稿諸條文所取態度：

第一條：完全同意。

第二條：實質部份同意，惟擬重新起草。

第三條：實質部份同意，惟擬修飾其用語。

第四條：實質部份同意，惟應推敲其文字，使
　　　　其依條約格式書就。

第五條：實質上接受。

第六條：接受。

第七條：除部份問題另在議定書中規定外，餘
　　　　均接受。

第八條：已在議定書中提及。

第九條：不予列入，惟我將依約稿第二十一條
　　　　之規定在日本享受與盟國相同之航空
　　　　權利。

第十條：已在議定書中提及。

第十一條：大致採用貴方約文，惟須作文字上之
　　　　　修正。

第十二條：係我方所提，故予同意。

第十三條：該條無關重要。

我方擬另加一條，即原約稿之第二十一條。此
外，和約尚附有一換文，（關於實施範圍之規定）
及一議定（我方適纔提出者）。以上所述，乃為
新約稿之大概。

木村：對原約稿第二十一條規定將以何一方式表達，可

　　　否依我方提議列入換文中？其內容又將如何？

胡　：我方對該條應列入和約本文中之立場迄未改變。
　　　否則我方所作任何讓步均無意義。

河田：我方於上次會議提出「關於和約實施範圍」問題
　　　如何規定一節，未悉仍將以換文方式出之乎？

葉　：本人已就該項問題具體答覆貴方，並無更改之
　　　意，即以換文方式予以規定。

木村：貴方前非主張將此項問題載入一「同意紀
　　　錄」中？

葉　：此為我建議之方式而已，我方並無堅持之意，事
　　　實上談判條約之原則，在雙方互有取予，本人深
　　　信雙方代表均能依此原則進行談判。

河田：對貴方所提各項意見，我方當審慎研究後再予答
　　　覆，此項研究或需時日。

葉　：本人深為了解。本人亦須將此問題提呈行政院考
　　　慮，前與倭島局長會晤時，亦約略提及此事，渠
　　　之意見一如河田代表之表示，認為我堅持賠償要
　　　求，將使吉田首相深感困惑，本人經再三考慮，
　　　毅然提出上項解決辦法，惟須坦率相告，貴方必
　　　須對我方其他主張，予以接受，俾為本人持以說
　　　服我政府之論據。

河田：貴部長之考慮本人至為了解。據本人之觀察，
　　　議約一事已蒞臨最後階段，對貴方之意見，本人
　　　當以極機密方式審慎研復。本人尚擬說明數事：
　　　查我方日前提交貴方之第二次約稿，係綜合雙方
　　　迄所獲致協議所擬就者，本人曾向貴方表示，望

能作一全盤之考慮。適間聆悉副代表對該約稿
說明貴方立場，對條文採納甚多，且就貴方考慮
之精神而論，與我方願望相符，本人之疑慮為之
消釋。惟本人擬更進一言，即第二次約稿所附換
文規定兩項，即和約實施範圍問題，與貴方享受
最惠國待遇問題，我方認為該二事項關係密切，
理應相提並論，今貴方主張前者在換文中規定，
後者則列入和約本身之中，則我方認為係一新
問題。

葉　：關於和約實施範圍應在換文中規定一節，雙方
　　　已獲致協議。貴方所擬換文第二項與我約稿第
　　　二十一條性質不同，貴方申述之理由，本人未便
　　　贊同。

河田：我方提出上述問題，在強調該兩事項之相關性，
　　　我方並無強烈願望將實施範圍問題列入約文抑將
　　　貴方享受最惠國待遇問題列入換文中。此外，在
　　　雙方就約稿交換全盤意見時，對第二十一條未經
　　　論及，我方對於此節，已製備說帖一種，擬提請
　　　貴方考慮（面交葉全權代表說帖一式兩份，說帖
　　　名稱為 "On the Issue of Article 21"）

胡　：（閱讀日方所製說帖後）適纔閱誦貴方所提說帖，
　　　本人所獲致之印象為雙方代表團對該一條款之需
　　　要性，抱有相同之見解；對實質問題意見亦復相
　　　近；惟於起草技術及表達方式尚有歧見。本人擬
　　　依貴方說帖表達之願望，重新草擬該條條文。惟
　　　我方仍堅認為該項擬就之條文應列入約文之中。

河田：貴方既作重擬條文之表示，本人深表贊同，我方
　　　說帖所表明之立場，諒有助於此事之進行。又
　　　我方對通商條款主張採用「互敬」辦法，貴方
　　　對此既另作規定，我願考慮。

胡　：我方將通商條款另在議定書內規定，其用意在通
　　　商條約有一定之實施期限，且須適應需要不時修
　　　改，上述情況均不能以和約為之滿足，蓋和約具
　　　有永久性，且其規定事項似難輕易變更。我方議
　　　定書內擬製之通商條款，不獨以「互敬」原則擬
　　　定，且係完全互惠者。我方且可能於短期內與貴
　　　方締結一全面之通商航海協定。

木村：我方將以貴方期望之保密態度，迅即研復貴方之
　　　提議，如隨時遇有問題，當趨前就教。

葉　：望貴方隨時與我方胡副代表聯絡，不舍晝夜，副
　　　代表習於夜間工作。

木村：當如命辦理，我方盼於明晨就貴方提議作一答覆。

胡　：我方亦可於明晨前製就新約稿，併請貴方考慮。

河田：茲擬請貴方說明關於和約實施範圍問題，是否採
　　　用我換文第一項內容與文字。

胡　：我方同意採取換文方式規定該項問題，惟對其文
　　　字已另提意見。

木村：我方換文所用文字殆為吉田首相致杜勒斯先生函
　　　之原文。

葉　：似未盡然。例如該函中所用 "territories" 一字今
　　　已改為 "areas"。本人尚須在此聲明即就和約實
　　　施範圍條款，中、美政府間雖經數月之商議，並

未獲致一最後確定之形式，惟大致與吉田首相函件所敘述者相彷彿。我方茲提出下列方案：

Agreed Minutes

The Treaty of Peace signed to-day between the Republic of China and Japan shall be applicable to all the territories under the sovereignty of each Party.

It is, however, understood that in view of the fact that a part of the territories under the sovereignty of the Republic of China is at the present time under the occupation of the Communists, the terms of the Treaty shall, in respect of the Republic of China, be applicable to all the territories which are now and may hereafter be brought again under the control of the Government of the Republic of China.

關於貴方換文稿所用「地區」一辭，望能依吉田首相函件改正為「領土」。上述方案所規定實質部分，與貴方擬議並無不同，僅在用語方面有所修正，此項修正在使其中規定更為確鑿，解釋不致含混，舉例而言，所稱領土若不以「……重歸其控制下」（亦即加入 brought again 兩字）一語為之解釋，將使中國得濫用是項規定，將原不屬中國所有之領土而在其控制下（此純係一假定）之地域視為和約實施之區域，故為一種法律文字上之漏洞，為識者所不取。總之，我方所作任何修正，均非對議定之「公式」有所更改。

河田：我方關於和約實施範圍條款所提之意見，係受政府訓令提出，本人無權擅作更改，貴方之上述提議，非經請示政府，無從奉復。

胡　　：然貴方約稿應用「地區」一辭，亦係秉承政府訓令辦理乎？

木村：我方上述申述，當指原則問題而論，至以「地區」字樣代替「領土」字樣，則係一時疏忽所致。惟我方素奉吉田首相函件為圭臬，依該函件擬就之換文，自難輕易同意更換。

胡　　：我方願再審視貴方擬製之換文，就該換文整理一新方案。首先，我方不願採用「日本國政府同意」之字樣，擬改用「經雙方全權代表協議……」等字樣。其次我對「領土」一辭（該項名詞之恢復，已准貴方同意），仍主張附以界說，以免日後解釋發生混淆。

上述意見絕未影響雙方既經協議之「公式」，僅係修辭上之改變，且屬敘述性者。貴方換文之敘述，亦未盡抄襲吉田函中之文字。貴方縱就此一問題有所讓步。較我方放棄勞務補償之讓步不啻天淵之別，我方之讓步係「有形」者。

茲將我方提案申述如後：

In regard to the Treaty of Peace between Japan and the Republic of China signed today, I have the honor to refer to the understanding reached between us that the terms of the present Treaty shall be applicable, in respect of the Republic of China, to all territories under the sovereignty of the Republic of China which are now, or may hereafter be, under the control of its Government. I shall be appreciative if you would confirm the understanding set forth above.

此項提案，望貴方考慮接受。

葉　：本人茲擬補充說明，上述提案未使貴方遭受任何
　　　新問題，僅就文字上作一修潤，貴方向政府請示
　　　時，望特別強調此意。本人預期貴國政府將即予
　　　同意。

木村：雖未發生新問題，寧非強調某種「新情緒」乎
　　　（new sentiments）？

胡　：貴方請示時望著重 "under the sovereignty" 一語。

河田：貴方各該修正用意何在？

葉　：因願和約所用文字更形確切，不致模稜兩可，致
　　　啟疑竇。同時，本人願坦率相告，即和約中列入
　　　實施範圍條款遭致我國人民之反對，渠等認為政
　　　府將因此喪失對大陸之主權，我方深知貴方尊重
　　　我對大陸之主權，當不致拒絕我方在該條款中敘
　　　入承認該項主權之字句，貴方此舉並未影響所持
　　　立場，而我政府則可因各該字句之加入，便利對
　　　國民之解釋。一如前所述及，我方極願顧及吉田
　　　首相應付國內輿情之立場，亦望河田代表顧及我
　　　政府之對內立場，並盡力設法影響貴方政府之態
　　　度。鑒於對本條之規定僅作細節上之修正，貴方
　　　實應予以接受，因對簽約一事，雙方應著重其政
　　　治上之意義，並為中日兩國今後新關係著想。蓋
　　　中日雙邊和約之觀成，將促進中國、日本、美國
　　　及其他遠東之反共國家陣線益形增強。

木村：對金山和約第十四條（甲）項（二）款給予中國
　　　之權利，未知貴方如何規定？

胡　：和約正文中將不涉及賠償問題，貴方所提問題，
　　　已在議定書中予以顧及。

木村：貴方議定書（甲）項三款對「一九三一年九月
　　　十八日」日期之規定，用意何在？

葉　：該一日期之列入，純在滿足我國人民認定該一日
　　　期為中日戰爭開始日期之願望，實則此項規定並
　　　未給予我方任何實益。

木村：果無任何法律上之效果乎？

葉　：此項問題當由我方胡副代表詳作研究。

木村：頃聞貴方申述，貴方議定書文字並非不可變動修
　　　改者？

葉　：在文字上自有商酌餘地。

散會，七時正。

（會後雙方代表擬製公報內容）

附　議定書

署名於後之雙方全權代表，於本日簽署中華民國與日本
國間和平條約（以下簡稱本約）時，已議定下列各條
款，各該條款應構成本約內容之一部分，計開：

（一）本約第十二條之實施，應以下列各項了解為準：

　　　（甲）依照金山和約第十五條，日本國應對該約
　　　　　　其他各締約國歸還之財產及恢復之權利與
　　　　　　利益，對中華民國而言，應包括在某一
　　　　　　時間被認為由因中華民國二十年即公曆
　　　　　　一千九百三十一年九月十八日所謂「瀋陽
　　　　　　事變」結果，而在中國組設之偽政權，如

「滿洲國」及「注精衛政權」者所保管或
屬於該偽政權之財產、權利及利益。

（乙）凡在金山和約內有對日本國所負義務或承
擔而規定時期者，該項時期，對於中華民
國領土之任一地區而言，應於本條約一經
適用於該領土之該地區之時，開始計算。

（丙）在將日本國所承擔給予金山和約其他締約
國之全部優惠給予中華民國時，日本國宣
布承認對其在戰爭中所引起之損害及痛
苦，應向中華民國給付賠償。但中華民國
亦承認日本之資源尚不足對一切該項損害
及痛苦作完全之賠償，而同時不危害其國
民經濟，茲鑒於上述之承認，且為表示其
對日本國民之寬大與善意起見，中華民
國爰決定接受金山和約第十四條所規定之
一切權利與義務，並放棄要求日本國依該
項（甲）項第一款之規定應付服務補償之
利益。但雙方了解：該條（甲）項第二款
（二）（丑）內之任何規定不得解釋為對於
自中華民國二十年即公曆一千九百三十一
年九月十八日以來，未經中華民國政府之
同意而設立但曾一度據稱為日本國政府在
中國之外交或領事機構所使用之不動產、
傢具及裝備及該機構人員所用之傢具設備
及其他私人財產，予以除外。

（丁）金山和約第十一條及第十八條不在本約第

十二條實施範圍之內。

（二）茲同意中華民國與日本國間之商務及航業應以
　　　下列辦法為準繩：

　　　（甲）關於關稅、規費、限制及其他施行於貨物
　　　　　　之進口及出口或與其有關之規章，彼此應
　　　　　　給予最惠國待遇。

　　　（乙）關於船運，航行及進口貨物，及關於自然
　　　　　　人與法人及其利益，彼此給予最惠國待
　　　　　　遇；該項待遇包括關於繳收稅捐，起訴及
　　　　　　應訴，訂立及執行契約，財產權（包括無
　　　　　　形財產權但鑛業權除外），參加法人團
　　　　　　體，及通常關於商業及職業活動行為（專
　　　　　　為所在國國民所保留之各種職業除外）之
　　　　　　一切事項。

　　　（丙）國營貿易企業之對外購買及出售，應僅以
　　　　　　商務考慮為基礎。

　　　（丁）在適用本辦法時，雙方了解：

　　　　　　（子）中華民國之船舶應認為，包括依照
　　　　　　　　　中華民國在臺灣及澎湖所已施行或
　　　　　　　　　將來可能施行之法律規章所登記之
　　　　　　　　　一切船舶；中華民國之產品應認為包
　　　　　　　　　括發源於臺灣及澎湖之一切產品。

　　　　　　（丑）如某項差別待遇辦法係基於適用該
　　　　　　　　　項辦法一造之商約中所通常規定之
　　　　　　　　　一項例外，或基於保障該造之對外
　　　　　　　　　財政地位，或收支平衡之需要（除

涉及航運及航行者外），或基於其保持其主要安全利益，又如該項辦法係隨情勢推移，且不以獨斷或不合理之方式適用者，則該項差別待遇辦法不得視為對於應行給予之最惠國待遇有所減損。本項所規定之辦法應自本約生效之日起一年之期限內繼續有效。

換文（日方來照）

關於本日簽訂之日本國與中華民國間和平條約，本代表謹提及貴我雙方所成立之了解，即：本約各條款，關於中華民國之一方，應適用於現在在中華民國政府控制下，及將來在其控制下之全部領土，又此項了解對中華民國在其全部領土上所享之主權，自不發生任何影響。

上述了解，如荷貴代表惠予證實，本代表當深感紉。

本代表順向貴代表表示崇高之敬意。

此致中華民國全權代表葉公超閣下。

　　　　　　　　　　　　　日本國全權代表：河田烈

換文稿（我方去照）

本代表茲謹聲述，本國政府了解：在本日簽署之中華民國與日本國間和平條約第九條所規定之協定未締結以前，金山和約之相關規定應予適用。

本代表謹請貴代表惠予證實：此亦係日本國政府之了解。

本代表順向貴代表重表崇高之敬意。

此致日本國政府全權代表河田烈閣下。

葉公超（簽字）

年　月　日　於臺北

二　胡慶育副代表與木村四郎七首席團員談簡要紀錄

商談議定書中偽政權在日財產問題

時間：民國四十一年三月二十一日上午十時半

地點：中華民國外交部會客廳

胡　　：貴方對葉全權代表於上次會議中向河田全權代表所為建議，已否決定態度。

木村：該項建議已電東京，惟尚未接獲復訓。

胡　　：貴方當已了解：該項建議，係葉全權代表用以打開和談僵局之試行辦法，迄今未呈奉定。必俟貴方對於該項建議全盤予以接受後，外交部始便呈請政府核定，故在貴方尚未作此接受前，一切將暫告停頓，望貴方了解此點，從速見復。

木村：此點我方完全了解。又日本代表團現正從事於有關該項建議之技術性的研究，貴方前交議定書草稿中尚有數點，擬請釋明其涵義。議定書一項甲款提及「滿洲國」及汪偽政府之產業，此項產業，自係貴國政府之產業，似毋須予以規定。又此項產業，似以根據中日和約稿第三條解決為便。本人提出此二點，並非與貴方講價，意在尋求技術上之至當。

胡　　：該項產業應屬我國政府，貴所長前於會議中亦曾

聲明；但貴國政府前曾承認各該政權，如無明文
規定，中國人民自不放心，且將來在適用上亦恐
無所依據。至約稿第三條，則與各該產業無關，
因各該偽政權之存在，係在我政府收復臺、澎以
前也。

木村：議定書一項乙款所規定期間，似應一律自中日和
約生效之日起計。

胡　：如貴方承認中日和約應於生效之日起對我全部領
土一律適用，則貴所長所言，自屬合理。實則該
款規定，係針對貴方所堅持之所謂條約適用範圍
而設，貴所長細思將自明。

木村：此點現極了解。依照貴方所提議定書稿，中、日
戰爭是否應視為在一九三一年九月十八日開始？

胡　：貴方可作如是觀，實則金山和約及中日和約稿均
未定有戰爭開始日期，而僅曾就各種性質不同之
問題，規定一有效期間。我方國民在情緒上欲於
約內提及「九一八」。此點對於貴方權利，並無
多損益，望能顧及我方國民之情緒。

木村：此點亦了解；惟緒言中已提及「九一八」。

胡　：緒言係條約之裝飾部份，無效力可言，自嫌不同，
現在我方修正約稿，亦已備妥，然僅作為談話基
礎，即專就中國方面而言，亦非定稿（欠約稿）。

木村：（接讀一過）當予研究。

胡　：尚有一事。貴國主管外交事務之岡崎國務大臣頃
又在東京發表刺激我方之言論。吉田首相在其致
杜勒斯先生函中曾聲明不與中共發生關係。岡崎

　　所言甚至有推翻此項諾言之意味。

木村：自極不幸；然主旨在對內，望貴方勿過予重視。

三　胡慶育副代表與木村四郎七首席團員談話簡要紀錄

商談關於盟國平等待遇等問題

時間：民國三月二十二日（星期六）上午十時半

地點：中華民國外交部會客廳

胡　　：貴方對我方在上次會議席上所提關於「服務補償」等問題之建議，已否接獲東京訓示？

木村：尚未，惟建議全文已早電東京。同時，本代表團已就貴方所提文件逐項予以研究，並已擬具修正案多種，現擬提供商榷。第一項修正案為關於貴方第二次約稿中之第十一條（即原案第二十一條）者。關於此條，我方擬有甲乙兩案，聽由貴方抉擇。

言次出示如下草稿：

（1）甲案

"Unless otherwise provided for in the present Treaty and the documents supplementary thereto, any advantage granted under the provisions of the San Francisco Treaty to the signatories thereof shall be extended to each other by the Parties to the present Treaty."

原文係英文，茲補譯如下：「除本約及其所附各文件另有規定外，凡金山和約所給與該和約締約國之任何優惠，本約締約雙方均應互相給與。」

（2）乙案

"Unless otherwise provided for in the present Treaty and the documents supplementary thereto, any advantage granted under the provisions of the San Francisco Treaty to the signatories thereof other than Japan shall be extended to the Republic of china. Likewise, the Republic of China shall extend to Japan any advantage that may accrue to the latter under the provisions of the same Treaty."

原文係英文，茲補譯如下：「除本約及其所附各文件另有規定外，金山和約所給與日本以外之該約締約國之任何優惠，均應給與中華民國。凡依金山和約規定而應歸屬於日本國之任何優惠，中華民國亦應同樣給與日本國。」

胡　：（接讀上兩草案後）我方二次草案第十一條，係根據金山和約第二十六條末句之精神草成，並非以「相互」為基礎。且金山和約並未以何項優惠給與日本國，強作相互規定，無裨日方實益，而與該第二十六條末句之精神相反，從而減損中華民國與其他盟國間之平等地位，故貴方所提兩草案均非我方所能予以考慮。

木村：金山和約給與其他締約國之優惠多，給與日本國之優惠少，誠如尊論；但如能使該條略具相互形式，亦足便於中日和約之批准，請貴方再行見復。又如貴方能另提草案，則我方亦樂予以考慮。

胡　：我方自可再予研究；惟我方恐難提出滿足貴方願

望之草案。關於和約草稿，我方曾徇貴方之請，
將若干條文予以刪去。每同意每一條文之刪去，
本人均曾明言係以貴方接受我原案第二十一條
（第二草第十一條）為條件。倘貴方對此條仍持
異議，難免使前功盡廢。

木村：此點我方了解。關於貴方所提議定書稿，我方
　　　亦有修正案多種，現先討論關於該議定書第一
　　　項丁款之修正案。

言次出示如下草案：

"Japan declares her recognition that she should pay repara-
tion to the Republic of China for the damage and suffering
caused by her during the war. The Republic of China, on
the other hand, recognizes that the resources of Japan are
not presently sufficient to make complete reparation for all
such damage without endangering her viable economy. In
consideration of these recognition the Republic of China
affirms that Japan's obligation of reparation shall be met
by virtue of Article 21 of the San Francisco Treaty, and
further declares, as a sign of reconciliation and good will
towards the Japanese people, that the claims equivalent to
those stipulated in Article 14（a）1, and（b）of the same
Treaty are covered thereby, except as otherwise provided in
the present Treaty."

原文係英文，茲補譯如下：「對於中華民國在戰爭中所
受損失及痛苦，日本應予賠償，日本國茲聲明予以確
認。中華民國亦承認：日本國之現有資源，尚未足使日

本國支付全部賠償而不危害其足以生存之經濟。基於上項承認，中華民國宣稱：日本國之賠償義務，應依金山和約第二十一條之規定而視為業已履行；中華民國為對日本國民表示協調及好意起見，並進而宣告：除本約另有規定外，中華民國所具相當於金山和約第十四條甲項第一款及乙項所規定者之要求，亦應視為已依金山和約第二十一條之規定而獲得滿足。」

胡　：（接讀上稿後）貴方草稿與我方建議放棄服務補償之精神，完全相反，絕非我方所能予以考慮。憶貴方曾迭次要求我方放棄服務補償，藉以打開和談僵局，並市惠於日本國民。我方曾切告貴方：在上次戰爭中，中華民國受害最烈，關於與補償有關各問題，不能處於較劣於任何盟國之地位，嗣後幾經磋商，我葉全權代表始建議，由我自動放棄服務補償，俾貴方能獲實益，而無損於我與其他盟國間之平等地位，故「自動放棄」一節，實為該項建議之主要精神所寄，若併此而貴方尚提修正，實無異於拒絕該項建議。且葉代表亦自不便竟將該項建議提請我政府予以採納，縱經提出，亦無果被採納之可能。故本人熱望：貴方不獨接受該項建議，並且接受我方所提議定書第一項丁款之文字。

木村：本人極了解。貴副代表所言各節，能否以簡短書面文字出之，俾可轉電東京而免傳遞失實。

胡　：本人樂予照辦。

木村：關於議定書稿第一項丙款，我方亦有修正案，

此係關於「九一八」之日期拿
言次面交如下草稿：

"In view of the fact that the mutual relations between Japan and the Republic of China have unfortunately been marred since the so-called "Mukden incident" of September 18, 1931, it is understood that in applying the relevant principle of the San Francisco Treaty to any outstanding problem between the two Parties, due consideration will be given to the foregoing fact wherever deemed reasonable, notwithstanding the date of December 9, 1941 on which the recent War commenced."

原文係英文，茲補譯如下：「鑒於日本與中華民國間之關係，自一九三一年九月十八日所謂『瀋陽事件』以來，業已有不幸而遭損傷之事實，茲了解：在以雙方間任何未決問題適用金山和約之相關原則時，將於任何認為合理之情況下，對前項事實予以適當之考慮，而不論此次戰爭開始之日期係一九四一年十二月九日。」

胡　　：（接讀此稿後）此稿與我方願望相去甚遠，最後一句，尤難予以考慮。

木村：依照金山和約第二十六條之規定，日本國如以任何超出金山和約範圍之優惠給與任何國家，該約各締約國即有權要求同樣優惠，故不得不特別慎重。

胡　　：此點固然；但中華民國與貴國戰爭在先，此一歷史，當非他國所能援用。

木村：日本之進侵越南，亦係在珍珠港之前，難免要

　　　　求較早日期。又貴方約稿在緒言內又提及「九
　　　　一八」，議定書內可否勿予重提。

胡　：序言係裝飾部份，將來不能引用，自不足以滿
　　　　足我方人民（尤其是東九省人民）之願望。

木村：貴方人民之情緒，本人極了解，望能另提草稿，
　　　　俾日本方面能滿足貴方情緒，而免於其他盟國
　　　　亦提同樣要求。

胡　：關於此事，本人亦願作一書面解釋，藉供貴代
　　　　表團轉電東京之用。

木村：關於議定書稿第二項，我方建議將首句 "The
　　　　Republic of China proposes and Japan agrees"（即
　　　　中華民國建議經日本國接受）一語改為"The
　　　　Republic of China and Japan agrees"（中華民國及
　　　　日本國同意）一語。

胡　：此係文字上之修正，我方可予考慮，稍後當
　　　　奉復。

木村：在議定書內，我方提議加入第三項，就兩國間
　　　　之民航事項，予已規定。

言次面交如下草稿：

"The Republic of China and Japan agree that the operation
of civil aviation between them shall be governed by the
following arrangements.

（a）Most-favoured-nation treatment shall be mutually
　　　granted with respect to air traffic rights and privileges.

（b）Complete equality of opportunity shall be mutually
　　　accorded in respect to the operation and development

of air services.

The arrangement set forth in this paragraph shall remain in force for a period of one year as from the day on which the present treaty enters into force."

原文係英文，茲補譯如下：「中華民國及日本國同意：彼此間之民用航空，應照下述辦法辦理：

（甲）關於空運權利與特權，互給最惠國待遇；

（乙）關於空運業務之辦理與發展，互給完全平等機會。

本項所規定之辦法，應自本約生效之日起，有效一年」）

胡　　：（接閱來稿後）依照金山和約之規定，商務條款與民航條款，根本不同。依照商務條款，日本與盟國間究應適用何項待遇，其選擇之權，雖操諸盟國。但一經選擇之後，則雙方所享待遇，係屬平等互惠，故此一條款僅損害日本國之顏面，而未必有害其實益；至民航條款，則課日本以若干義務，而不給與日本以對等之權利。我方商洽中日和平條約之基本立場之一，為與各盟國立於完全平等之地位，故關於民航條款，不能考慮貴方之建議。

木村：聞貴方現正與韓國簽訂民航協定，豈中日關係尚不如中韓關係乎？

胡　　：此事不能如此看法。依照金山和約規定，貴方已以民航權利給與該約其他締約國，即專為保持其與各該國之平等地位起見，我方亦不得不堅持享有該項權利。

木村：然則在約文中插入一條款，載明雙方願儘速商訂

　　　　　一民航協定，如何？此舉雖不足以保護我方權
　　　　　利，然尚足稍慰我方情緒。

胡　：在該項協定尚未成立前，貴方將給與我方以何項
　　　　民航待遇？

木村：自係金山和約所規定之待遇。

胡　：本人了解亦同。在此項了解之下，我方或可考慮
　　　　貴所長適才提出之建議；惟和約第十一條曾用有
　　　　「除本約另有規定外」一語，為使將來解釋不致
　　　　兩歧起見，上項了解似有載入另一換文之必要。

木村：該項了解，係屬當然，另草換文，似嫌蛇足。

胡　：此自法學家視之，自屬當然，惟自外行視之，則
　　　　以有一換文較為穩當，須知此事係屬交通部主
　　　　管，該部或另有看法也。

木村：關於此點，貴方可否亦予簡明書面答覆？

胡　：自樂照辦。

木村：關於和約實施範圍，我方備有草稿兩種，願提供
　　　　貴方參考，惟於此有應特予言明者，即此事須由
　　　　東京決定，我方所提草案，僅係本代表團之草
　　　　稿，其作用僅在便利雙方談判之迅速進行。

言次出示如下草稿：

（1）甲案

"The present Treaty shall be applicable, in respect of the
Republic of China to all the areas and all the territories
under Chinese sovereignty which are now or may hereafter
be under the control of the Government of the Republic of
China."

原文係英文，茲補譯如下：「關於中華民國之一方，本約應實施於現在在中華民國政府控制下或將來在其控制之在中華民國主權下之一切領土及一切地區。」

（2）乙案

"The present Treaty shall be applicable, in respect of the Republic of China, to all the territories which are now or may hereafter be under the control of its Government. Nothing in this note shall be construed to involve the issue of the sovereignty of the Republic of China."

原文係英文，茲補譯如下：「關於中華民國之一方，本約應實施於現在在中華民國政府控制或將來在其控制下之全部領土，本照會（擬以換文方式出之，故稱本照會）所載任何語句，不得解釋為涉及中華民國之主權問題。」

胡　：（接讀上稿後）似均不足以滿足我方願望；但願予以研究。

木村：茲尚有草稿三種，就下述問題，分別予以規定：（一）換文稿，關於貴方於一九四五年九月二日以後所捕日本漁船問題（見附件一）；（二）約文稿，關於「滿洲國」及汪偽政權之在日財產問題（見附件二）；（三）換文稿，關於日本戰犯問題（見附件三）（言次出示各稿）。

胡　：（閱讀各稿後）當逐一予以研究。此時所得而言者，厥為（一）關於日本漁船之換文稿，此類案件，如能於和約生效前予以解決，則換文自無必要，縱使因各該案未能及時解決而有此必要，貴

方來稿之措詞，亦大有修正餘地，我方或將另提
草稿；（二）關於偽政權之財產問題，該項財產
與和約第三條毫不相干，因各該偽政權之成立，
遠在我方接收臺、澎之前也；（三）關於日本
戰犯問題，我方極願顧及貴方情緒；但以換文出
之，似有小題大做之嫌，總之，此三問題，均待
研究後始能奉復。

木村：本人亦無立請答覆之意，何時當再奉訪。

胡　：各問題研究完畢，當再奉約。

四　胡慶育副代表與木村四郎七首席團員談話簡要紀錄

商談盟國待遇、放棄服務補償、九一八日期及實
施範圍問題

時間：民國四十一年三月二十四日（星期一）下午三時

地點：中華民國外交部會客廳

木村：本人到外交部後，始知原約會時間為三時半，早
　　　到半小時，望對貴副代表並無不便，否則本人亦
　　　可稍候。

胡　：並無不便。貴方上週末交付我方之諸項草稿，
　　　業經分別研究，並已擬有對案及書面說明，現
　　　正在繕寫中，本人之所以邀請貴所長於三時半
　　　來部者，蓋以預計全部繕寫工作須至此時始能完
　　　成也。該項稿件，現已繕就一部份，可先就此部
　　　份，予以研討。關於約稿第十一條貴方所擬兩種
　　　草案，我方礙難接受。蓋因我約稿第十一條起草

精神，非以「相互」為基礎。允諾貴方互惠要求，
勢將減損中華民國與其他盟國間之平等地位。

木村：金山和約所規定之優惠，固係給與盟國者居多；
然關於日本利益，亦非毫無規定，故本條內必須
加入一語，對日本利益亦予保障，方稱公允，且
亦便於日方之接受。

胡　：（沈思後）然則在我方原稿之後加入如下一句
何如？

"It is understood that Japan shall have the right to
invoke any of these provisions for the protection of
her interests."

原文係英文，茲補譯如下：「茲了解日本國為保
護其利益起見，有權引用金山和約各該規定之任
一規定」。

木村：（接讀上述草案後）加此一句與我方立場，自較
接近，當俟詳予研究後奉復。

胡　：關於貴方所提議定書第一項（丁）款之修正案，
我方不能接受，貴所長前請補以書面說明，茲
已就備。

言次面交如下說明：

On Protocol 1（d）

Japan seems to be willing to extend to China all the advan-
tages stipulated in Article 14 of the San Francisco Treaty
except that relating to service compensation. In order to
meet the Japanese wishes, China is prepared to deny to her-
self the benefit of the service compensation; but she cannot

be expected to accept thereby a position inferior to any of the Allies. To satisfy these twofold considerations, China must be given as opportunity to waive voluntarily such benefit. As the Japanese draft fails to take into account this important feature, the Chinese Government finds it unacceptable.

原文係英文，茲補譯如下：

「關於議定書第一項（丁）款

除有關服務補償之優惠外，日本國似願將金山和約第十四條所規定之全部優惠，給予中國。為符合日本國之願望起見，中國現準備放棄服務補償之利益；但中國不能因此而接受一項劣於任何盟國之地位。為滿足此等雙重考慮起見，中國必須予以自動放棄該項利益之機會。日本草案對於此一重要觀點既未顧及，中國自不能予以接受。」

木村：當並轉陳敝國政府，作為參考。

胡　：其次關於議定書稿第一項丙款所載「九一八」日期，本人前允作一書面說明。該項說明頃在繕寫中，稍後當面致。金山和約何時可望生效，貴方有無確報？

木村：尚無特別消息；惟據一般估計，可望於下月初旬至中旬之間生效。

胡　：金山和約生效後，盟國委員會諒將於短期內撤銷。

木村：諒係如此。

胡　：盟國委員會撤銷後，蘇聯代表團之身分，當即

發生問題，此事貴方已定有因應辦法否？

木村：此係我方頭痛之事。

胡　：金山和約如能依預期時間生效，則在該約生效後
　　　中日和約生效前，難免有一短暫之過渡期間。在
　　　此期間中，雙方代表機關之編制，似惟有暫維現
　　　狀。關於此點，雙方似宜及時成立某種諒解。

木村：自宜成立諒解，否則本人亦難在臺北繼續執行職
　　　務矣。何團長在東京與我方關係良好，由其暫維
　　　現狀，當無困難。

胡　：中日和約生效後，貴方是否已準備即派外交代表
　　　前來？

木村：據本人所聞，我方擬派大使。

胡　：（至此關於「九一八」之書面說明已繕就，當即
　　　面交木村，全文如下：）

　　　The date of December 7, 1941, is the date on
which armed hostilities actually began between Ja-
pan and the Allied Powers, parties to the San Fran-
cisco Treaty and is therefore adopted in that Treaty
to mark the beginning of period during which a
state of belligerency existed, It is plain that this date
is inapplicable when relevant provisions of that
Treaty are applied to the problems arising out of
the war between the Republic of China and Japan.
It must be recognized that the beginning of armed
hostilities between the two countries dated back to
September 18, 1931. Therefore, the draft Protocol

provides for the substitution of the date of December 7, 1941 in the San Francisco Treaty by the date of September 18, 1931 in respect of the Republic of China, and the consequential substitution of the date of December 6, 1941, the day immediately preceding the outbreak of the war, by the date of September 17, 1931.

The Japanese proposal merely providing for due consideration to be given to the impairment of mutual relations between the two countries following the so-called "Mukden Incident" in the application of the principles of the San Francisco Treaty to the problems between them is considered insufficient and ambiguous. The Statement contained therein that the recent war commenced on December 9, 1941, does not conform to the fact and is found unacceptable to the Chinese Government. It is therefore urged that paragraph 1 (c) of the Chinese Draft Protocol be accepted in its present form.

In the light of the information given by the Japanese Delegation, there are few cases to which such date would apply. A careful examination of the San Francisco Treaty shows that the date of December 7,1941, appears only in (1) Article 15 providing for the return of Allied property which was within Japan at any time between December 7, 1941, and

September 2, 1945, and（2）Article 17, providing for the review of judgments given by a Japanese court during the same period; and the date of December 6, 1941, appears only in Article 15, regain Allied literary and artistic property rights which existed in Japan on that date. The Japanese Delegation has asserted that there are few cases concerning the Republic of China which are covered by the said articles, as Chinese nationals were not treated as enemy aliens by Japan during the war.

原文係英文，茲補譯如下：「查公曆一千九百四十一年即中華民國三十年十二月七日之日期，係金山和約締約盟國與日本國間武裝衝突實際開始之日期，因之，遂被採用於該和約藉以指明此戰爭狀態存在期間之開端。關於中華民國與日本國間因戰爭而起之各種問題，在適用金山和約之有關條款時，上述日期自無法予以援用，蓋中日兩國間之武裝衝突，早自中華民國二十年即公曆一千九百三十一年九月十八日即已開始，此點實不能不予以承認也。因之，議定書草案乃規定：對中華民國而言，應以中華民國二十年即公曆一千九百三十一年九月十八日之日期，替代金山和約所提及之公曆一千九百四十一年即中華民國三十年十二月七日之日期，並以中華民國二十年即公曆一千九百三十一年九月十七日戰事爆發之前一日，替代公曆一千九百四十一年即中華民國

三十年十二月六日之日期。

日方建議案僅規定在對兩國間之問題適用金山和約各項原則時,對於自所謂「瀋陽事件」以後兩國間相互關係遭受損傷之情形,應予適當考慮;此層顯有不足及含混之嫌。且其中所稱此次戰爭始自公曆一千九百四十一年即中華民國三十年十二月九日一節,與事實不符,亦難為中華民國政府所接受。故深盼對中國所提議定書草案第一項(丙)款,能照其現狀予以接受。依照日本代表團所提資料加以分折,該項日期所得適用之案件,為數不多。如將金山和約詳予研審,可知公曆一千九百四十一年即中華民國三十年十二月七日之日期,僅見於下列條款,即:(一)第十五條,即規定在公曆一千九百四十一年十二月七日至公曆一千九百四十五年九月二日之期間,存在於日本之盟國資產將予歸還者,及(二)第十七條,即規定在上述期間,日本法庭之判決將予複判者。至於公曆一千九百四十一年即中華民國三十年十二月六日之日期,則僅見於第十五條,即關於在該一日期存在於日本國內盟國文學及藝術品財產權利之條款。日本代表團業已申述對中華民國而言,屬於上述各項條款實施範圍之案件,極屬少數,因在戰時日本從未以敵國人民之待遇,加諸中國人民」。

木村:(接讀上稿後)當再予研究。

胡　:關於議定書第二項商務及航業條款之首句,我方建議改用「茲同意關於兩國間之商務及……」(It is agreed that the commerce ...)之字樣至於貴

　　　　方對民航事項主張在約文中插入一條款，載明雙
　　　　方願儘速訂一民航協定一節，我願予以考慮。惟
　　　　是項條款之列入尚不足保護中國與金山和約締約
　　　　國之同等地位，換言之，中國航空機構不能依據
　　　　該條款取得金山和約第十三條所述之各項權利，
　　　　故我方主張另以換文規定中國將在日本享受上述
　　　　各項權利。

木村：我方認為中國航空機構將在日本享受金山和約
　　　　所規定之各項權利，乃屬當然之舉，另草換
　　　　文，實無必要。

胡　：對貴方之申述，本人認為滿意。然本案事關交
　　　　通，故須商由我主管機關表示意見，倘我主管機
　　　　關對貴方之保證猶嫌未足時（事實上非人人盡為
　　　　法學家，對貴方之申述，容有誤解），我保留重
　　　　提意見之權。

木村：謹此了解。

胡　：關於和約實施範圍問題，貴方所提兩種草稿均
　　　　不足以滿足我方要求，我當另擬方案。

木村：關於此一問題，我代表團未被授權逕作表示，貴
　　　　方任何提議均須請示東京後始能答覆。

胡　：關於被扣漁船一案，可以換文訂明專案解決。
　　　　已就貴方所提換文稿，略予修正。

言次將換文稿一件面交木村：

Exchange of Notes on Fishing Boats

In regard to the Treaty of Peace between Japan and the
Republic of China signed to-day, I have the honor to refer

to the claims of Japan concerning her fishing vessels cap-
tured or seized by the authorities of the Republic of China
at localities that the Japanese Government claimed to be
within the high seas on and after the date of September 2,
1945. As these claims had formed a subject of negotiation
between the Government of the Republic of China on the
one hand and the SCAP and the Japanese Government on
the other before the San Francisco Treaty was concluded,
it is proposed that such negotiation be continued and that
these claims be settled without any reference to the relevant
provisions of the Treaty signed to-day.

I shall be appreciative, if you will, on behalf of the Govern-
ment of the Republic of China signify your acceptance of
the proposal set forth above.

原文係英文,茲補譯如下:

「關於漁船之換文

關於本日簽署之日本國與中華民國間和平條約,本代
表茲謹提及日本國關於其為中華民國當局,在公曆
一千九百四十五年即中華民國三十四年九月二日及該日
以後在日本國政府指稱係在公海範圍以內之若干地點所
拘捕之漁船之要求。此項要求在金山和約締結之前既已
成為以中華民國政府為一方,及以盟總與日本國政府為
另一方之交涉案件,茲特建議:該項交涉應繼續進行,
對於該項要求亦無須涉及本日所簽署條約之相關規定,
而予以解決。

上述建議如荷。閣下代表中華民國政府表示接受,本代

表當深感紉。」

木村：已與我方希望甚接近，草稿當細加研究，再作
　　　確覆。

胡　：對貴方所擬關於「滿洲國」及汪偽政權之在日財
　　　產問題之約文，我方未便同意，因各該財產與和
　　　約第三條毫不相干，各該偽政權之成立，蓋遠在
　　　我方接收臺、澎之前。對此問題我亦有一書面說
　　　明，解釋我方立場。言次示以下開說明：

"As the collaborationist regime came into existence
long before China took over Taiwan and Penghu, the
Chinese Government fails to see why the properties
once under their name should be made a subject for
settlement under Article 3 of the Treaty of Peace
between the Republic of China and Japan."

　　　原文係英文，茲補譯如次：「該項偽政權之成立既
　　　遠在中國接收臺灣與澎湖之前，中國政府實不能
　　　了解何以一度在該偽政權名義下之財產，應依中
　　　華民國與日本國間和平條約第三條予以處置。」

木村：當轉電東京。

胡　：對日本戰犯問題，我初步之意見為在議定書中
　　　列入如下之規定，以示我方對此問題之關切：

"Articles 11 and 18 of the San Francisco Treaty shall
be excluded from the operation of Article 11 of the
present Treaty."

　　　原文係英文，茲補譯如下：「金山和約第十一條
　　　及第十八條不在本約第十一條（按即盟國最惠國

待遇條款）實施範圍之內。」

木村：對貴方盛意甚感。

胡 ：今日之會談已將我方對各項問題之意見奉告，願
貴方從速考慮，並迅請示政府之指復，俾在短期
內具體答覆我方。

木村：謹如命辦理。

五 中日和會第九次非正式會議紀錄

雙方對於懸案暫獲協議

時間：民國四十一年三月二十五日下午三時三十分至
六時

地點：中華民國外交部

出席人員：

中華民國：全權代表　葉公超

　　　　　副代表　胡慶育

　　　　　外交部專門委員　鈕乃聖

　　　　　外交部科長　胡駿

日本國：全權代表　河田烈

　　　　首席團員　木村四郎七

　　　　團員　中田豐千代

葉 ：過去兩天胡副代表與木村首席團員曾舉行若干
次談話，對尚未解決之部份問題，已獲致暫時
協議，本人對胡副代表代表我方所接受之各項
協議，認為滿意。未悉貴代表之意見如何？

河田：過去兩日，貴方胡副代表與我方木村首席團員舉
行談判，使和約之商議獲致長足之進展，殊堪告

慰。貴方於三月十九、二十一兩日遞交我方之各
項建議，業經本人電請政府考慮中。日來胡副代
表與木村首席團員之談話，涉及若干重要問題，
非本人權限之內可予解決者，亦擬併予請示。本
人認為我方代表團向政府對全面問題作一請示之
時機業已成熟，願貴方續就各項未了事項，抒述
意見。由於本人在臺負責與貴方交涉，與貴方立
場甚為了然，當在可能範圍以內，使本國政府滿
足貴方各種要求。惟本人須聲明，本人之意見能
否被政府採納尚難逆料。雖然如此，本人仍當努
力不懈。關於約稿內「中國取得與金山和約締約
盟國同等待遇問題」及「戰爭開始日期問題」聞
仍屬爭議所在，貴方允予提出新約稿，未悉已否
備就？

胡　：關於約稿規定中國取得與金山和約締約國同等
　　　待遇問題之條款（我方修正稿第十一條），已
　　　重新起草如後：（該項條款因全稿重予排列，
　　　現為第十二條）

ARTICLE XII

Unless otherwise provided for in the present Treaty,
any advantage granted under the provisions of the
San Francisco Treaty to the signatories thereof
other than Japan shall be extended to the Republic
of China, without prejudice to Japan's interest as
provided for therein.

原稿係英文，茲補譯中文如下：「第十二條除本

約另有規定外，任何依照金山和約之規定所給予除日本外該約簽約國之優惠，應給予中華民國；但不影響該約所規定之日本之利益。」

葉　：適間河田代表所稱各節，本人已予注意。本人茲擬重復聲述，本月十九日我方所提自動放棄服務補償辦法，及要求貴方相對允諾我方之若干要求，目的在藉我方所作讓步縮短交涉過程，本人亟盼貴方迅作具體答覆，俾便本人得早日將全案提請我政府核定。本人復盼河田代表就已商得協議及在本日會議中商就之各項問題，力促貴方政府同意接受，不再提出新意見，以免拖延談判時間。本人茲欲坦然相告，我國立法院及一般民眾對和約實施範圍條款及賠償等問題，堅持不能讓步，以昨夕立法院秘密會議而論，就此兩問題討論至深夜，態度極為激昂堅定。故本人毅然提出放棄服務補償一節，深盼貴方予以重視，並迅就全案接受我方主張，俾使本人建議政府予以同意，將談判順利完成。

河田：本人對貴代表之表示，極為了解。本人適所表示願盡竭努力，使本國政府同意貴方建議；惟本人未奉政府訓示前，未敢斷然完全接納貴方之要求。對貴方不避困難放棄服務補償要求之苦心，本人極為感佩。當確為轉達政府，本人深感雙方就約稿第十二條及「開戰日期」等，再謀一折中意見，俾減除我政府接納之困難。本人認為和談已臨最後階段，惟本人權力有限，時須返復向政

府請示，致拖延談判時日，確有不得已之苦衷。
願貴方鑒諒。

葉　：對我方所提約稿第十二條，貴方有何意見？

木村：該條之規定是否將影響日本所提要求，例如遣歸
　　　戰俘等之權利？

胡　：君再審視該條條文，當可釋此疑慮。該條末段
　　　所稱 "..., without prejudice to Japan's interest as pro-
　　　vided for therein"（……但不影響該約所規定之日
　　　本之利益）豈非明白規定保障貴方自金山和約所
　　　獲利益乎？

河田：遣還在華日本軍人實為我舉國關懷之事。

葉　：本人茲擬喚請注意：我國為首先遣還日本全部在
　　　我國境軍、民之國家，我方深信遣還戰俘工作已
　　　告完竣，然為滿足貴方迫切之願望，我政府將考
　　　慮承擔在其重返大陸之時，將所能發現尚未遣還
　　　之日籍戰俘，立即予以遣還，惟以是項戰俘未曾
　　　犯有罪行及違反中國法令為條件，蓋各該個案尚
　　　須依法處理也。為顯示我方重視該一問題，願在
　　　約文中恢復「遣俘」之規定，或接納貴方之其他
　　　建議。

木村：貴方之誠意，我方至為感戴，當再將我方具體
　　　建議奉告。

河田：頃閱及貴方所擬第十二條條文，對我方利益已予
　　　顧及，本人深引為慰，本人固不知本國政府將有
　　　何反應，惟將極力申述該項條文之擬製，係基於
　　　互諒精神，且有賴於胡副代表與木村首席團員之

　　　努力達成也。貴方對「遣俘」一事之誠摯表示，
　　　本人亦將向政府強調。對貴方所擬上述條文，個
　　　人方面已無問題，惟適間已予說明，最後決定採
　　　納之權，仍在我政府。

胡　：茲有一事擬請貴方注意，即約稿所附「議定書」
　　　為一補充文件，與條約本身同具效力，此層請看
　　　議定書首段末句 "...which shall constitute an integral
　　　part of the present Treaty"（本議定書應構成本條
　　　約內容之一部份。）一語即可明瞭。

木村：我方主張該議定書亦須加入「實施範圍」之規
　　　定，貴方以為然否？

胡　：似無此需要，因該議定書既「構成本條約內容之
　　　一部份」和約實施範圍條款自對該「議定書」適
　　　用，無庸畫蛇添足徒增贅文。貴方尚有異議否？

河田：對貴方所述，極具了解。

胡　：關於「開戰日期」問題，本人擬趁此對我方修正
　　　後之「議定書」全貌，作一簡概說明：該議定書
　　　首段（甲）、（乙）兩項未予更改，（丙）項為
　　　原稿之（丁）項，原稿之（丙）項亦即涉及「開
　　　戰日期」之條款已全部刪除，故修正後之約文提
　　　及「開戰日期」之處有三，一為序言，一為議定
　　　書（甲）項，一為議定書（丙）項；上述規定，
　　　均應特殊需要而設置，我方殊無意設置專款規定
　　　此一日期。

木村：我關切（丙）項末段所稱「使領館之私人傢俱
　　　設備……」。

胡　：貴方不可存此幻念，即我將承認貴方有權收回
　　　派在偽組織使、領館擁有之各該財產。

葉　：就「開戰日期」而論，本人授權胡副代表與貴
　　　方磋商一具體可行之方案，昨夕胡副代表向本
　　　人建議將議定書第一項丙款刪除，而另於原丁款
　　　內加入一句。本人鑒於是項擬議，有助於和談之
　　　進展，亦同意接受。須知我部份同胞關切此一問
　　　題，我不避預期之責難，將就貴方立場，實為又
　　　一讓步，貴方當知滿足。

木村：上述原丁款規定將損及我方利益。

胡　：余固知君指何事，事實上我方已考慮及金山和約
　　　第二十六條之規定，貴方當不致因上述規定負擔
　　　額外之義務。
　　　茲再討論新約稿第九條民航權利之條文，該條之
　　　列入係應貴方所請（木村首席團員曾主張此條包
　　　括在第八條通商、航海條文之內，我方考慮之後
　　　認為另有設置專條之必要，此係小節，諒貴方無
　　　異議）惟本人認為該條之設置，未能周詳保障我
　　　方應得之權利，故另設一換文，予以補充。擬請
　　　併予考慮。又該項換文與關於歸還漁輪之換文相
　　　同，不視為條約之一部份，此層應請貴方注意。

木村：關於議定書第二段（丁）項（一）款船舶國籍
　　　條款，我方建議加入"II（D）（1）Subject to the
　　　provision of Article 3, the vessels..."「二、（丁）
　　　（一）除第三條另有規定外，……船舶……」
　　　其用意在原屬日本籍人民私有之船舶現為中國

人民取用，轉入中國國籍，此項資產，須以「特
別處理辦法」予以解決，不能逕作為華籍船
舶。因所稱轉入中國國籍之事實，在中國實際
統治日本所放棄領土之後，各該船舶實際上為
日本私人所有也。

葉　：可否以列入日本投降之「日期」予以補救？

木村：似有未足。各該船舶須依特定辦法處理也。

胡　：綜觀約稿第三條全文，未有提及「船舶」產權處
理之規定，其間既無相聯關係，似難相提並論。
本人認為貴方建議，似無納入約文之必要，有
關船舶產權問題並不因該項船舶現轉移入中國
國籍，致妨礙其最終之處理，正若自然人或法
人每有雙重國籍之事實，終可依法個案解決。
因此，貴方權益，不因該項文字之列入與否，
有所增損。

葉　：貴方適所建議事項，似無甚意義，因無論如何，
貴方如對某一船舶主張權利，自應就案尋求解
決，初無須借助於約稿第三條之規定也。且該
第三條未指明船舶處理問題，無助於貴方之要
求。故將約稿第三條之規定，適用於本款，似
甚牽強。

木村：貴方第二次約稿，亦曾在同一款項內列入
"Subject to the provisions of Article 3"（除第三條
另有規定外）之字樣，目前何以避用該項文字。

胡　：此係一項繕寫錯誤，當非我方本意。且本人業經
迭次聲明：該稿並非定稿，僅供雙方談判之助。

木村：我方對此曾奉政府訓令，故為婉予申述之必要。

葉　：此項擬議對貴方利益無補，因約稿第三條之規定未包括船舶在內，豈非至為顯明。

木村：本人已能明瞭貴方立場，但此事須請示政府決定，代表團無遽作決定之權。

葉　：吾人是否可作此結論，貴方同意我方意見，惟仍候政府最後決定。

河田：謹表同意。

葉　：余等將進行討論和約實施範圍問題。我方對此問題考慮大體上採用貴方稿件，惟有若干文字上之修改。我方此舉，在求儘量符合吉田首相函件之措辭與語氣，俾使貴國議會及國民，無從再提非議。貴方所擬照會稿，列入"Nothing in this note shall be construed to involve the issue of the sovereignty of the Republic of China."（本照會內之任何事項均不得解釋為牽涉中華民國主權之問題。）一段，貴方草擬此段之用心，本人極表感謝，惟以該段文字而言，難以稱合我方願望，例如所稱「問題」（issue）一辭，令人發生誤解，我國政府決未認為我對大陸主權能有任何疑慮；上述「問題」則含有「可滋非議」之意，非良好之用語。此外「牽涉」（involve）一字，亦非甚雅。上述分析，僅係文學上之推敲，其涉及法律之效果，尚未深究。故我方擬作一文字上之修飾如後，貴方須注意，此項修正，絲毫不影響實質之規定：

In regard to the Treaty of Peace
between Japan and the Republic of China signed to-
day, I have the honor to refer to the understanding
reached between us that the terms of the present
Treaty shall, in respect of the Republic of China,
be applicable to all the territories which are now,
and which may hereafter be, under the control of
its Government, and the understanding shall not in
any way prejudice the sovereignty of the Republic of
China over all its territories.

原稿係英文，茲補譯如下：「關於本日簽訂之日本國與中華民國間和平條約，本代表謹提及貴我雙所成立之了解，即：本約各條款，關於中華民國之一方，應適用於現在在中華民國政府控制下及將來在其控制下之全部領土；又此項了解對中華民國在其全部領土上所享之主權，自不發生任何影響。」

此項建議無害於貴方，然否？

木村：我方換文稿係在臺北擬就，用辭未妥，多承指教。日本代表團極願就此問題覓取協議。

葉　：此點固所樂聞。貴方不難自我國輿論看出一般國民對此問題所取態度，惟政府考慮我控制力量現未及於大陸之事實，願與貴方磋商和約適用範圍問題，我為顧及一般民眾之反響，務須在該條款內設置該項條款決不影響我對大陸主權之字樣，以慰民心。貴方所採合作態度，將使我政府便利

應付國內局勢。

河田：當將貴方意見妥為轉達。

葉　：貴代表似應強調一點，即我方對約稿之內容及文
　　　字，總在可能範圍內，求與貴方協調，藉以協助貴
　　　方政府獲取一易為日本國民接受之和約。我方茲要
　　　求貴方相互給予本人及我國政府相同之支助，因
　　　和約之批准為一雙方面臨之課題，與本國國民而
　　　言，我政府務須令渠等確信，所訂和約非一自喪主
　　　權之和約，上述約稿之措辭，有助於說服人民。

木村：依貴方約稿，將使我政府陷入狼狽之處境，因其
　　　與吉田首相函件甚有差異。

葉　：君不能忽略該項修正僅係技術性者，為一解釋性
　　　子句（interpretive clause）而已。

木村：本人殊無異議，惟東京之觀感容或不同。代表
　　　團就此問題恐難說服東京。

河田：本人將勉力以赴。

葉　：本人無妨告知日昨立法院會議情形，出席委員
　　　之泰半對該條約均持異議，渠等之論調為日本
　　　既蓄意否認我對大陸主權，我為何與之締約？
　　　本人深知貴方未存該一見解，必無猶豫加入上
　　　述「解釋性子句」藉以明示磊落之態度。總之，
　　　此項問題至為重要，希特予注意。余等是否可討
　　　論另一問題即民航條款新約稿第九條？

胡　：本人適間提及我方所擬第九條約文及所附補充規
　　　定之換文，惜為其他問題所岔，未即討論。貴方
　　　頃已閱及各該約文，本人茲再重複說明（一）換

文規定事項在求照顧依金山和約第十三條規定我
應享受之權利；（二）該項換文與關於償還漁船
之換文相同，不作為條約之一部份。

木村：貴方擬製該項換文稿之意義何在？

胡　：依約稿第十二條之規定「除本約另有規定外⋯⋯」
　　　因此關於民航事宜之專條第九條即屬此項另行規
　　　定之事項，以該條未能顧及金山和約第十三條
　　　（乙）、（丙）兩項給予我方之權利，有設換文
　　　補充之必要。否則，日後貴方可因該條之規定未
　　　詳，拒絕我方享有各該條款規定之權益。

木村：本人認為第九條（關於雙方儘速議訂民航協定）
　　　之規定已足。至中國航空機構在日繼續享有和約
　　　生效之時已享之各項權利，為一當然之事，我方
　　　無意否認。本人認為換文之規定既無需要，自嫌
　　　蛇足。

葉　：貴方之申述，如係貴國政府之立場，本人當予
　　　重親，惟本人尚須請我國主管機關就此問題詳
　　　予研究後，再作定奪。

木村：我方重視漁船償還問題，貴方望不予以忽略。

葉　：唯其重視該一問題，始將其特以換文予以規定。
　　　要知不藉此一換文，貴方之要求將失其依據。我
　　　方尚盼貴方了解，上述兩種換文（漁船償還及民
　　　航權利）均非和約正文之一部份，我方不擬將其
　　　送交立法機關批准，未悉貴方取何態度？

河田：當如貴方之要求，將其列於和約之外，且不送
　　　致議會批准。各該問題離不屬和約範圍，本人

仍願盡力促成。

葉　　：本人尚須補充說明，即償還漁船事我方亦須請
　　　　主管機關發表意見。本人極願以合作精神處理
　　　　各項問題。例如遣俘一事，我至重視貴方國民
　　　　之情緒。

河田：此亦為我方之意願與精神。

胡　　：本日討論已將各項重要問題一一考慮，茲備就我
　　　　方最近修正之約稿，送達貴方，望貴方不復再提
　　　　對案，全盤予以接受。適纔貴代表所稱若干事項
　　　　尚須請示，未悉何時可望得復，希將進展情況隨
　　　　時示知，俾便約期作一最後檢討。又該項約稿，
　　　　並非定稿，僅供談判之助，此點望予注意。

葉　　：如貴方對遣還俘虜事有新建議，請逕洽胡副代
　　　　表，我可儘量考慮接納貴方擬議，惟其內容須
　　　　雙方協議，設若貴方擬在約文另設一條，我亦
　　　　可贊同。

木村：（笑稱）任一款項似均須協議成立。（轉向胡副
　　　　代表）豈非又增一條文？

胡　　：原約稿為十三條。經添入民航條款成十四條，如
　　　　再列入遣俘之規定將為十五條。

葉　　：本人亟盼貴方就各項問題迅作一答覆，尤不盼其
　　　　多生枝節，余之信念極堅，但仍須雙方代表通力
　　　　合作以求和約及早觀成。

散會（六時正）

（會後擬訂公報內容）

附：中華民國與日本國間和平條約

民國四十一年三月二十五日

遞交日方之約稿

　　中華民國與日本國鑒於兩國由於其歷史文化關係及領土鄰近而產生之相互睦鄰願望；了解兩國之密切合作，對於增進其共同幅利及維持世界和平與安全均屬重要；均欲將兩國自中華民國二十年，即公曆一千九百三十一年九月十八日所謂「瀋陽事件」以來不幸業已遭受損傷之相互關係，置於鞏固與敦睦之基礎上；均認由於兩國間戰爭狀態之存在而引起之各項問題亟待解決；爰經決定締結和平條約，並為此各派全權代表如左：

中華民國總統閣下：……；

日本國政府：……；

　　各該全權代表經將其所奉全權證書提出互相校閱，認為均屬妥善，爰議定條款如左：

第一條　中華民國與日本國間之戰爭狀態，自本約發生效力之日起，即告終止。

第二條　茲承認依照公曆一千九百五十一年九月八日在美利堅合眾國金山市簽訂之對日和平條約（以下簡稱金山和約）第二條，日本國業已放棄對於臺灣及澎湖群島，以及南沙群島及西沙群島之一切權利、權利名義與要求。

第三條　關於日本國及其國民在臺灣及澎湖之財產，及其對於在臺灣及澎湖之中華民國當局及居民所作要求（包括債權在內）之處置，及該

中華民國當局及居民在日本國之財產，及其
對於日本國及日本國國民所作要求（包括債
權在內）之處置，應由中華民國政府與日本
國政府間另商特別處理辦法。本約任何條款
所用「國民」及「居民」等名詞，均包括法
人在內。

第四條　茲承認中華民國與日本國間在中華民國三十
年即公曆一千九百四十一年十二月九日以
前，所締結之一切條約、專約及協定，均因
戰爭結果而歸無效。

第五條　茲承認依照金山和約第十條之規定，日本國
業已放棄在中國之一切特殊權利及利益，包
括由於中華民國紀元前十一年即公曆一千
九百零一年九月七日在北京簽訂之最後議定
書，與一切附件及補充之各換文暨文件所產
生之一切利益與特權；並已同意就關於日本
國方面廢除該議定書、附件、換文及文件。

第六條　中華民國及日本國在其相互之關係上，及各
與其他國家之關係上，願遵循聯合國憲章第
二條之各項原則。

第七條　中華民國及日本國願依聯合國憲章之原則彼
此合作，並特願經由經濟方面之友好合作，
促進兩國之共同福祉。

第八條　中華民國及日本國將盡力儘速締結一項條約
或協定，藉以將兩國貿易航業及其他商務關
係，置於穩定與友好之基礎上。

第九條　中華民國及日本國將盡力儘速締結一項關於
　　　　民用航空運輸之協定。

第十條　中華民國及日本國將盡力儘速締結一項為規範
　　　　或限制捕魚，及保存暨開發公海漁業之協定。

第十一條　就本約而言，中華民國國民應認為包括依照
　　　　　中華民國在臺灣及澎湖所已施行或將來可能
　　　　　施行之法律規章，而具有中國國籍之一切居
　　　　　民。除第三條另有規定外，中華民國法人應
　　　　　認為包括依照中臺灣及澎湖所已施行或將來
　　　　　可能施行之法律規章所登記之一切法人。

第十二條　除本約另有規定外，任何依照金山和約之
　　　　　規定所給予除日本外該約簽約國之優惠，
　　　　　應給予中華民國；但不影響該約所規定之
　　　　　日本之利益。

第十三條　凡因本約之解釋或適用可能發生之任何爭
　　　　　執，應以磋商或其他和平方式解決之。

第十四條　本約應予批准，批准文件應儘速在臺北互
　　　　　換。本約應自批准文件互換之日起發生
　　　　　效力。

為此，上開全權代表特於本約簽字蓋印，以昭信守。

中華民國四十一年　月　日即日本國昭和二十七年　月
日即公曆一千九百五十二年　月　日訂於臺北，共一式
兩份，分繕中文、日文及英文，遇有解釋不同，應以英
文本為準。

中華民國代表：

日本國代表：

議定書

署名於後之雙方全權代表，於本日簽署中華民國與日本國間和平條約（以下簡稱本約）時，已議定下列各條款，各該條款應構成本約內容之一部分，計開：

（一）本約第十二條之實施，應以下列各項了解為準：

　　（甲）依照金山和約第十五條，日本國應對該約其他各締約國歸還之財產及恢復之權利與利益，對中華民國而言，應包括在某一時間被認為由因中華民國二十年即公曆一千九百三十一年九月十八日所謂「瀋陽事變」結果，而在中國組設之偽政權，如「滿洲國」及「汪精衛政權」者所保管或屬於該偽政權之財產、權利及利益。

　　（乙）凡在金山和約內有對日本國所負義務或承擔而規定時期者，該項時期，對於中華民國領土之任一地區而言，應於本條約一經適用於該領土之該地區之時，開始計算。

　　（丙）在將日本國所承擔給予金山和約其他締約國之全部優惠給予中華民國時，日本國宣布承認對其在戰爭中所引起之損害及痛苦，應向中華民國給付賠償。但中華民國亦承認日本之資源現尚不足，對一切該項損害及痛苦作完全之賠償，而同時不危害其國民經濟。茲鑒於上述之承認，且為表示其對日本國民之寬大與善意起見，中華民國爰決定接受金山和約第十四條所規定

之一切權利與義務，並放棄要求日本國依
該條（甲）項第一款之規定應付服務補償之
利益。但雙方了解：該條（甲）項第二款
（二）（丑）內之任何規定，不得解釋為對
於自中華民國二十年即公曆一千九百三十一
年九月十八日以來，未經中華民國政府之同
意而設立但曾一度據稱為日本國政府在中國
之外交或領事機構所使用之不動產、傢具
及裝備及該機構人員所用之傢具設備及其
他私人財產，予以除外。

（丁）金山和約第十一條及第十八條不在本約第
十二條實施範圍之內。

（二）茲同意中華民國與日本國間之商務及航業應以下
列辦法為準繩：

（甲）關於關稅、規費、限制及其他施行於貨物
之進口及出口，或與其有關之規章，彼此
應給予最惠國待遇。

（乙）關於船運、航行及進口貨物，及關於自然
人與法人及其利益，彼此給予最惠國待遇；
該項待遇包括關於繳收稅捐，起訴及應
訴，訂立及執行契約，財產權（包括無形
財產權但鑛業權除外），參加法人團體，
及通常關於商業及職業活動行為（專為所
在國國民所保留之各種職業除外）之一切
事項。

（丙）國營貿易企業之對外購買及出售，應僅以

商務考慮為基礎。

（丁）在適用本辦法時，雙方了解：

（子）中華民國之船舶應認為包括依照中華民國在臺灣及澎湖，所已施行或將來可能施行之法律規章所登記之一切船舶；中華民國之產品應認為包括發源於臺灣及澎湖之一切產品。

（丑）如某項差別待遇辦法係基於適用該項辦法一造之商約中所通常規定之一項例外，或基於保障該造之對外財政地位，或收支平衡之需要（除涉及航運及航行者外），或基於其保持其主要安全利益，又如該項辦法係隨情勢推移，且不以獨斷或不合理之方式適用者，則該項差別待遇辦法不得視為對於應行給予之最惠國待遇有所減損。本項所規定之辦法應自本約生效之日起一年之期限內繼續有效。

換文（日方來照）

關於本日簽訂之日本國與中華民國間和平條約，本代表謹提及貴我雙方所成立之了解，即：本約各條款，關於中華民國之一方，應適用於現在在中華民國政府控制下及將來在其控制下之全部領土，又此項了解對中華民國在其全部領土上所享之主權，自不發生任何影響。上述了解，如荷貴代表惠予證實，本代表當深感紉。

本代表順向貴代表表示崇高之敬意，此致中華民國全權
代表葉公超閣下。

　　　　　　　　　　　　日本國全權代表：河田烈

換文稿（我方去照）

本代表茲謹聲述，本國政府了解：在本日簽署之中華民
國與日本國間和平條約第九條所規定之協定未締結以
前，金山和約之相關規定應予適用。

本代表謹請貴代表惠予證實：此亦係日本國政府之
了解。

本代表順向貴代表重表崇高之敬意。

此致日本國政府全權代表河田烈閣下。

　　　　　　　　　　　　　　　（簽字）葉公超

　　　　　　　　　　年　月　日於臺北

六　葉公超代表與河田烈代表談話紀錄

葉公超代表表明對和談之失望

時間：民國四十一年三月二十八日下午四時半至六時

地點：中華民國外交部部長辦公室

參加者：

中國方面：副代表胡慶育

　　　　　　外交部專門委員鈕乃聖

日本方面：代表團首席團員木村四朗七

　　　　　　團員中田豐千代

（此次談話係河田代表邀約舉行）

河田：昨夜接東京方面訓電，因電文甚長，迻譯整理，
　　　頃始畢事，故特來奉告，本人除已將貴方日前

　　所交約稿，電達東京外，關於貴方之見解及立
　　場，亦曾迭次詳細報告，但昨日所奉回電之內
　　容，似與十月十二日我方所提意見書，大致相
　　同，諒難使貴方滿意，不過此既係我政府回訓，
　　本人自不得不將全文抄奉，尚望貴方仔細檢討是
　　幸。（語畢將英文草案兩份交葉代表）

葉　：（將草案閱讀一過）頃本人僅粗率過目，所得印
　　象極感失望，且對貴我兩國將來之關係不得不抱
　　悲觀，據此項草案以觀，無異將雙方交涉回復至
　　三月十二日之狀況，似此實與我方基本原則，距
　　離仍遠，本人曾於十九日向貴方提議，由我方自
　　動放棄金山和約中關於服務補償之規定，但以貴
　　方接受我方對於其他各案之意見為條件，自問實
　　已煞費苦心，今貴政府既不能核准貴代表之建
　　議，則本人亦惟有將十九日之提議，暫予擱置。
　　又此電不知係何時發出，貴代表是否尚有重要報
　　告，與此電中途相左者。

木村：此電係昨（廿七）日發出，其最後部分，昨夜
　　十二時始行收到，故此電之拍發，實在東京方
　　面閱悉本團一切報告以後。

河田：此電不但使貴代表失望，即本人亦不無歉然，惟
　　望貴代表以較大之忍耐，重予研討，俾覓致打
　　開僵局之途徑，本人亦願努力至最後一分鐘。

葉　：對於打開僵局，不知貴代表有何高見，我方固不
　　願見交涉之破裂，但貴國政府既將三月十二日以
　　後迄今為止雙方努力所得之結果，一筆勾銷，則

打開僵局，自非我方所能為力，為今之計，除非
貴國政府不否認十二日以後之進展，則關於若干
次要之點，雙方尚可繼續商量，否則本人惟有報
告政府，謂交涉業已失敗而已。

河田：貴代表如遽下斷語，未免過為危險，仍請與我
方草案重加研究，木人因該草案整理蕆事後，
即匆匆攜來奉告，故亦未獲仔細研讀機會，但
大致過目後，覺其中亦有數處，已納入日來貴
我雙方所協議之點，固不得謂為已將十二日以
後之進展，一概抹煞也。

葉　：貴方草案實與貴方前所提出之十三條無大出入，
至多加之我方方案中經貴方同意之少數點而已，
似此，我政府決難同意，須知我方放棄服務補
償，實為最大之讓步，至我方堅持我原約稿第
二十一條，不過為維護我國在盟國間之地位，我
方為顧及貴國立場，已放棄若干其他條款且對貴
國利益亦已另用別種方式，予以保障，嚴格言
之，根據金山和約我應有之盟國權利我已自動放
棄一部份，貴方如並此而拒不接受，實有將貴我
地位倒置之嫌，我政府何以堪此？且外界如獲悉
貴方今日提出此項方案，必將謂貴國政府故意拖
延，企圖俟金山和約生效後取得更有利之地位，
而我國國民如得知貴國並此最小限度之要求，尚
吝不同意，則感情上產生惡劣印象，亦在意中。

木村：貴代表所稱彼此地位倒置云云，我方曷敢當此，
我方自問在交涉上，地位始終低於貴方。

河田：本人與貴代表相處多時，故對頃間所言，實能
　　　深切瞭解，惟我政府決無意故事延宕，則可斷
　　　言。至貴國國民感情惡化一點，本人實最為憂
　　　慮，本人頃稱願努力至最後一分鐘，亦即為兩國
　　　之將來著想，總之此次東京方面之回訓，曾給予
　　　本人以一種印象，即彼等墨守吉田函件之規範，
　　　甚至不欲輕易一字也。

葉　：吉田函件不過謂將遵循金山和約之原則，與我國
　　　締定雙邊條約而已，金山和約對戰敗國之寬大，
　　　已屬史無前例，而我方約稿甚至放棄服務補償，
　　　是較之金山和約，不及則有之，決無過分之處，
　　　有何令貴國難於接受者，自貴我兩方開始談判以
　　　來，貴方所提異議者均屬金山和約之條文，換言
　　　之貴方所要求者無一而非更改金山條約之提議，
　　　是誠有令人難於索解者。本人日來夜不成寐，閱
　　　讀史料，至李合肥春帆樓議和一段記載，見李相
　　　國始終出諸至誠，不但尊重日本戰勝國之地位，
　　　且視日本為朋友，此種高瞻遠矚之精神，誠足為
　　　法。此次貴我兩方交涉，我方未以戰敗國視貴
　　　方，處處著眼中、日將來之合作與友誼，我國對
　　　貴國作戰最久，被禍最深，人命之損失，更難數
　　　計，依慣例，要求賠償，自屬當然，今竟並服務
　　　補償而自動放棄，其欲與貴國永敦睦誼，已極顯
　　　然，今本人感覺貴方非但不承認我之盟國地位，
　　　即相互平等之位亦尚斤斤計較。

河田：承貴代表教訓，且感且慚，本人自當努力做去。

我方草案，仍望貴方詳加研究，並請胡副代表與
我方木村首席團員，從長計議如何？

葉　：我方自可用作參考，但恐不易獲得滿意之結論，
如欲打開僵局，恐仍非貴代表加倍努力不為
功耳。

河田：自與貴代表會晤以來，當以今日之談話，為最令
人掃興者。

葉　：誠然。本人尚盼日內能有好消息來自東京，蓋
本人深信我方已無可再讓步之餘地。

附：日方第三次所提「中華民國與日本國間和平
條約」稿

　　民國四十一年三月二十八日日本代表團面遞參考文件

　　中華民國與日本國鑒於兩國由於其歷史文化關係，
及領土鄰近而產生之相互睦鄰願望；了解兩國之密切合
作對於增進其共同福利及維持世界和平與安全均屬重
要；均認由於兩國間戰爭狀態之存在，而引起之各項問
題亟待解決；爰經決定締結和平條約，並為此各派全權
代表如左：

中華民國總統閣下：……；

日本國政府：……；

　　各該全權代表經將其所奉全權證書提出互相校閱，
認為均屬妥善，爰議定條款如左：

第一條　中華民國與日本國間之戰爭狀態，自本約發
　　　　生效力之日起，即告終止。

第二條　茲承認依照公曆一千九百五十一年九月八日

在美利堅合眾國金山市簽訂之對日和平條約
（以下簡稱金山和約）第二條，日本國業已
放棄對於臺灣及澎湖群島以及南沙群島及西
沙群島之一切權利，權利名義與要求。

第三條　關於日本國及其國民在臺灣及澎湖之財產，
及其對於在臺灣及澎湖之中華民國當局及居民
所作要求（包括債權在內）之處置，及該中華
民國當局及居民在日本國之財產及其對於日本
國及日本國國民所作要求（包括債權在內）之
處置，應由中華民國政府與日本國政府間另商
特別處理辦法。本約任何條款所用「國民」及
「居民」等名詞，均包括法人在內。

第四條　茲承認中華民國與日本國間在中華民國三十
年即公曆一千九百四十一年十二月九日以前
所締結之一切條約、專約及協定，均因戰爭
結果而歸無效。

第五條　茲承認依照金山和約第十條之規定，日本國
業已放棄在中國之一切特殊權利及利益，包括
由於中華民國紀元前十一年即公曆一千九百零
一年九月七日，在北京簽訂之最後議定書與一
切附件及補充之各換文暨文件所產生之一切利
益與特權，並已同意就關於日本國方面廢除
該議定書、附件、換文及文件。

第六條　中華民國及日本國願依聯合國憲章之原則彼此
合作，並特願經由經濟方面之友好合作，促進
兩國之共同福祉。

第七條　　中華民國及日本國將盡力儘速締結一項條約
　　　　　或協定，藉以將兩國貿易、航業及其他商務
　　　　　關係置於穩定與友好之基礎上。

第八條　　中華民國及日本國將盡力儘速締結一項關於民
　　　　　用航空運輸之協定。

第九條　　中華民國及日本國將以自由平等之地位，並就
　　　　　兩國依照國際法及國際習慣之原則，各與公
　　　　　海漁業所享之權利，締結一項為保存及開發
　　　　　漁源而限制或規範公海漁業之專約。

第十條　　就本約而言，中華民國國民應認為包括依照中
　　　　　華民國在臺灣及澎湖所已施行，或將來可能
　　　　　施行之法律規章，而具有中國國籍之一切居
　　　　　民及前屬臺灣及澎湖之居民及其後裔。

第十一條　凡遇在本約所適用之地區以內，有因中華民
　　　　　國與本國間戰爭狀態之存在而引起之各項問
　　　　　題，而各該問題可能適用金山和約之原則予
　　　　　以解決之情事，且其情節業已臻於明顯時，
　　　　　則各該問題，除本約及其議定書另有規定者
　　　　　外，概應依照上述金山和約之原則處理之。

第十二條　凡因本約之解釋或適用可能發生之任何爭
　　　　　執，應以磋商或其他和平方式解決之。

第十三條　本約應予批准，批准文件應儘速在臺北互
　　　　　換。本約應自批准文件互換之日起發生
　　　　　效力。

為此，上開全權代表對於本約簽字蓋印，以昭信守。

中華民國四十一年　　月　　日即日本國昭和二十七年　　月

日即公曆一千九百五十二年　月　日訂於臺北，共一式兩份，分繕中文、日文及英文，遇有解釋不同，應以英文本為準。

中華民國代表：

日本國代表：

議定書

署名於後之雙方全權代表，於本日簽署者中華民國與日本國間和平條約（以下簡稱本約）時，已議定下列各條款，各該條款應構成本約內容之一部分，計開：

一、本約第十一條之實施，應以下列各項了解為準：

（甲）茲承認依照金山和約第二十一條之規定，中國有權享受該約第十四條（甲）項第二款之利益，鑒於上項事實，並為表示對日本人民之寬大與善意起見，除本約另有規定者外，中華民國放棄其國家及人民因在戰爭過程中，由於日本國及其人民所採任何行動而生之一切賠償要求。

（乙）金山和約第十一條及第十八條不在本約第十一條（原文作第十二條，應係誤列，茲予更正。）實施範圍之內。

二、日本國與中華民國間之商務及航業，應以左列辦法為準繩：

（一）日本國國民及居住於中華民國政府所控制地區之中華民國國民應准予進入、暫住、旅行或居住於對方之領土或地區，但上項權利之

享受應遵照對方通常適用於一切外人之法律規章。

（二）雙方將相互以左列待遇給予對方之國民、產品及船舶：

（甲）關於關稅、規費、及其他施行於貨物之進口及出口，或與其有關之規章及關於任一方國之入境、旅行、暫住及出境，給予最惠國待遇。

（乙）關於船運、航行及進口貨物，及關於自然人與法人及其利益，給予最惠國待遇，該項待遇包括關於徵收稅捐、起訴及應訴、訂立及履行契約、財產權（有形財產及無形財產），參加法人團體及通常關於除金融業（包括保險業在內）活動以外之各種商業及職業活動行為之一切事項。又關於礦業權，在相互原則下，給予最惠國待遇。

（三）關於財產權（有形財產及無形財產）、參加法人團體及商業及職業活動行為，凡遇一方政府所給予彼方之最惠國待遇，在事實上臻於國民待遇之程度時，則此方對於彼方並無依照最惠國待遇給予較高待遇之義務。

（四）國營貿易企業之對外購買及出售，應僅以商務考慮為基礎。

（五）在適用本辦法第二項時，如有差別辦法，係基於適用該項辦法一造之商約中所通常規定

之一項例外，或基於保障該造之對外財政地
位或收支平衡之需要（除涉及船運及航行者
外），或基於其保持其主要安全利益，又如
該項辦法係隨情勢推移，且不以獨斷或不合
理之方式適用者，則該項差別待遇辦法不得
視為對於上項規定之待遇有所減損。

（六）本項所規定之辦法，應自本約生效之日起一
年期內繼續有效，或除任何一方在三個月
前作相反之通知外，仍在期滿後繼續有效，
直至本約第七條（原文作第九條，應係誤
列，茲予更正）所規定之條約或協定締結之
時為止。

（七）除本約第三條另有規定外，中華民國之船舶
應認為包括依照中華民國在臺灣及澎湖，所
已施行或將來可能施行之法律規章所登記之
一切船舶；中華民國之產品應認為包括發源
於臺灣及澎湖之一切產品。

換文（日方來照）

關於本日簽訂之日本國與中華民國間和平條約，本代表
謹提及貴我雙方所成立之了解，即：本約各條款，關於
中華民國之一方，應適用於現在在中華民國政府控制下
及將來在其控制下之全部領土。

上述了解，如荷貴代表惠予證實，本代表當深感紉。

本代表順向貴代表表示崇高之敬意，此致中華民國全權
代表葉公超閣下。

日本國全權代表：河田烈

七 葉公超代表與河田烈代表談話紀錄

時間：民國四十一年四月二日上午十一時至十二時半

地點：中華民國外交部會客廳

參加者：

中國方面：副代表胡慶育

外交部專門委員鈕乃聖

日本方面：代表團首席團員木村四郎七

團員中田豐千代

（此次談話係葉代表邀約舉行）

葉　：現備就書面一紙，係備忘錄性質，特面交貴代
　　　表，請即轉達貴國政府。此項書面，除敘述和談
　　　之經過，與重申我方立場外，並就貴方三月二十
　　　八日所提意見，與我方約稿，加以對照論述。
　　　本人於三月十九日，曾提出一項折衷方案，即：
　　　關於服務補償問題，由貴方承認負有此種義務，
　　　一如與舊金山和約簽字國然，而我方則聲明自動
　　　予以放棄，但此項方案必須以貴方接受當時我方
　　　所提對於雙方未能協議各點之意見為條件。嗣後
　　　雙方迭次會談，已獲致若干協議。乃貴國二十八
　　　日回訓所提意見，竟使貴我雙方之努力，化歸烏
　　　有，因此本人亦不得不將十九日之提案暫予擱
　　　置。但我方不願見和會之破裂，已於三月二十八
　　　日向貴代表言明。我方自仍不缺乏打開僵局之誠
　　　意也。（言次將英文備忘錄正副本各一份交河田）

河田：貴方備忘錄篇幅頗長，願仔細研讀後，再行電
　　　達東京。但有一點，不得不在此申述者，即此

備忘錄第一段所用字句，頗為強烈，似與本人記憶，未盡相符。就本人記憶而言，在最近數次會談中，雙方意見，有業經一致者，亦有未完全一致者。本人深知關於某些問題，東京方面將有難色，亦曾向貴方說明此意。但因貴方希望頗切，故本人姑允請示，固非本人對於貴方提案已完全同意之謂。本人於發表公報時，屢欲避用「協議」（agreement）一語，其用意亦即在此。至貴方備忘錄除轉達東京外，其有能在此解決之點，本人認為無妨即由貴代表與本人之間，先予解決。

葉　：本人並未認為在過去數次會談中，貴我雙方意見已完全一致，亦不覺我方頃提備忘錄中用語，均係肯定者。如備忘錄中「容將」（would）及「暫定」（tentative）等字樣，即其明證。本人且憶及貴代表曾聲明將向貴國政府建議一語，對於此點本人並無誤會。茲願就頃提備忘錄，略作補充說明。例如：關於服務補償問題，我方認為必須貴方承認有此義務，然後我方始能表示自動放棄，以示寬大與友好。他如關於盟國地位及實施範圍等問題，我方一面堅持我方之主張，一方面仍儘量容納貴方之意見，足見我方除欲維護我國與其他盟國之同等地位與整個之主權外，仍多處顧及貴國之利益。而貴方所提意見，幾等於不承認我國與大陸之主權，遑論與其他盟國完全平等之地位。本人深表遺憾。

河田：貴代表之說明，本人已充分瞭解。據本人記憶，
　　　對某些問題，本人並未完全同意，如此備忘錄
　　　所云者。最顯著之例，如實施範圍問題之換文
　　　內容，原僅一句，而貴方則要求改為兩句，本
　　　人當時即曾表示東京方面或難同意。總之本人
　　　仍願就貴方表示各點，再作努力。凡能在此解
　　　決者，即不須再向東京請示矣。

葉　：問題之要點，仍在貴方能否接受我國之對大陸之
　　　主權及盟國地位。貴方之不願接受，是否因其有
　　　損害貴方在金山和約內所應享之利益，抑另有考
　　　慮。今我方在給與貴方利益上觀之，較之金山和
　　　約，尤為寬大，與貴方自無害可言。而貴方尚不
　　　願接受，殊令人難於索解。或者貴國政府為將來
　　　與中共發生關係計，故不得不預留餘地。但願本
　　　人此種揣測，不致不幸而言中耳。

河田：貴國政府維護主權之意思，本人實深切理解。
　　　條約規定各點，只要對我國無實際害處，我方
　　　自可同意。此處所謂害處，並非謂有礙於我國
　　　將來與中共發生關係之意。本人可以代表政府
　　　表明，我國此時決無與中共發生關係之意圖。

葉　：貴代表如此表明，本人甚感欣慰。但本人殊不
　　　信如根據我方草案訂定和約，將使貴國蒙受不
　　　利。貴方如認為有此可能，無妨具體指出，以
　　　便商量。

河田：俟研讀備忘錄後當再奉商。

附：中國全權代表葉公超遞交日本全權代表河田烈之備忘錄譯文

民國四十一年四月二日

（壹）

一、中國全權代表曾於中華民國四十一年三月二十五日，將中華民國與日本國間和平條約之第二次草案，以及議定書及換文等件之草案，遞交日本全權代表。各項文件乃兩全權代表及其助理人員積一月餘之辛勞，在多次會議及非正式談話中所得結果。雙方之歧見業已詳加商討。並已在實際上予以泯除，兩全權代表爰經對上述各文件所載之全部條款，初步獲致協議。當時以為各該條款，或至少其較重要者，當可獲得各本國政府之核准。頃悉日本政府在製訂其對於商議中之和約之最近見解時，竟對其全權代表所已獲致之協議如此漠視，實令人極感失望，在商議中所獲進度之一大部分，尤其為自中華民國四十一年三月十二日以後所獲之進度，似均因此而化為烏有。

二、就日本政府最近見解予以縝密之研究後，已顯示對於第二次和約草案及其補充文件之下列各條款，現仍存有歧見：

甲、日本政府建議刪除之條款：

（一）序言第三段（關於將兩國相互關係置於鞏固與敦睦基礎上之意願）；

（二）第六條（關於兩國之相互關係，願遵循聯合國憲章第二條各原則）；

（三）第十一條（中國法人包括在臺灣澎湖登
　　　記之法人）；

（四）議定書第一項（甲）款（關於歸還一度
　　　為偽政權所有之在日財產）；及

（五）議定書第一項（乙）款（關於日本國負
　　　擔義務時期之開始）

乙、日本政府建議修正之條款：

（一）第十條（關於漁業協定之締結）；

（二）第十一條（中國國民包括臺灣澎湖居
　　　民）；

（三）第十二條（依金山和約應給中華民國
　　　之優惠）；

（四）議定書第一項（丙）款（賠償條款）；

（五）議定書第二項（商務條款）；及

（六）關於和約實施範圍之換文。

（貳）

三、中國全權代表為致力協助克服現階段商談中所遭遇
　　之各項困難起見，願再度向日本全權代表闡明中國
　　政府關於和約之立場。

四、中國政府之基本立場仍為：中華民國在與日本國媾
　　和之中，不能接受劣於任何其他盟國之地位。在另
　　一方面，中國政府亦無意求取較日本國業已給予，
　　或可能給予其他盟國之更大優惠。因之，和約草案
　　係以金山和約篇藍本，在商談過程中，中國全權代
　　表曾同意刪除甚多條款，以符合日本方面所抱簡化
　　條約之意願；但此項同意係以日本國接受初次和約

草案第二十一條為條件，而該條乃係仿照金山和約第二十六條後段所草擬者。該條嗣曾循日本方面之意願而加以修改，並重擬為第二次和約草案第十二條之形式。同時，為增進兩國將來之友好關係及善意起見，中國全權代表已初步同意：中華民國得放棄依金山和約給予其他盟國之若干優惠。其中最重要者自係金山和約第十四條所規定之服務補償利益。關於金山和約第十一條及第十八條不適用於第二次和約草案第十二條一節，亦已予以初步同意。結果，金山和約各條款能因第二次和約草案第十二條而適用者，僅限於下列各條：

（一）第四條（關於日本國與脫離領土間財產要求之處置），但中華民國與日本國間和平條約草案第三條有規定者，不在其內。

（二）第八條（日本承認為終止盟國與除日本以外之國家間戰爭狀態之條約）；

（三）第十三條（盟國之空中交通權利與特權）；

（四）第十五條（歸還盟國在日財產）；

（五）第十六條（對盟國戰俘之補償）；

（六）第十七條（日本法庭所作判決之複判）；

（七）第十九條（日本對盟國放棄因戰爭而起之要求）；

（八）第二十條（德國在日資產之處理）；及

（九）第二十六條（較金山和約為大之利益之享受）。

第二次和約草案第十二條以其現有之形式，已對日

本在上開各條之利益予以適當顧及。

五、第二次草案第十二條文字，如就日本政府所建議
者，則無法予以接受。蓋第一，對於何項因中華民
國與日本國間戰爭狀態之存在，而引起之問題可適
用金山和約之原則予以解決一節，可能發生不同之
意見。第二，「金山和約之原則」等抽象而易滋解
釋歧異之字樣之使用，益足加深含糊之程度。第
三，和約全部之實施範圍既另有換文規定，則自無
在日本對該條所擬草案內以提及「在本約所適用之
地區以內」而予以重複之必要。

六、關於兩國政府間存有歧見之全部條款，茲不擬於此
盡予詳細討論，此等條款，將於將來之會談及談判
中，予以更充分之研究。惟議定書草案內關係重大
之兩項，似可於此一述：其一為賠償，查所有各盟
國中，中華民國對日作戰最久，中華民國所蒙之損
害與乎其人民所受之痛苦，亦最重大，此點誠不可
忘。因此，日本應承認其有對中華民國給付其為日
本所造成之損害與痛苦之賠償之義務，一如其在金
山和約中所已為者，乃屬公允。中華民國在其本身
方面，對於日本已保證提供予其他領土曾被日軍占
領，並曾受日本損害之盟國之服務利益，固願予以
放棄，惟中華民國必須首先獲得接受根據金山和約
第十四條之權利與義務之機會，始能作此放棄，此
即草擬議定書草案第一項（丙）款所循之精神。日
方所擬該款之文字，未規定日本承認其有給付賠償
之義務，且謀否認中國係屬盟國一員之地位，此實

非中國政府所能接受，且使中國政府對其全權代表
之同意接受較金山和約所規定者為少之優惠，是否
係屬明智之舉，引起疑慮。

七、議定書草案另一項於此可予一述者，為關於商務事
項。查現所談判之條約，乃一和平條約，而締約國
任一方之國民之入境、旅行、暫住及出境之權利，
通常乃屬於商約或友好條約範圍內之事項，凡此事
實，雙方不應予以漠視，此點頗為重要。因之，關
於此等事項之規定，必須分別於商約或友好條約中
辦理之。

八、中國全權代表於說明中國政府之立場時，其意非謂
關於此等條文之修辭方面，將無再作商討及重予考
慮之餘地。反之，中國全權代表將賡續採取協調之
態度，並願考慮日方之意見，俾所締結之條約，能
滿足雙方願望至於最大可能之程度。但如望中國全
權代表背離其政府所採取之上述立場，則不可能，
此層必須予以強調。

（參）

九、日本全權代表曾不時聲述，日本政府意欲嚴守吉
田首相於去年十二月二十四日致杜勒斯先生函件中
所述之條件。根據該項函件，日本政府準備與中國
政府締結之條約，將為「一項依照多邊和約所揭櫫
之原則，而重建兩國政府間正常關係之條約。」查
在存有戰爭狀態之兩國政府間重建其正常關係之條
約，必須為該兩國間之和平條約。對於此點，日本
政府已表同意；惟設非對吉田首相之聲明有重大之

誤解，則日本政府對於該項聲明中，關於該條約應依照金山和約所揭櫫之原則一節，似未予遵守。查金山和約之各原則，已表現於其二十七條條文之中。今日本政府對於中日間和平條約草案原案，企圖予以刪除或修改之條文，亦幾全屬在文字上採用金山和約之條文者。倘在所締結之條約中，此等條文果被刪除或予實質上之修改，則不能期其依照金山和約之各原則而重建兩國政府間之正常關係，實為顯然。日本對第二次雙邊和約草案第十二條所擬之文字，對於金山和約第二十六條所含原則，不惟不欲與相符合，抑有加以抹煞之嫌。關於此層，似可指出當金山和約生效時，日本根據該條將有以與該和約所規定者相同或大致相同之條件締結雙邊和平條約之義務；因此，日本政府似應依照吉田首相函件之條件以及金山和約之規定，對於其各項意見，重予考慮。

第二章　雙邊和約的締結及其善後

第二章　雙邊和約的締結及其善後

第一節　和約二度協議及日方的再度翻案

一　葉公超代表與河田烈代表談話紀錄

時間：民國四十一年四月八日下午三時半至五時

地點：中華民國外交部部長辦公室

參加者：

中國方面　副代表胡慶育

外交部專門委員鈕乃聖

日本方面　代表團首席團員木村四郎七

團員中田豐千代

（此次談話係河田代表邀約舉行）

河田：茲將倭島局長來臺後所得結果奉告。據該局長說明，我方切望能儘速成立協議，並無絲毫拖延之企圖，如外間所傳者。本人復因此獲悉：我方仍堅決主張三月二十八日面交貴代表之回訓之宗旨，並非如一般傳說所稱倭島曾攜來讓步方案。但我方繼續仔細檢討東京之回訓，並聽取倭島局長之口頭說明後，將其主旨已趨明確之點，予以歸納，加以三日來交換意見，數次詳商之結果，說服本國政府，而製成書面。內容約分首要、次要，及技術性之問題三種。特面致貴代表。敬祈檢討。

　　　　我方熱望條約之及早觀成，與貴方初無二致。
　　　　本人以虛心及開誠之態度，與互讓之精神，處
　　　　理此事，乃能達此地步。在本人言之，實已盡
　　　　最大之努力，過此恐非棉力所能企及矣。（言
　　　　畢將英文書面意見兩紙遞交葉代表。）

葉　：（閱讀後）本人尚需較充分之時間，研究貴方意
　　　見。此際不欲就此多所論列。但覺貴方意見，與
　　　我方主張仍頗有距離。本人認貴方仍應努力以求
　　　接近。

河田：關於第十二條（盟國同等待遇）問題，因與賠
　　　償問題互有關聯，其表現方法，頗費心思。頃
　　　提之書面意見，對此已充分顧及。如須詳細說
　　　明，可令木村首席團員隨時向貴副代表為之。

葉　：現願一聞木村先生之說明。又關於通商問題，
　　　貴方之意見如何？

木村：關於通商問題，已另製成書面，惟不敢以此細
　　　事逕煩貴代表，故未提出耳。

葉　：本人並不覺此係細事，既係技術問題，自可請
　　　木村先生與我方副代表會商。

葉　：貴方觀測金山和約何時可以生效？

河田：有謂在本月中者，有謂在本月底者，其說不一。
　　　大致不出中旬，當可生效。

葉　：貴方是否願在金山和約生效以前完成貴我兩國
　　　間之和約？

河田：不問金山和約之生效期如何，我方切盼儘速
　　　完成。

葉　　：傳聞有草簽之說。貴方是否擬先行草簽，俟金
　　　　山和約生效後再正式簽署？

河田：並無此意。我方準備一經獲得協議，即行正式
　　　　簽字。

葉　　：貴國國會何時閉會。是否延期。和約簽定後，
　　　　是否提請本屆國會通過？

河田：預定會期約於五月七日屆滿。有延展一個月之
　　　　說，但尚未確定。和約簽署後自當提請本屆國
　　　　會通過。

附件：日本代表團遞交中國全權代表的意見書
譯文

民國四十一年四月八日

　　中國代表在四月二日遞交日本代表團之備忘錄內，
將雙方現有意見歧異之處，列為十一項。其中似僅有三項
係屬主要，而另七項則屬次要，餘一項則係技術事項。

　　日本代表團經對此等歧見縝密加以研究，並與日本
外務省保持密切聯繫，茲於此陳述其意見如下：（除另
經註明者外，以下所引條款文字均係指三月二十五日中
國約稿之條款文字。）

（壹）主要點

（一）第十二條（依金山和約應給中華民國之優惠）：
　　　　除本約及其補充文件另有規定外，凡在日本國與
　　　　中華民國間因戰爭狀態存在之結果而引起之任何
　　　　問題之解決，應適用金山和約之有關規定。

（二）議定書首段（包括賠償條款）——根據上述第
　　　　十二條之草案，金山和約第十四條自適用於賠

償；爰提供草案如左：

議定書（首段）

署名於後之雙方全權代表，於本日簽署中華民國與日本國間和平條約（以下簡稱本約）時，已議定下列各條款，各該條款應構成本約內容之一部分，計開：

一、本約第十一條（外交部按：應係指三月廿五日中國約稿第十二條）之實施，應以下列各項了解為準：

（甲）為表示對日本人民之寬大與友好之意起見，中華民國除金山和約第十四條（甲）項第二款所規定者外，茲放棄其對日本國之一切賠償要求。

（乙）金山和約第十一條及第十八條不在第十一條（見前註）實施範圍之內。

（丙）（關於日本國負擔義務時期之開始）。

二、（商務及航業）

中華民國關於日本國在華外交及領事機構之立場，將載入正式紀錄之內。

（三）關於和約實施範圍之換文——日本方面三月二十八日所提奉之文字，應請採用。

（貳）次要點

（一）序文第三段（關於將兩國相互關係置於鞏固與敦睦基礎上之意願）——參照金山和約序文之前例，往事不宜重提，故關於刪去此段之原提建議現仍不予變更。惟中國全權代表似可照金山和會之例，將中華民國關於此點之情緒與立場，在正式會議作一聲明，載入正式紀錄之內。

（二）第六條（關於兩國之相互關係願遵循聯合國憲章第二條各原則）——茲以下列條文合併第六條及第七條：

第六條

（甲）中華民國與日本國間之關係應以聯合國憲章第二條之原則為準繩。

（乙）中華民國與日本國將依聯合國憲章之原則彼此合作，並將特別經由經濟方面之友好合作，促進兩國之共同福祉。

（三）第十條（關於漁業協定之締結）——鑒於金山和會以後所訂各漁業協定之前例，日本方面三月二十八日所提奉之參考約稿第九條，應請採用。

（四）第十一條（中國國民包括臺灣澎湖居民）——三月二十八日所建議之修正現仍保持，蓋該項修正係基於解決本籍在臺灣、澎湖而現居住於日本國或一第三國之人民國籍問題之實際需要而設。但如中華民國政府認為其草案已達到上述目的，則此項中華民國政府之意見，將載入正式紀錄之內。

（五）第十一條第二項（中國法人包括臺灣澎湖登記之法人）——同意恢復此項規定。

（六）議定書第一項（甲）款（關於歸還一度為偽政權所有之在日財產）——擬請另行議定文字，移入正式紀錄內予以載明。

（七）議定書第一項（乙）款（關於日本國負擔義務時期之開始）——同意恢復中國草案（請參閱「主要點」第二款之草案）。

（參）

關於議定書第二項（商務條款），因其涉及高度技術性
之問題，容另提意見。

一九五二年四月八日

技術事項（商務及航業條款）

　　查商務及航業事項涉及技術方面至多，因之，此類
事項與政治事項不同，而可能依照技術上及實際上之需
求，獲得合理之解決。

下列兩點，應請特予注重：

（一）關於入境、居留等之規定——我方（指日方，
　　　下同）三月二十八日所建議之議定書第二項第
　　　（一）款，應請保持，因之，同項第二款（甲）
　　　節，亦應請保持。蓋雙方既欲進入友好關係，則
　　　於此對有關交往、居留等事項予以規定，乃屬甚
　　　為自然與允當之舉。抑可闡明者，因草案規定保
　　　證任一方有以國內立法規定此等事項之自由？則
　　　無需顧慮任何出乎意表之困難。

（二）依最惠國待遇所給待遇之實質上平等原則——
　　　三月廿八日所建議之議定書第二項第（三）款規
　　　定，應請保持。蓋在此一規定所包含之經濟方
　　　面，除非我方在此次和談中所一貫主張之平等待
　　　遇獲得實質上之保障，則僅屬法律上或名義上之
　　　平等將無意義。關於此點，可提醒一事，即：現
　　　在日本國內之外人，均因戰後日本法律之修改，
　　　而幾乎在一切活動上享受完全之國民待遇。除上
　　　述兩要點外，下列各點憶應請予以適當之考慮：

（一）議定書第二項（乙）款（關於鑛業權之除外）
　　　——鑛業權可認為係在原則上屬於最惠國待遇
　　　範圍內之事項，但得依照任一方所設與此原則
　　　相反之限制而予以撤銷或限制。此一方案似較
　　　我方前所建議之方案更為新近與進步，依前此
　　　方案之規定；鑛業係斷然置於最惠國待遇範圍
　　　之外。

鑒於上述，三月二十八日所建議修正我方前此建議之議
定書第二項（乙）節末句，應請保持。

（二）議定書第二項（乙）款（關於專為所在國國民所
　　　保留之各種商業活動之除外）——中國草案所規
　　　定之除外過於廣泛。查除外規定應盡可能予以限
　　　制。因之，如我方三月二十八日所建議者，僅有
　　　構成一切其他商業活動樞紐之金融業（包括保險
　　　業在內）應予除外，而我方原稿之引水業及公證
　　　業，亦予刪去。

（三）商務及航業條款之實施期限——我方同意中國
　　　方面之建議。

　　　　　　　　　　　　　　一九五二年四月八日

二　和約簽字生效日期的商討

1. 胡慶育副代表與木村四郎七首席隨員談話簡要
　 紀錄

時間：民國四十一年四月十一日下午四時半

地點：中華民國外交部會客室

木村首謂：（一）據華盛頓確息，金山和約將於本月

二十五日至月底左右生效；惟中日和約則毋須待至金山和約生效後再行正式簽字，關於此點，茲再予證實；（二）日本議會至遲五月八日閉會，延長會期之可能性不大，而倭島局長則定於本月十五日返東京，如中日和約能於本月十五日以前商妥，由該局長攜回東京，則省事多多，並可望日本議會於本屆會期內予以批准。本人告以對於中日和約之議訂，我方亦望能早日觀成，一俟我方準備停妥，當儘速通知日方續開會議。

2. 外交部亞東司長汪孝熙報告

民國四十一年四月十一日

日代表團中田團員今晨來部面稱：「日本國會將於五月七日休會。各議員因須準備今年大選均急於回鄉，故延長會期恐有困難。日方深望能在本屆會議中，將中日和約批准。查上、下議院審查條約各須一星期，法制局及內閣會議之審核亦須四、五日，故共須二十日。是以雙方現必須爭取時間，俾和約得能於本月十七日以前商妥，二十日以前簽字。日本代表團準備與中國方面隨時會商，即星期日亦可。再倭島局長擬於十五日回東京，深望能將和約定稿攜回，俾日文本即可在東京刊印。至商務條款，日方專家已將我方意見詳細研究，採納我方若干意見備具說帖，擬於今日午後交與中方。」等語。彼又問中國方面對日方前提意見書是否尚有意見。職答稱尚有若干意見須向日方提出。彼謂如須再向東京請示，則恐又須將簽字日期延擱也。（彼言時似頗有憂慮之色）。

三　中日和會第十次非正式會議紀錄

對條約正文雙方協議

時間：中華民國四十一年四月十二日（星期六）

　　　下午三時三十五分至六時五分

地點：中華民國外交部

出席：

中華民國：全權代表　葉公超

　　　　　副代表　胡慶育

　　　　　外交部亞東司司長　汪孝熙

　　　　　外交部條約司司長　薛毓麒

　　　　　外交部亞東司專門委員　鈕乃聖

　　　　　外交部亞東司第一科科長　賴家球

　　　　　外交部條約司第二科科長　胡駿

日本代表團：全權代表　河田烈

　　　　　　首席團員　木村四郎七

　　　　　　團員　中田豐千代

葉　：河田全權代表四月八日對我方四月二日備忘錄所
　　　提意見書，我方已詳加研究。前日薛司長毓麒
　　　等，亦曾與貴方人員商討貴方意見書內所列之技
　　　術事項（即商務及航業條款）。茲就貴方意見書
　　　逐條提出討論。貴方意見書所列主要點第一點
　　　為第十二條（即依金山和約應給中華民國之優
　　　惠）。貴方所提草案，雖在形式上與我方原案不
　　　同（按我方係用金山和約之「優惠」字樣，貴方
　　　則用適用金山和約之有關「規定」字樣）但在實
　　　效上尚無軒輊。我方現準備接受貴方草案，在文

字上尚有若干修正，我方已準備一修正草案，不
知貴代表意見如何？

言次交草案：

Article 12

Unless otherwise provided for in the present Treaty, any
problem arising between the Republic of China and Japan
as a result of the existence of a state of war shall be settled in
accordance with the relevant provisions of the San Francisco
Treaty.

原文係英文，茲補譯如次：「第十二條，除本約另有規
定外，凡因戰爭狀態存在之結果而在中華民國與日本國
間引起之任何問題，應依照金山和約之有關規定予以
解決。」

木村：（閱草案後）貴稿僅云「除本約另有規定外」，
　　　似仍宜提及本約之補充文件。

葉　：可同意照辦。列入後之文字為「除本約及其補充
　　　文件另有規定外」（Unless otherwise provided for in
　　　the present Treaty and the documents supplementary
　　　thereto）。此外，貴方是否仍堅持貴稿文字結構？

木村：不堅持。此點已告解決。

葉　：貴方意見書所列主要點第二點為議定書首段。
　　　我方茲已就賠償條款準備一修正案。

言次交草案：

Protocol 1（c）（Reparation clause）

As a sign of magnanimity and good will towards the Japanese
people, the Republic of China voluntarily waives the benefit

of the services to be made available by Japan pursuant to sub-paragraph l, paragraph（a）of Article 14 of the San Francisco Treaty. It is understood, however, that nothing in the provisions under（a）2（II）（ii）of that Article shall be construed to extend any exceptions to the real property, furniture and fixture used by such set-ups as were established since September 18, 1931 without the concurrence of the Republic of China and were once claimed to be diplomatic or consular set-ups of the Japanese Government in China and the personal furniture and furnishings and other private property used by the personnel of such set-ups.

原文係英文，茲補譯如次：

「議定書第一項（丙）款（賠償條款）

為表示對日本國人民之寬大與友好之意起見，中華民國自動放棄根據金山和約第十四條（甲）項第一款將由日本國供給服務之利益。但雙方了解：該條（甲）項第二款（二）（丑）內之任何規定，不得解釋為對於中華民國二十年即公曆一千九百三十一年九月十八日以來，未經中華民國政府之同意而設立但曾一度據稱為日本國政府在中國之外交或領事機構所使用之不動產、傢具及裝備，以及該機構之人員所使用之傢具、設備及其他私人財產，予以除外。」

河田：對貴稿有兩點不能同意。第一、貴稿僅提及放棄金山和約第十四條（甲）項第一款所規定之服務利益，而未提及該條（乙）項放棄一切賠償要求之規定。此點因欠明晰，易使日本人民誤解貴方

　　　　僅放棄服務利益，而未放棄一切賠償要求，故我
　　　　方仍願採用我方原方案放棄「一切賠償要求」字
　　　　樣。第二、貴稿關於日本在華使領機構財產之規
　　　　定，我方不能同意載入議定書內，仍請以正式紀
　　　　錄出之。

葉　：河田代表所稱第一點顧慮並無必要。蓋依本約第
　　　　十二條規定，金山和約當然適用，而依該約第
　　　　十四條（乙）項，我即已放棄一切賠償要求，此
　　　　為法律上之理由。此外，尚有心理因素，蓋我方
　　　　在議定書內指明放棄一種利益較諸指明放棄除某
　　　　種利益之外之一切利益，在我國一般人民驟視之
　　　　下，實大有懸殊也。

木村：如說明放棄一切賠償要求，則於我國人民心理將
　　　　大有裨益，本國政府對此點立場甚為強硬，請貴
　　　　方惠予採納我方原稿文字。

胡　：我方在此一草案內，已採用貴方意見，將我方三
　　　　月二十五日所提草案刪除兩句（一為日本承認賠
　　　　償義務，一為我方承認日本無力作完全賠償）。
　　　　至金山和約第十四條（乙）項，已因本約第十二
　　　　條規定而獲實施，自無庸贅述。

木村：河田全權代表奉有嚴格訓令，我方意見書內所
　　　　提草案文字，仍請採用。

葉　：貴方文字說明我方除一種利益外，將一切利益概
　　　　予放棄，余覺此種說法迥異尋常（most unusual）。

木村：但我方草案已將金山和約第十四條（甲）項第
　　　　二款包括在內。

胡　　：該款可因本約第十二條而獲實施，毋須贅述。至
　　　　放棄賠償要求，亦已載明於金山和約，我僅能放
　　　　棄一次，不能放棄兩次。

木村：放棄全部賠償要求字樣，在日本人民看來，較易
　　　　了解且較為悅目。日本政府對於此點甚為重視，
　　　　其立場亦甚堅定，恐難更改。

胡　　：我方放棄服務補償已屬重大之實質讓步。貴方應
　　　　注意此點，並顧及我國人民情緒。

木村：我方對貴方約稿第十二條亦曾作主要讓步。我
　　　　方現堅欲在議定書內述明貴方放棄一切賠償要求
　　　　者，係為避免引起誤會，蓋依金山和約第十四條
　　　　（乙）項而放棄一切賠償要求，或可能因該款載
　　　　有「除本約另有規定外」一語，而另滋疑義。

胡　　：金山和約並未另設賠償規定，自無引起疑義
　　　　可能。

木村：但此點在政治上仍能發生作用。

河田：細察雙方草案內容尚屬一致。惟我方對賠償問題
　　　　最為重視，本國政府之態度亦甚強硬，故本人不
　　　　能同意採用貴方草案。蓋以關於此事，本國政府
　　　　訓令甚嚴，本人無考慮餘地也。

葉　　：似此情形，不如繼續討論其他事項。茲討論貴方
　　　　意見書主要點第三點關於條約實施範圍之換文。
　　　　關於此點，我可同意採用貴方文字。惟貴方原案
　　　　內有一筆誤，即將「及」字誤為「或」字（按即
　　　　指「現在在中華民國政府控制下或、及將來在其
　　　　控制下之全部領土」一語）。應請貴方改正，此

點係我方完全接受貴方意見，自不致有問題。

言次交改正稿：

Exchange of Notes

（Japanese Note）

Monsieur le Ministre:

In regard to the Treaty of Peace between Japan and the Republic of China signed to-day, I have the honor to refer to the understanding reached between us that the terms of the present Treaty shall, in respect of the Republic of China, be applicable to all the territories which are now, and which may hereafter be, under the control of its Government.

I shall be appreciative, if you will confirm the understanding set forth above.

I avail myself of this opportunity to convey to Your Excellency the assurance of my highest consideration.

（Isao Kawada）

Plenipotentiary of the Government of Japan.

His Excellency

Monsieur Yeh Kung-Chao

Plenipotentiary of the Republic of China.

原文係英文，茲補譯如次：

「換文（日方來照）

關於本日簽訂之日本國與中華民國間和平條約，本代表謹提及貴我雙方所成立之了解，即：本約各條款，關於中華民國之一方，應適用於現在在中華民國政府控制下及將來在其控制下之全部領土。

上述了解，如荷貴代表惠予證實，本代表當深感紉。

本代表順向貴代表表示崇高之敬意，此致中華民國全權代表葉公超閣下。

日本全權代表：（河田烈）」

河田：願全部聆悉貴方意見後再說。

葉　：關於貴方意見書次要點第一點，即關於我方約稿序文第三段所提「九一八」日期，倘貴方同意保留我方議定書草案第一項內載有此項日期之（甲）、（丙）兩款，則我方可同意刪除約稿序文第三段。第二點為將我方約稿第六條及第七條合併為一條。我可同意合併，但願略作文字修增。

言次交修正稿：

Article 6

（a）The Republic of China and Japan will be, guided by the principles of Article 2 of the Charter of the United Nations in their mutual relations and in their respective relations with other States.

（b）The Republic of China and Japan will cooperate in accordance with the principles of the Charter of the United Nations and, in particular, will promote their common welfare through friendly cooperation in the economic field.

原文係英文，茲補譯如次：「第六條（甲）中華民國與日本國在其相互之關係上及各與其他國家之關係上，願遵循聯合國憲章第二條之各項原則。（乙）中華民國與日本國願依聯合國憲章之原則彼此合作，並特願經由經

濟方面之友好合作，促進兩國之共同福祉。」

木村：請問何以仍保留 "and in their respective relations
　　　with other States"（及各與其他國家之關係上）
　　　一語？

葉　：我為聯合國會員國，倘有第三國違反聯合國憲章
　　　第二條，我須投票制裁。

胡　：此項規定實對貴方有利。

葉　：貴方意見書次要點第三點關於我方約稿第十條，
　　　茲已備就修正草案一件。

言次交草案：

Article 10

The Republic of China and Japan will endeavor to conclude,
as soon as possible, an agreement relating to fisheries on the
high seas.

原文係英文，茲補譯如次：「第十條，中華民國與日本
國將盡力儘速締結一項關於公海漁業之協定。」

此項草案較金山和約同條文字更為簡潔。雙方均保有更
大之討論自由。

木村：余欲提請貴代表注意，在金山和約簽字時，美加
　　　日漁業公約尚未議訂。但該項公約現已談妥，已
　　　有原則可循，故在本條內似仍宜提及原則。

葉　：本草案乃採貴我雙方能立予同意之形式。倘貴方
　　　必欲載明原則，則我方必須與經濟部及臺灣省政
　　　府之漁業專家會商，勢必遷延時日。貴方意見書
　　　次要點第五點為我方約稿第十一條第二段。此段
　　　係貴方同意我方意見恢復者。我方亦已參酌貴方

前提草案，將全條文字略作修正。

言次交修正草案：

Article 11

For the purposes of the present Treaty, the nationals of the Republic of China shall be deemed to include all the inhabitants and former inhabitants of Taiwan (Formosa) and Penghu (the Pescadores) and their descendants who are of the Chinese nationality in accordance with the laws and regulations which have been or may hereafter be enforced by the Republic of China in Taiwan (Formosa) and Penghu (the Pescadores); and the juridical persons of the Republic of China shall be deemed to include all those registered under the laws and regulations which have been or may hereafter be enforced by the Republic of China in Taiwan (Formosa) and Penghu (the Pescadores).

原文係英文，茲補譯如次：「第十一條，就本約而言，中華民國國民應認為包括依照中華民國在臺灣及澎湖，所已施行或將來可能施行之法律規章而具有中國國籍之一切現在及過去之居民及後裔。中華民國法人應認為包括依照中華民國在臺灣及澎湖，所已施行或將來可能施行之法律規章所登記之一切法人。」

木村：貴方已在所加第二段內刪去「除第三條另有規定外」（Subject to the provisions of Article 3）一語。

葉　：然。此點甚明，似無庸解釋。

　　　貴方意見書次要點第六點，關於我方議定書草案第一項（甲）款，我仍願保留原有文字與形式，

第七點係貴方同意我方之意見。至關於「技術事
項」，即議定書第二項，雙方助理人員業已獲致
協議，茲將協議草案送交貴方。

言次交草案：

PROTOCOL

2. The commerce and navigation between the Republic
of China and Japan shall be governed by the following
Arrangements:

　(a) Each Party will mutually accord to nationals, products
　　and vessels of the other Party:

　　(i) Most-favoured-nation treatment with respect
　　　to customs duties, charges, restrictions and
　　　other regulations on or in connection with the
　　　importation and exportation of goods; and

　　(ii) Most-favoured-nation treatment with respect
　　　to shipping, navigation and imported goods,
　　　and with respect to natural and juridical
　　　persons and their interests such treatment to
　　　include all matters pertaining to the levying
　　　and collection of taxes, access to the courts, the
　　　making and performance of contracts, rights to
　　　property (including those relating to intangible
　　　property and excluding those with respect to
　　　mining), participation in juridical entities, and
　　　generally the conduct of all kinds of business
　　　and professional activities with the exception of

financial (including insurance) activities and those reserved exclusively to nationals of the Party according such treatment.

(b) Whenever the grant of most-favoured-nation treatment by either Party to the other Party, concerning rights to property, participation in juridical entities and conduct of business and professional activities, as specified in sub-paragraph (a) (ii) above, amounts in effect to the grant of national treatment, such Party shall not be obligated to grant more favorable treatment than that granted by such other Party under most-favoured-nation treatment.

(c) External purchases and sales of government trading enterprises shall be based solely on commercial considerations.

(d) In the application of the present Arrangements, it is understood

　(i) that vessels of the Republic of China shall be deemed to include all those registered under the laws and regulations which have been or may hereafter be enforced by the Republic of China in Taiwan (Formosa) and Penghu (the Pescadores) ; and products of the Republic of China shall be deemed to include all those originating in Taiwan (Formosa) and Penghu (the Pescadores); and （ii）that a discriminatory measure shall not be considered to derogate from the grant of treatments prescribed above, if such measure is based on an exception customarily provided for in the commercial treaties of the Party applying it, or on the need to safeguard that Party's external financial position or balance of payments (except in respect to shipping and navigation), or on the need to maintain its essential security interests, and provided such measure is proportionate to the circumstances and not applied in an arbitrary or unreasonable manner.

The Arrangements set forth in this paragraph shall remain in force for a period of one year as from the date on which the present Treaty enters into force.

原文係英文，茲補譯如次：

「議定書

二、日本國與中華民國間之商務及航業，應以左列辦法為準繩：

（甲）雙方將相互以左列待遇給予對方之國民、產品及船舶：

（一）關於關稅、規費、限制及其他施行於貨物之進口及出口，或與其有關之規章，給予最惠國待遇；及

（二）關於船運、航行及進口貨物，及關於自然人與法人及其利益，給予最惠國

待遇，該項待遇包括關於徵收稅捐、起訴及應訴、訂立及履行契約、財產權（包括無形財產但礦業權除外）、參加法人團體，及通常關於除金融（包括保險）業及專為給予該項待遇一造之國民所保留之各種職業活動以外之各種商業及職業活動行為之一切事項。

（乙）關於上述（甲）（二）所載之財產權、參加法人團體及商業及職業活動行為，凡遇任何一方所給予彼方之最惠國待遇，在事實上臻於國民待遇之程度時，則該方對於該彼方並無依照最惠國待遇給予較高待遇之義務。

（丙）國營貿易企業之對外購買及出售，應僅以商務考慮為基礎。

（丁）在適用本辦法時，雙方了解

　　（一）中華民國之船舶應認為包括依照中華民國在臺灣及澎湖，所已施行或將來可能施行之法律規章所登記之一切船舶；中華民國之產品應認為包括發源於臺灣及澎湖之一切產品；及

　　（二）如某項差別待遇辦法係基於適用該項辦法一造之商約中所通常規定之一項例外，或基於保障該造之對外財政地位，或收支平衡之需要（除涉及航運及航行者外），或基於其保持其主要安全利益，又如該項辦法係隨情勢推

移，且不以獨斷或不合理之方式適用
者，則該項差別待遇辦法不得視為對
於應行給予之最惠國待遇有所減損。
　　本項所規定之辦法應自本約生效之日起一年之
期限內繼續有效。」

木村：貴稿已將出入境條款刪去。

葉　：此事宜於商訂通商航行條約時再予討論。又我已
　　　同意將保險業作為最惠國待遇之例外，但我國人
　　　民目前在日所享權利，應不因此蒙受不利影響。
　　　至關於我國在日航空權，貴方已同意換文，關於
　　　日本漁船案，我方亦已同意換文。是全部事項均
　　　已提出討論。現請河田代表逐項表示意見。

河　：我方對貴代表適所列述各事項，雖覺有數處似無
　　　問題，但仍望回寓所研究後將我方意見一總奉告
　　　貴方。我方研究工作一俟回寓即可開始，研究畢
　　　即可奉約貴方會談，時間或在今晚或在明晨。

葉　：余希望盡量能在今晚八時續會，以便將能同意之事
　　　項統予解決，其不能同意者，亦可即向政府報告。

河　：今晚九時如何？

葉　：同意。

四　中日和會第十一次非正式會議紀錄

對條約所附議定書及換文進行討論

時間：民國四十一年四月十二日（星期六）下午九時
　　　三十分至十二時三十五分

地點：中華民國外交部會議室

出席人員：

中華民國：全權代表　葉公超

　　　　　副代表　胡慶育

　　　　　外交部亞東司司長　汪孝熙

　　　　　外交部條約司司長　薛毓麒

　　　　　外交部專門委員　鈕乃聖

　　　　　外交部亞東司科長　賴家球

　　　　　外交部條約司科長　胡駿

日本國：全權代表　河田烈

　　　　首席團員　木村四郎七

　　　　團員　中田豐千代

河田：在本日下午舉行之會議中，聆悉貴方對日本代
　　　表團本年四月八日所提參考文件之意見，茲將我
　　　方考慮，奉復如左：（將意見書一種提交葉全權
　　　代表）關於我方所提重大問題部份之第十二條
　　　條文，我可接受貴方方案，惟在「本約」（the
　　　present Treaty）之後，另加「以及所附文件」（and
　　　the documents supplementary thereto）之字樣。

胡　：在上次會議中，我方已表同意。

河田：關於賠償條款，希望採用我方原案，日本代表團
　　　對貴方修正意見，頗感難於接受，但對其中若
　　　干文字之更改，如加「自動放棄」（voluntarily
　　　waives），刪去「其全部賠償要求」（all its reparation
　　　claims）之全部（all）兩字，又以「除……外」
　　　（other than）代替原稿之「除」字（except），
　　　則可同意。對中國方面約稿所稱「但雙方了

　　　　解……」以下一段關於日本國政府在中國之外交
　　　　或領事機構資產之處置之規定，仍照我方原議，
　　　　列入會議正式紀錄中。其次，關於序言中提及
　　　　「九一八」日期一節，貴方是否同意取銷？

胡　　：當以該項日期在議定書內其他兩處保留為條件。

河田：均歉難同意。我方不能同意將該日期在序言及議
　　　　定書內提及。關於約稿第六條，我方亦不能同意
　　　　將「……及各與其他國家之關係上……」（…and
　　　　in their respective relations with other States）一語
　　　　列入。

胡　　：然則貴方在金山和約中所接受之安全條款，措辭
　　　　遠較本約嚴峻，貴方又作如何感想？

河田：對第十條我方建議加入「將以自由平等之地位」
　　　　一語，蓋在認定此項原則在美、日、加漁業公約
　　　　中已予適用。關於雙方人民「入境、居住及旅
　　　　行」權利一節，我同意貴方意見，將其刪除。雖
　　　　然，本人對貴方之立場，仍感困惑不解，個人意
　　　　見，認為該一條款之列入，有助於兩國間文化交
　　　　流，經濟合作也。

葉　　：和約中不列入該一條款，不致影響兩國間文化、
　　　　經濟之合作，出入境問題乃屬商約之範疇，不宜
　　　　於和約內予以規定。

河田：貴方之善意，至為感荷。今請將貴代表適所表
　　　　示，列入會議紀錄中，未審可否？

葉　　：自可同意。

河田：貴方今午提及和約適用範圍問題方案中，「或」

（or）字為「及」（and which）字之誤，建議將其更正，我方仍盼採用原文之「或」字。我方立場，在確依吉田首相致杜勒斯君原函所用之文字。貴方當能憶及，該函所用「領土」（territories）一字在我方某次意見書中誤為「區域」（areas），一經貴方指明，我即同意修改，目前我主張用「或」字用意亦復在此。萬一貴方堅持我就此項問題讓步，我當要求貴方對賠償問題讓步為條件。此係個人之看法。我方之考慮，適已次第陳述，願諦聽貴方之意見。

葉　：茲從貴方所提末項問題說起：和約適用範圍方案，中、美雙方交涉數月，此項經過，諒為貴全權細悉。當時初步商得之方案，亦即吉田首相函件所應援用者，所用文字為 and which，而非 or，今忽有此訛誤，當係輾轉傳遞時之筆誤。據本人記憶所及，我與美方商就此一方案時，尚附有了解，即該方案為基本語句，中、日雙方仍可商定另加附屬性之文字。本人適所陳述事項，美國大使館藍欽代辦知之甚稔，蓋渠與本人親手處理本案，故必要時，彼可證實 or 一字之誤。再就該方案之文法結構而言，用 or 一字，有兩者之間作一抉擇，亦「非此即彼」之意，此項解釋對目前情況斷難適用。

木村：本人認為在「地區」（areas）一語與「領土」（territories）一語之間亦有差異，然我方並未因此而堅持使用「地區」（areas）一字。

葉　：木村所長所提一事，乃無庸辯論之課題。本人尚

須重申，我與美國之了解，為在上述基本字句之外，尚可經由雙方磋商，列入其他語句。今已循貴方之請，將其簡化至僅包括該一基本語句，倘再用 or 一字，實難同意。

河田：上述經過，不獨本人不熟知，日本政府恐亦未必盡知。

木村：本人曾閱及美方致吉田首相文件，似亦用 "or" 一字。

葉　：吾等不妨要求華盛頓當局予以證實，本人無意出此，倘貴方執意堅持，惟有如此解決。

胡　：貴方應注意該一語句之邏輯，該方案後段所述之領土，係增加並擴大範圍，非用以代替「和約現已適用之領土」，依貴方方案，其解釋當為：「如和約將來適用於大陸時，將不復對我臺、澎適用」。

河田：我方無意追問原稿擬製之經過，惟擬表示日本代表團須確遵政府指示辦理，本人將此處用字問題與賠償問題併予提及者，在說明後者較前者重要，後者我在所必爭，前者則不一定堅決要求用 "or" 一字。

葉　：貴方用意顯在提出交換條件，我難以接受。本人認為應用 "and which" 之字樣絕無問題，貴方如仍存疑義，可自美方查明經過。

河田：我無意以賠償條款接受我方草案為條件，本人適間所稱，在說明我方對於上述中美交涉經過及訛誤之緣由，乃初次獲悉，再則解釋我方視賠償條

款遠為重要。

葉　：我方亦認為賠償問題特具重要，我等已以協調精
　　　神，解決甚多問題，貴方所提要求，均在可能範
　　　圍以內，予以考慮，惟對貴方今午所提賠償條
　　　款之修正方案，僅增減數字，與我立場甚有距
　　　離，我方礙難同意。我在今午已反復陳述我方
　　　立場，茲再將礙難接受貴方提案之理由說明如
　　　後：第一、貴方約稿仍將第十二條包括之事項予
　　　以重複，第二、我基於內部政治之考慮，須堅持
　　　我方原案。因本人曾將我方草案呈請行政院核
　　　准，當時行政院意見在將原條款載入約文之中，
　　　經本人費盡唇舌說明約稿第十二條對此問題已予
　　　顧及，始勉予說服，故在我方此案已定，未便更
　　　改。深盼貴方同情本人之地位。倘河田全權堅持
　　　將雙方放棄之權利明白予以規定，莫若將金山和
　　　約第十四條全文列入約稿中，然後再由我方申述
　　　放棄「服務補償」，此不失為一簡截之處置，憶
　　　行政院會議中亦有人作此建議，（本人以日方四
　　　月八日意見書既有「應依照金山和約之有關規
　　　定……」似無庸重複各該「規定」之必要）貴方
　　　其可同意乎？

河田：希望貴代表亦同情本人之地位。

葉　：按賠償條款出自金山和約第十四條，如貴方慮及
　　　日後發生解釋上之疑義，莫若在約文中照錄該條
　　　原文，再由我方於議定書中聲明放棄其中之「服
　　　務補償」，此一方式豈非合理？

河田：苟依貴方擬議，將賠償問題全文列入和約正文
　　　內，議定書將如何書寫？

葉　：仍照我方原意草擬，則金山和約第十四條之
　　　（乙）項自亦將全部錄出。如此，貴方當無理
　　　由再要求我方在議定書重申放棄。在同一文件
　　　中，對一特定權利重複放棄兩次，恐乏前例。

木村：日本代表團非在探討理論，乃在奉令轉達政府
　　　之意者。

葉　：消除貴方一切疑慮之法，惟有乃如我方建議將
　　　該條全文列入正文中一法。

木村：試問貴方反對我方草案（按即重複規定方式）
　　　之理由何在？

葉　：本人與胡副代表已言之再三，簡言之有雙重理
　　　由。一為邏輯上之理由，即我方對同一權利不能
　　　放棄兩次。另一理由為我方與此問題實質上已作
　　　重大讓步，不獨自動放棄「服務補償」，且不採
　　　用金山和約第十四條之某些可能辭句，我方目前
　　　所求者，僅在表達我方此項「善意」之方式，強
　　　調我方之自動性（voluntarily waives）無論如何所
　　　用文字不能寓有遭受壓力（pressure）之意。

河田：目前問題在如何應付雙方國民之情感，而非理論
　　　問題。

胡　：貴方不難向國民作一交代，我國抗戰最久，損失
　　　最重，然為維繫兩國友好關係，首先放棄「服
　　　務補償」，以此重大之讓步尚不能示好於日本
　　　人民，實悖於事理！

河田：我方明瞭貴方在實質上之讓步，且甚感激。我政
　　　府之立場，亦在使國民了解貴方讓步之程度，
　　　建議其表達之方式，良具苦心。

胡　：約稿第十二條，規定金山和約之有關「規定」，
　　　包括第十四條（乙）項之規定，對中、日兩國適
　　　用，是則我已放棄賠償要求一次，依貴方約稿，
　　　我將在議定書中對上述賠償要求再放棄一次。事
　　　實上我在議定書中須聲明放棄者，僅「服務補
　　　償」一項而已。

木村：我方明知此層，惟須執行東京之訓令，無法從命。

胡　：目前要求貴方者，僅「形式」問題之讓步，在實
　　　質上我之讓步不知凡幾！我如在形式、實質兩
　　　者俱遷就貴方，實有未平。

河田：本人內心實感苦痛，然對本條之草擬，所能為力
　　　者甚少，貴方之要求，實超乎本人能力之範圍。

胡　：盼貴全權勉力為之，萬一無法就地解決，請將
　　　我方立場電知東京，覓取訓示，要知我方絕難
　　　讓步。

河田：本人別無良策，除政府訓令須予執行外，他非力
　　　所能逮。

葉　：余適所建議約文中列入第十四條全文之辦法，
　　　貴方似可同意。我等是否即著手擬定擬定議定
　　　書之文字？

河田：並非如此，我方須堅持用我方之方式及文字，充
　　　其量，更改其中一二字而已。貴方上述擬議，
　　　余無法考慮。本人深知雙方爭論所在，請貴方

　　　　假以時間，考慮一夕再行商議，如何？

葉　：似惟有如此。現請討論其他事項，先講序言及議
　　　定書中提及九一八日期部份。貴方主張將該日期
　　　自序言部份刪除，另兩處列入會議紀錄中（official
　　　minutes）與我方主張不同，本人茲提出一項折
　　　中辦法即：（一）將序言中提及該日期之一段刪
　　　除；（二）將涉及偽政權在日資產之一段保留於
　　　議定書中；（三）將涉及日駐偽政權使領館資
　　　產等一段，載入同意紀錄中（agreed minutes）。
　　　上述（二）項所採用之文字，應以中國製備之議
　　　定書（一）項（甲）所用文字為準。

河田：關於九一八日期，我主張自序言部份刪除之理
　　　由，在我等無須追溯歷史陳蹟，徒增兩國間
　　　不快情緒，其次該項日期未在金山和約中呈
　　　現，至對其他兩處，主張在會議紀錄內列入。

葉　：簽訂金山和約之四十餘國無一與貴國曾發生「瀋
　　　陽事件」者，我國人士認為該一日期須在約中
　　　提及，因認定該一日期即為日本軍閥侵華錯誤
　　　之肇始，我方原稿有三處提及該一日期，本人
　　　本調協精神減為一處。非作此保留不足以應付
　　　國內輿情。

河田：貴方意思本人甚為了然，我方認為該項日期在
　　　會議紀錄提及已足，貴方可憑此項紀錄任作若
　　　何解釋，藉以滿足國內需要。

葉　：望河田全權了解，我立法院委員東北籍人數比例
　　　甚高，彼等對此問題之重視自不待言，其他省籍

委員，亦多持激烈態度，故本人切盼在約文之內
列入「九一八」日期，以求和約之順利批准。

河田：貴方似可另採途徑，如將該項紀錄公開，使舉國
　　　人民知悉該一日期已列入紀載，當亦奏效。本人
　　　不認為貴方有所困難。

葉　：貴方要求已同意其二，我方所剩惟一要求，望予
　　　採納。

木村：我方認為列入正文甚有困難，此處涉及原則，
　　　而非數量。

葉　：貴方當注意調協精神，有取有予，乃為談判之
　　　態度。

河田：本人深切了解貴代表之說理，我方所能給予者，
　　　已給予殆盡，我方所提參考文件，實為最後之
　　　讓步。

胡　：此處涉及權利義務者甚少，要在其中情感之因
　　　素。此一問題如予解決，有助兩國關係之增進。

木村：兩國友好關係在和約簽訂後自可建立。

葉　：貴方豈執意拒用此項日期乎？該日期僅係形容
　　　性（descriptive in character）決無意惹目之（least
　　　conspicuous）。

木村：我方無意讓步，因其違反原則。

葉　：非一般原則，想係東京訓令之原則。貴方能否
　　　提供一項解決辦法？

木村：倘該項日期列入紀錄，貴方可隨意解說，我決
　　　不介意。

河田：簡單來說，東京就此事之訓令係硬性的，即不

願考慮將其列入紀錄外之任何方式，因此，本
人任何努力，均屬枉然，貴代表要求本人提供
解決辦法，恐惟有維持原案。

葉　：（沉思良久）余再提一折中辦法，即在序言中
提及此項事件，而將其他兩處列入同意紀錄中，
可否？

木村：日本代表團與此問題曾數度請示，並設盡方法
勸東京政府改變其意見，然均屬罔效（言次，
搜集其公文皮包取出若干文件）例如我所作最
緩和性之建議（遞一電稿交葉全權代表參閱），
均遭拒絕。惟在事實上，政府無意拒絕貴方承
享合法之權益。

葉　：本人深知貴代表團之努力。（片刻後）本人提
一最後折中方案。（一）將序言中有關該日期
部份刪去，（二）將議定書提及該兩日期之處，
一併列入一換文中，該換文由本人與河田全權
簽換，不屬於和約之內，但須提及和約，俾作
根據。本人茲鄭重聲述，此項建議，已逾越本
人奉命接納之範圍，純由個人負責提出。望貴
方本同情之態度，惠予考慮。

木村：恐非河田全權敢予承擔者。

河田：代表團所能設想途徑，均已嘗試，已無再試餘
地矣。

葉　：採用不視為構成和約之一部份之換文方式仍感
困難乎？如此，本人誠憂慮吾人將「為山九仞，
功虧一簣」矣！

河田：本人亦極惶恐，無論如何，貴方新提議，本人
　　　可以考慮，惟本人一再說明，我方四月八日之
　　　參考文件係經一再考慮後方予提出者，讓步已
　　　至極限，逾此，恐遭「功虧一簣」之危險。

葉　：繼續討論所剩兩項問題，各該問題均係次要者，
　　　我方可同意貴方第六條條文，對第十條除主張
　　　將「將以自由平等之地位」一語刪除外，餘均
　　　同意貴方之擬議。

木村：與貴方之意見，謹表同意。

葉　：目前未經商決之問題有二，一為九一八問題，
　　　一為議定書中關於勞務補償部份。

木村：對上述重大問題，我方深感困難處理。

葉　：爭論之點，僅在形式問題。

木村：對貴方意思倍極明瞭，目前確非討論理論之
　　　時機。

葉　：就賠償問題而論，我方但求一合乎邏輯之解決：
　　　先將金山和約第十四條全文列入約文，再由我方
　　　在議定書內放棄「服務補償」。對九一八日期問
　　　題，我方一再讓步，自約文退至議定書，再退至
　　　換文。

木村：九一八之日期金山和約中並無此規定。

葉　：依照金山和約規定，我方應獲勞務補償。

河田：關於「日期」貴方希望採用換文形式，依本人
　　　看法，會議紀錄之重要性較換文為甚，貴方之
　　　用意何在？頗稱費解。

葉　：此係顧及國民心理關係，此一問題當常盤亘於

雙方代表之心，無此顧慮，和約當早簽訂矣。

河田：余等茲擬告辭，返寓與枕頭諮商，本人現已智
窮力竭矣。明日上午是否可再聚？

葉　：請約定時間。

河田：十時半如何？

葉　：可。

散會（十二時三十五分）。

附日方所提意見書一件

Major Points

1. Article 12 : Chinese wording acceptable, with the addition of "and the documents supplementary thereto" after "the present Treaty."

2. Reparations : In the Japanese draft, insert "voluntarily" before "waives" , delete "all" in "all its reparation claims", and insert "other than" instead of "except".

Minor Points

1. Preamble : Agreed

2. Article 6 : Paragraph（a）of the Chinese draft should end in the phrase "in their mutual relation", and the following words should be deleted.

3. Article 10 : The Republic of China and Japan will endeavor to conclude, as soon as possible, an agreement providing for the regulation or limitation of high seas fisheries for the conservation and development of fishery resources on a free and equal footing.

4. Property of Collaborationist Regimes

The Japanese formula dated April 8 should be retained, namely, the Chinese position should be recorded in the official minutes,

Technical Matter

1. Entry, sojourn, etc. The deletion of the clause concerning entry, sojourn, etc, is agreed.

五 中日和會第十二次非正式會議紀錄

繼續討論議定書及換文

時間：民國四十一年四月十三日（星期日）下午一時至
　　　四時

地點：中華民國外交部會議室

出席人員：

中華民國：全權代表　葉公超

　　　　　副代表　胡慶育

　　　　　外交部亞東司司長　汪孝熙

　　　　　外交部條約司司長　薛毓麒

　　　　　外交部專門委員　鈕乃聖

　　　　　外交部專門委員　孫秉乾

　　　　　外交部亞東司科長　賴家球

　　　　　外交部條約司科長　胡駿

日本國：全權代表　河田烈

　　　　首席團員　木村四郎七

　　　　團員　中田豐千代

葉　　：貴全權經一夜考量，有何見告？

河田：我等今日遲到，實感歉疚。

關於賠償問題我方已作成一新建議，與貴方意見甚為接近。

言次將下列建議案交送葉全權代表，其全文如次：

As a sign of magnanimity and good will towards the Japanese people, the Republic of China voluntarily waives the benefit of service reparations to be made available by Japanese pursuant to sub-paragraph 1, paragraph（a）of Article 14 of the San Francisco Treaty, and other benefits of paragraph（a）of the same Article, except those relating to sub-paragraph 2, paragraph（a）thereof.

原文係英文，茲補譯如次：「為對日本人民表示寬大與友好之意，中華民國自動放棄根據金山和約第十四條甲項第一款日本國所應供應之服務補償利益，及除有關該條甲項第二款者以外之該條甲項內之其他利益。」

我方此項提案之用意乃在鑒於其他國家提出金山和約第十四條規定（一）服務補償（二）日本放棄資產以外之賠償要求。我方為預防此項可能發生之情況，故建議採用 "and other benefits" 之字樣。

葉　：適閱貴稿，仍覺不能解決我方問題，第一、稿內所載「及該條甲項之其他利益」"and other benefits of paragraph（a）of the same Article" 之字樣，就余所知該條（甲）項並無他種利益存在。第二、稿內所載「除與該條甲項第二款有關之利益外」"except those relating to sub-paragraph 2, paragraph（a）

　　　　thereof" 一句，又回復至日昨討論之點。第三、該
　　　　稿對第十四條（乙）項未提，似在認為約稿第十二
　　　　條已予顧及，然對第十四條（甲）項（二）款又不
　　　　憚重述，豈非自相矛盾。上述各節，請惠予解釋。

木村：請先問貴方意見，第十四條（甲）項執行部分說
　　　　明兩項義務，即（一）服務補償與（二）放棄國
　　　　外資產，除此兩者以外，貴方認為尚有其他要求
　　　　存在否？

胡　：貴稿將第十四條（乙）項剔除，未審尚須實施否？

木村：當依約稿第十二條之規定予以實施。

葉　：請閱第十四條（乙）項，貴方何能找出其他要求
　　　　權利之根據？貴方之顧慮，乃不可想像者。

胡　：金山和約第十四條（乙）項原載有「除本約另有規
　　　　定外」"Except as otherwise provided in the present Treaty"
　　　　之規定，如本約別無其他規定，又何所據以提出賠
　　　　償要求？目前我方自動放棄服務補償，貴方則放棄
　　　　在華資產，一切要求均已解決，並無其他規定作為
　　　　要求之依據。

木村：問題在貴方與金山和約第十四條是否解釋尚包
　　　　括其他之要求權利？

胡　：惟一可能之根據將為貴方給予第三國較高之待遇，
　　　　屆時我當依金山和約第二十五條要求相同之待遇。

葉　：我方日昨已予分析，貴方所負義務僅服務補償
　　　　與放棄資產兩者，餘無他物。為祛除貴方任何
　　　　疑慮，最好解決辦法在依我方建議，將金山和
　　　　約第十四條全文列入約文，另由我聲明放棄服

務補償，如此，貴方無庸再有猜忌。

河田：貴方對金山和約第十四條之看法既係如此，為
　　　何不能採用我方方案？

胡　：最簡單之解釋為該條規定貴方兩種義務，一為
　　　我方放棄，一仍接受，此外，別無他物。

木村：我明瞭貴方意見，惟東京存有此一疑慮，深恐他
　　　國對金山和約第十四條（乙）項作不同之解釋。

胡　：此種疑慮不可能發生，因我方他無要求賠償之
　　　依據。

葉　：如用我方昨日所提建議案，則可免除貴方一切
　　　恐懼。

木村：我方適所建議之方案，亦在達此目的。

河田：日政府之憂慮在金山和約第十四條（乙）項本
　　　身寫法欠清晰，易滋誤解，因此，在貴我兩國
　　　間雙邊條約中，應列入更清晰之解釋，不宜引
　　　述原條文。

葉　：日本已簽署批准金山和約，依貴方之解釋，對
　　　該約締約四十餘國，日本尚存疑慮之心？

木村：美國高級官員向我方之解釋與貴方之解釋相
　　　同，然為防止其他錯誤解釋之發生，自宜予以
　　　注意。貴方或認為此項重複太累贅，甚或有一
　　　再放棄之嫌，然望貴方深諒我之苦心。

葉　：余難了解貴方之論理，我對金山和約第十四條
　　　之解釋，既與美方相同，並無貴方想像之誤解
　　　發生，為何再由我方接受貴方之假定？試問，貴
　　　方接受金山和約第十四條規定之權義否？果係如

　　此，則我可申述將不要求該條規定以外之任何賠
　　償權利，貴方儘可將是項申述予以紀錄。事實上
　　我接受該條（乙）項，即已放棄一切權利。

木村：該條（乙）項並未限制他國作其他之要求，因
　　其載有「除本約另有規定外」一語，故若他國
　　曲解該條，即可能發生第三種之賠償要求，如
　　菲律賓所提現金「賠款」即為一例。

葉　：我方業經言明，貴方可將適纔之解釋記入同意
　　紀錄中，以袪除貴方之恐懼。

胡　：其方式可由貴方聲述金山和約第十四條（甲）
　　項規定日方（一）提供服務補償（二）放棄在
　　華資產，其中第一項已由中國自動放棄。第二
　　項日本亦聲明向我國放棄，際此兩者以外，他
　　無賠償要求。對於此項聲述，我方不表異議。
　　如是，則不發生任何誤解矣。

木村：本人深知貴方立場，貴方對第十四條之解釋，
　　與美國、印尼政府相同，亦係我國之見解，然
　　為對日本人民解釋，使渠等不致誤會中國將另
　　提賠償要求，似仍以採用我稿為宜，但我方亦
　　將考慮以「紀錄」方式表達貴方意旨。

河田：我方約稿有何不妥之處？

胡　：對貴方今日所提約稿我不能同意之理由，在第
　　十四條（甲）項僅規定兩種義務，已分別予以處
　　置，今貴方盼我方放棄一項原不有在之權利，我
　　方礙難同意。

河田：適所請解釋者，非今日之約稿，乃指昨日之

約稿。

葉　：茲請注意，貴方昨日所提約稿已予打銷。

葉　：我方無法接受貴方因政治之考慮作此重複。因此
　　　係要求我方放棄原不存在之權利，結果給與國民
　　　以一錯誤觀念。

木村：非依我方案不足使日本人民堅信中國不另提賠償
　　　要求，我方認為金山和約第十四條之規定未足。

胡　：我方主張在約文中恢復賠償條款，然後由我方
　　　放棄其中之「服務補償」，豈不簡單明瞭。

木村：我方認為過繁，因約文第十二條已規定金山和
　　　約之相關條款將予適用。

葉　：對余適所建議，由我方聲明第十四條（甲）項
　　　規定日本之義務僅有兩則，載入同意紀錄之方
　　　式，足以保障貴方。

木村：余認為可能發生其他解釋。

葉　：余思維甚久，愈覺貴方立論就法律政治兩者而
　　　言，均難維持，貴方使我政府置於被人攻擊之
　　　地位，於貴方有何實益？余誠不能理解。

河田：雙方自昨日起即討論第十四條（甲）項之解釋問
　　　題，對彼此之立場，均極明瞭。貴方同意將貴方
　　　之解釋記入同意紀錄，今請以此為條件，同意貴
　　　方草稿如何？葉　：第十四條是否將列入約文中？

河田：否。

葉　：對貴方意見我可同意。至同意紀錄之內容，請
　　　由木村所長與胡副代表擬訂。

葉　：吾等將進行討論「九一八日期」問題，今晨分手

時，余所提第三折中方案，即將序言部份提及該
日期處予以刪除，另提及該日期之兩處，列入換
文之中。茲根據此一方案，擬就換文稿一種（言
次交河田全權下列文件）。

EXCHANGE OF NOTES

（Chinese Note）

Excellency,

With regard to the application of Article 12 of the Treaty of
Peace signed to-day between the Republic of China and Japan,
I have the honor to state that, in addition to the understandings
recorded in paragraph 1 of the Protocol of the Treaty, agree-
ment has been reached on the following points:

1. The property to be returned, and rights and interests to be
restored, by Japan to the other signatories in accordance with
Article 15 of the San Francisco Treaty shall, in respect of the
Republic of China, include those properties, rights and inter-
ests which were at one time claimed to be under the custody
of, or belong to, a collaborationist regime created in China
as a result of the so-called "Mukden incident" of September
18,1931, such as "Manchukuo" and the "Wang Ching Wei
regime".

2. Nothing in the provisions under（a）2（II）（ii）
of Article 14 of the San Francisco Treaty shall be construed
to extend any exceptions to the real property, furniture
and fixture used by such set-ups as were established
since September 18, 1931 without the concurrence of the

Republic of China and were once claimed to be diplomatic or consular set-ups of the Japanese Government in China and the personal furniture and furnishings and other private property used by the personnel of , such set-ups.

I shall be appreciative, if you will confirm the foregoing.

I avail myself of this opportunity to convey to Your Excellency the assurance of my highest consideration.

/ s / Yeh Kung-chao

His Excellency

Mr. Isao Kawada

Plenipotentiary of Government of Japan.

原文係英文，茲補譯如次：

「換文稿（我方去照）

關於中華民國與日本國間本日所簽訂之和平條約第十二條之實施，本代表謹聲述：除本議定書第（一）項所載之各項了解外，下列各點，亦已達成協議：一、依照金山和約第十五條日本國應對該約其他各締約國歸還之財產及恢復之權利與利益，對中華民國而言，應包括在某一時間被認為由因中華民國二十年即公曆一千九百三十一年九月十八日所謂「瀋陽事變」結果，而在中國組設之偽政權如「滿洲國」及「汪精衛政權」者所保管或屬於該偽政權之財產，權利及利益。

二、金山和約第十四條（甲）項第二款（二）（丑）內之任何規定，不得解釋為對於自中華民國二十年即公曆一千九百三十一年九月十八日以來，未經中華民國政府同意而曾一度自稱為日本國政府在中國之外交或領事機

構所使用之不動產，傢具及裝備及各該機構人員所使用
之傢具設備及其他私人財產，予以除外。

本代表謹請貴代表對於上述各節，惠予證實。

本代表順向貴代表重表崇高之敬意。

此致日本國全權代表河田烈閣下

（簽字）葉公超　年　月　日於臺北」

上述折中方案，希望貴方接受。

木村：本人擬請教，附屬於條約之換文與非附屬於條
　　　約之換文有何區別？

胡　：區別在是否需要送立法機關批准之問題，對非
　　　附屬於條約之換文，行政機關無須交送批准。

木村：倘換文之簽署人不同，或為全權代表之間，或
　　　為所長與貴部長間，效用有無軒輊？

胡　：就本案而言，貴所長所簽署之文件如載有「代
　　　表日本政府」之字樣（on behalf of the Japanese
　　　Government），亦具有與全權代表間換文同等
　　　之效力。

葉　：依國際慣例，雙方就財產權利等事項之協議，
　　　以換文形式出之；關於條約解釋性之協議，以
　　　同意紀錄（agreed minutes）方式出之。

河田：適聞貴方之解釋，請將第十四條我方要求貴方之
　　　解釋，亦以換文方式出之。

胡　：非也。該項解釋僅在避免將來雙方發生爭執，
　　　更具體言之，在使貴方放心我未藏有要求其他
　　　賠償之伏筆，僅屬條約解釋之範圍，而非涉及
　　　權義問題，依我方之說明，應以同意紀錄表達。

河田：將其列入與條約無關之換文內，如何？

葉　：關於條約解釋問題我素主列入同意紀錄中，例如對和約適用範圍問題，固屬解釋性，我當初主張將其列入同意紀錄，貴方驟聽之下，頗感驚愕，其後雖經我方讓步將其列入換文之內，我方初步意見實係如此。我方即將提出貴方「天皇」職權是否包括特派大使或全權代表在內問題，此處須請貴方依日本憲法之規定作一解釋，對於此層，我亦主張列入同意紀錄中，而不擬堅持將其列入換文中。第十四條解釋問題，並不另行設定權利義務，故須將其列入同意紀錄中。又關於「九一八」日期應如何予以提及一節，貴方意見如何？

河田：我方仍主張將該日期列在紀錄內。字句仍待研究，至如何修改，我方當另提意見。

木村：我方能接受方案限為：將序言提及該日期部份刪去，餘二者列入紀錄中。

胡　：貴方須了解我方保留九一八日期之用意，非如此，和約即難獲我立法院之順利批准。

葉　：貴方當注意此一問題為我舉國關切者，立法院態度尤為激昂。

木村：貴部長應付立法院綽然有方。

河田：本人簽署換文，則須咨送國會，紀錄則有限度咨送國會。

胡　：然任何文件一經我方公開，貴方安能獨守私密？

木村：余所焦慮者，在此一問題提交國會後將有冗長之辯論，足以影響和約如期批准。

胡　　：國會反對黨總有非議之處，要在貴國政府如何
　　　　因應。

葉　　：依照公法觀念，政府有權在立法機關批准之外，
　　　　作若干承允。實則歸還偽政權產業一節，未始不
　　　　能邀准貴國國會之同意。

木村：涉及權義之事，恐非簡易。

葉　　：衡諸常理，應無問題。以河田全權之高望，不
　　　　難說服國會議員。

河田：反對黨將藉機攻擊政府，拖延時間，且影響和
　　　　約之獲得批准。

葉　　：本人之了解，同意紀錄須由雙方全權簽字。

河田：現在討論已久，本人建議稍作休息，利用休息
　　　　機會對各項問題重加考慮。關於和約適用範圍
　　　　問題，尚有一語奉告：我方專家強硬主張該案
　　　　應用「或」一字，因其照錄吉田首相函件之原
　　　　文，縱有錯誤，亦應堅持原議。

胡　　：此一問題真相，如向美方查詢，不難水落石出。
　　　　本人誠信貴方再向東京請示究竟，定可得一正確
　　　　答覆。我方認為一字之訛，將使原文含義整個為
　　　　之更改。

河田：貴方當明瞭在該方案更換吉田首相原函一字，勢
　　　　將掀起國會滔然大波，紛紛提出質詢，將與適間
　　　　所稱「換文」問題，妨礙和約之及早批准。我方
　　　　不知該項錯誤之由來，惟有遵循政府指令辦理。

胡　　：要知轉遞時之筆誤，無理由令其列入永久性文
　　　　件中，本人諒貴國國會不致反對此項更正，因

其聆悉錯誤發生經過後，當可瞭解。其次，此
一更改，絲毫不影響貴方之權利。中國國運如
能轉否為泰，和約適用範圍當日益擴充，非目
前談判時一字之爭所能軌範者。

河田：本人以二十餘年應付國會經驗，深知彼等心理，
對渠等了解所及簡易問題，如變更文字事，最愛
攻擊，故每一細節，均在必爭，我政府謹慎將
事，不敢擅將該一字樣更改，此項苦心，貴方宜
予鑒諒。又貴方於上述討論事項之外，有無其他
事項，須加討論？

葉　：關於和約適用範圍，我堅主採用「及」字，如用
「或」字，或將被解釋為和約或適用於臺、澎，
或適用於大陸乃屬不可能之事，按該句前段曾
用 "or" 一字，即為照應以下之「及」字。此一
方式，為我方與美國商定基本語句，起草之時，
不容有誤，其後或因轉遞數手而致失實，倘貴方
願意如此，我即向美政府查明錯誤發生經過，以
求水落石出。此外，關於約首序言部份不用「天
皇」名銜望貴方依貴國憲法作一解釋，列入同意
紀錄內。貴方對此諒無異議？

木村：對「天皇」名銜問題，可否以我方發表聲明方
式出之？

胡　：貴方發表之聲明亦將記入同意紀錄中，當然，此
非雙方協議事項，當由貴方單獨予以聲明。

葉　：我要求貴方作此表示，因我方有人提出為何約首
不提「天皇」之名銜。

木村：可否在簽約之時，由我代表團發言人作此聲述？
　　　日本方面對此誠感歉然。

河田：該項聲述可用本人名義發表。

胡　：貴方聲述中可否順便提及貴國將來與他國訂約，
　　　均將仿照此例，又貴國所採制度與瑞士相仿？

河田：今晚八時再舉行會議，如何？

葉　：當可同意。

（散會）四時正

六　中日和會第十三次非正式會議紀錄

繼續討論議定書及換文

時間：民國四十一年四月十三日（星期日）下午八時
　　　至十一時

地點：中華民國外交部

出席：

中華民國：全權代表　葉公超
　　　　　副代表　胡慶育
　　　　　外交部亞東司司長　汪孝熙
　　　　　外交部條約司司長　薛毓麒
　　　　　外交部亞東司專門委員　鈕乃聖
　　　　　外交部亞東司專門委員　孫秉乾
　　　　　外交部亞東司第一科科長　賴家球
　　　　　外交部條約司第二科科長　胡駿

日本國代表團：全權代表　河田烈
　　　　　　　首席團員　木村四郎七
　　　　　　　團員　中田豐千代

河田：關於條約實施範圍方案內究竟用「及」字抑用「或」字一節，昨今兩日疊承說明，本人已充分了解，並覺在意思上可同意貴方之見解。但我方須遵守吉田首相致杜勒斯先生函件之文字，故在形式上仍不能同意修改。此層業已向貴方聲述，下午返寓尋思後，亦覺只有仍用「或」字，本人對貴方所為說明不但明瞭，而且相信貴方所述之實際經過。但無論如何，吉田致杜勒斯函件乃係吉田所發，自係出自吉田手筆，今欲改正「或」字，勢必向渠本人請示，且須認定此字係出於錯誤。倘渠承允改正，自無問題，但人為感情動物常不願直認已錯，倘吉田不承認此係出於錯誤，則雙方將演成感情問題，萬一因此小節而功虧一簣，自屬不值，故本人認為仍以不向東京請示為宜。惟貴方既認為「或」字係出於錯誤，則此一問題自須設法予以解決，經考慮後，我方擬有折衷方案一種，即以同意紀錄載明「或」字可解釋為「及」字。

言次交方案：

Agreed Minutes

Chinese Delegate:

It is my understanding that the expression "or which may hereafter be" in the Note concerning the scope of the application of the Treaty permits of the interpretation "and which may hereafter be".

Japanese Delegate:

I agree with you.

原文係英文，茲補譯如次：

「同意紀錄

中國代表：余了解關於本約實施範圍換文內之『或將來』一語可作『及將來』解釋。日本代表：余表贊同。」

本人與吉田深交且深知其個性，但渠現為日本執政當局，此函既係彼親筆所寫，則更改函內文字必須去電向渠請示，渠收電後將作何表示，未敢逆料，故本人亦不敢嘗試。倘本人適所提之折衷方案能獲貴方同意，則先在此辦理，然後由本人向渠解釋，或不致於發生問題。總之，此係經本人反覆思量後認為可予解決此項問題之最妥方法，盼貴方能予考慮。

葉　　：本人對貴代表提出此項方式之苦心甚為了解。惟本人認為此一問題甚為簡單。吉田首相致杜勒斯先生函內所用條約實施範圍文字，料係美方所轉告者，本人日昨已向貴代表言及此點。現既發生用字錯誤之情形，則莫若由我方請美方向貴方證實當初我方係用「及」字。不知貴代表以為如何？

河田：本人十二分相信貴方所述經過係屬事實，但函件既係吉田所寫，則無論當初美方如何轉達，乃係內幕事項，現如謂函內用字有誤，則必須直接向渠本人詢問。顧以吉田之個性，如直接問彼是否錯誤，難免不生意外，故本人認為似以不問而以適所提出之方式解決為宜。

葉　　：錯誤可能不在吉田首相而在美國人，或係此間美

國大使館譯電錯誤，故以向美方查詢為宜。且除
美使館外，錯誤尚可能發生於美國國務院轉告杜
勒斯先生，或杜勒斯先生轉告吉田首相之時。

河田：此字是否出於錯誤及錯誤出於何方，似不宜進行
調查。蓋寫信者為吉田，現所問者為信中「或」
字是否為「及」字之誤，此種簡單問法，乃屬正
辦，惟就吉田個性而論，此種問法結果如何，殊
難逆料也。

葉　：我方經手此事，亦有責任，故須予查明，今晨余
已詢美代辦藍欽公使，彼謂此間使館並無錯誤，
已由館電華府詢問云。

河田：如貴方必欲余請示吉田首相可否將此字修改，余
尚可不加反對，惟如欲問我方或由我方轉問美
方有無錯誤，則不妥當。但僅以電報辦理，恐
難明瞭，幸倭島局長即將返日，或可託其面向
吉田首相請示，但恐須若干時日耳。

葉　：余頃查得在去年九月二十六日由我方提交美方且
經美國國務院認為較優（considered preferable）
之方案，與吉田函件內所述方案相同，惟我方原
案係用「及」字。余覺此事俟我方向美方查調
後，當可明白，貴方自可同時由倭島局長向吉田
首相查示。余已請藍欽轉電美國國務院，預料不
久將有回電，此一問題至此時尚不能解決，自屬
不幸，惟我方對使用「及」字之態度，則早經告
貴方，事既至此，亦無他法可想。

河田：向美方查對訂正自係貴方之事，我方則將由倭島

局長攜案回日請示，但此問題不得不暫時作為懸案，余亦同覺不幸。

木村：關於偽政權在日資產問題，我方已擬就一方案。請察閱。

言次交方案：

Agreed Minutes（Collaborationist Regimes）

Japanese Delegate:

Whereas the problem of property, rights or interests in Japan of a collaborationist regime created in China after September 18, 1931, such as the "Manchukuo" and the "Wang Ching Wei regime" are not construed to come under the provisions either of Article 3 of the present Treaty or of Article 15 of the San Francisco Treaty, the disposition of such property, rights or interests shall be the subject of separate negotiation, into which the Government of Japan is prepared to enter after the coming into force of the San Francisco Treaty.

Chinese Delegate: I agree with you.

原文係英文，茲補譯如次：「同意紀錄（偽政權）

日本代表：鑒於自一九三一年九月十八日以後在中國所組設之偽政權，如「滿洲國」及「汪精衛政權」者在日本國之財產、權利或利益之問題並不解釋為係屬本約第三條或金山和約第十五條之規定範圍之內，則該項財產、權利或利益，應另行商議處理之；日本國政府現準備俟金山和約生效後，即進行是項商議。

中國代表：余表贊同。」

河田：關於含有「九一八」日期之偽政權在日財產問

題，貴方主張應以換文成立協議，但我方認為此
項財產如何處理乃屬解釋性質，且在我國換文必
須提出國會，難免發生枝節。基於此兩種理由，
我方仍主張以同意紀錄出之

葉　：（閱日方草案後）依貴方來稿內容，問題已自表
現方式，轉入該項財產之處理原則，是已發生一
新問題矣。

木村：我方對於偽政權財產問題擬對貴方建議提出若干
修正。

胡　：是則貴方似已將原持立場予以撤回？

葉　：貴方之意是否謂該項財產之歸還尚須將來另行
交涉？

木村：然。蓋我方從未將該項財產為敵產，故不能適用
金山和約第十五條之規定而應依凡爾賽和約及對義
和約前例另案解決。

胡　：此事與凡爾賽和約及對義和約無關，依照金山和
約第十五條原則，日本對於所有盟國財產，除日
方能證明該項財產已移轉於第三人，且其移轉並
無「脅迫」或「詐欺」情事外，均有歸還之義務。

木村：凡經證實能予歸還之財產，我方仍願歸還，但應
以在我政府保管中之財產為限。

葉　：貴方似已改變將此項財產歸還我方之立場，蓋貴
方現已另加某種條件。

木村：所指條件為何？

葉　：「另行商議」即係一種條件。

木村：何項財產應予歸還及能予歸還，除依法令辦理

外，自尚須另行商議。

胡 ：現欲確定之原則，乃凡屬偽政權之財產應視為中華民國之財產。

木村：然則由何人決定歸還？

胡 ：視個別案件情形而定。

木村：歸還之根據何在？

胡 ：金山和約第十五條。

木村：余頃已說明，我國並未將此類財產視為敵產，而收歸政府保管，故不能依金山和約第十五條處理，而應另依國際慣例處理。

胡 ：國際慣例僅能於無條約規定時使用之。我現即欲於條約內確立原則，何能先依賴國際慣例？

葉 ：余閱過貴方草案後，發覺貴方已推翻過去立場，甚感失望，不知是否出於東京訓令？

木村：此事經過如次：我方前將余與胡副代表會談結果所得和約及其所附文件草案送往東京請示後，東京核覆之文件內已略去此節，故我方上月二十八日送請貴方參考之文件內亦無此項草案。但本代表團為尊重貴方立場，嗣又自動再度提請本國政府考慮，惟本國政府迄無意討論此項問題。此次之建議案乃係重新草擬者。

胡 ：根據我方印象，貴方在四月八日送交我方之意見書內，已在原則上同意我方建議，僅在文字上欲另作修正耳。

木村：我方在該意見書內僅列有關於此問題之標題，並無實質意義。

葉 ：如此則我方已被導入錯覺之中，蓋我方一直之印象為貴方可將此項財產交還我方，今日始知原則上尚有問題。

木 ：原則迄未獲致同意。

胡 ：貴方意見書曾用 "wording"（文字）字樣，意即在實質上已有協議。

葉 ：貴方意見書 "It shall be transferred to official minutes"（該款擬請移入正式紀錄），"It" 該款當係指我方議定書草案第一項（甲）款。第在移入正式紀錄時 "in such wording as will be agreed upon later"（另行議定文字）耳。

木村：如誤使貴方獲此錯覺，實深歉仄。

胡 ：茲就便詢一問題：貴方偶稱「正式紀錄」又稱「同意紀錄」，兩者有無分別？

木村：無分別。關於偽政權財產，尚願補充說明，即此等財產乃係「自由財產」（free property），而非如貴方所視之日本政府之「敵產」（enemy property）。

葉 ：余覺關於此事尚待決定者，僅係應將此項規定置於何處之問題。頃如貴方所述，則已面臨一新情勢。

木村：自上月二十八日後，略有新發展，惟我方仍無意不將此等財產歸還貴方，但何者能予歸還則須協議決定耳。又此事原與金山和約無直接關連。

葉 ：我方之立場即擬在商議和約時將此問題予以解決。

木村：何項財產能予歸還須另行商議決定。

胡　：但不能不於此確立一項原則，即凡屬偽政權之財產，應視為我國政府財產。

河田：本人並未具有充分討論此事之知識，但設想日本政府當願將偽政權在日財產交還貴國，但現在交還之權不在日本政府，亦不在盟總。

胡　：關於此點，祇須滿足有關條文所規定之條件，我方僅欲確定凡屬偽政權之財產均係中華民國政府之財產，而未在條文內規定任何此類財產均應交還我方。故貴方遇認為不應交還我方之某一財產之情事時，自仍得臚陳種種法律理由，與我抗辯；但不得以中華民國無權取得偽政權之財產為理由。

木村：我方無意否認貴方對偽政權財產之接收權，且可以同意紀錄載明此點。但我方不願引用金山和約第十五條規定，蓋此項財產具有不同之性質，恐遭國會反對也。

胡　：但貴方來稿內並未說明我有權接收偽政權之財產。

木村：該稿當可由貴方提出意見。

河田：又此事不能以換文方式出之，蓋日本國會必大為反對也。

葉　：貴國國會係反對「九一八」日期，抑係反對將偽政權財產視為中華民國財產？

河田：兩者均有。但反對之目的並不在此兩點本身，而係以此為材料故意向政府搗亂，因之，和約之批准難免遭受延擱也。

葉　：河田先生本人是否反對我對偽政權在日財產之接

　　　　收權？

河田：不反對。

（胡副代表於此即著手就日方來稿草擬修正案。初草脫稿後由葉全權代表口誦，日方時提疑問，葉代表與胡副代表隨時加以解釋並在稿內斟酌修正。）

葉　：我有權接收偽政權財產一點，總須予以載明。

河田：此項問題倘如此辯論，恐無已時，似莫若容余返東京後再為貴方盡力辦理。

木村：余可補充說明，我方當可承認貴方有權接收偽政權財產，但東京曾一度認為此點如見諸明文，恐率涉甚廣，故以將來商談為宜。河田全權與余因對貴方立場甚為了解，且對貴方主張之達成頗具熱心，故設法為將來商談預闢一途於此，甚望貴方能予接受。

（至此胡副代表所擬草案已繕就。）

葉　：我方簡單寫成左列語句：

Japan recognizes that all the properties, rights and interests in Japan of such collaborationist regimes created in China as a result of the so-called "Mukden incident" of September 18, 1931, as "Manchukuo" and the "Wang Ching Wei regime" shall be deemed to be properties, rights and interests of the Government of the Republic of China.

原文係英文，茲補譯如次：

「日本國承認凡屬因一九三一年九月十八日所謂『瀋陽事件』結果而在中國組設之偽政權如『滿洲國』及『汪精衛政權』者在日本之一切財產、權利及利益。應認為

係中華民國政府之財產，權利及利益。」

木村：（閱稿後）河田全權代表與余個人可表同意，但
　　　如此寫法，定難獲東京通過。

河　：我方適所提出之草案乃在此與倭島局長經三日之
　　　辯論始草就者，東京之意則根本不願有此規定。

葉　：然則留「九一八」日期於條約序文內，而將此項
　　　日期與另一日期均以同意紀錄出之，則貴方是否
　　　同意？

河田：同意紀錄內載「九一八」日期，我可絲毫不加反
　　　對，但在條約序文內則不能同意。

胡　：今晚似無法將全部問題解決，現須載入同意紀錄
　　　之事項計有（一）日本駐偽政權使領館財產之處
　　　理，（二）「九一八」日期之提及，（三）關於
　　　金山和約第十四條之解釋。此外尚有其他否？

河田：關於戰犯亦望能予紀錄，又出入境問題雖已解
　　　決，但仍望能在紀錄內有所說明。

木村：條約條數適為十三，貴方有無避用此一數字
　　　之意。

葉　：最好能避用此數，貴方有無增加條文方法？

河田：今日適為十三日，可謂偶合。關於合併或分裂條
　　　文方式容回寓研究，又明日望能會同貴方將約稿
　　　加以整理並加校對。

葉　：我方可由薛司長與賴科長辦理。

河田：我方將派後宮團員與力石團員前來。

葉　：關於依照貴國憲法，全權代表不歸天皇指派一
　　　節，前曾承貴代表允在條約簽字時發表聲明，盼

屆時記得辦理。

河田：當說及金山和會前例予以聲明。

附記：十四日下午三時雙方指定人員經就和約及議定書稿英文本相互校閱，並同意將約稿末關於條約文字及解釋之規定，另列為第十四條。

七　中日和會第十四次非正式會議紀錄

偽政權在日資產及日駐偽政權使領館資產問題

時間：民國四十一年四月十四日（星期一）下午三時至
　　　六時十分

地點：中華民國外交部會議室

出席人員：

中華民國：全權代表　葉公超

　　　　　副代表　胡慶育

　　　　　外交部亞東司司長　汪孝熙

　　　　　外交部專門委員　鈕乃聖

　　　　　外交部專門委員　孫秉乾

　　　　　外交部條約司科長　胡駿

日本國：全權代表　河田烈

　　　　首席團員　木村四郎七

　　　　團員　中田豐千代

河田：關於第十四條賠償問題貴方就其解釋所作之同
　　　意紀錄，未悉已否擬就？

胡　：正在繕製中，即將就緒。

河田：關於偽政權財產一節，我已擬就一項草案，請惠
　　　予考慮，（言次，將下列文件交與葉全權代表）。

Property of collaborationist regimes

Chinese Delegate : I understand that property, rights or interests in Japan claimed to belong to a collaborationist regime in China, such as the "Manchukuo" and the "Wang Chin Wei" , shall be returned or restored to the Republic of China, when both Parties agree to be returnable or restorable.

原文係英文，茲補譯如次：

「偽政權之財產

中國代表：本代表了解：凡被認為屬於在中國之偽政權如『滿洲國』及『汪精衛政權』者在日本產，權利及利益，應於雙方同意可予歸還或恢復時，對中華民國歸還或恢復之。」

葉　　：（閱日稿後）關於偽政權資產處置一節，我方一貫之立場，在對各該資產應歸中國政府所有之原則，予以確定。至某一資產之處置，即可就案決定。貴稿所用文字，我方仍感不若中國草案規定之清楚，再者，本條款關係權利義務問題，不能用「本人了解」（I understand）之字樣，我方主張將該條列入換文之中，為求文字上避用九一八之日期，不妨改用「瀋陽事件」之字樣。

河田：關於方式問題，我方曾屢次申述須以會議紀錄予以規定，即用毋須國會承認之方式。我方之用意，在該一文件如須送至國會批准，定將發生激烈之辯論。故我方不能考慮接受同意紀錄以外之方式。再就本案之性質而論，本案問題既在金山

　　和約規定之外，本可以外交途徑覓取解決，貴方
　　既堅決表示須與和約案同時商討，本人為達成貴
　　方願望，曾報請政府考慮，奈政府不予同意，故
　　在我方上月二十八日交送貴方參考文件中未將本
　　條列入。雖然如此，本人仍作努力，在政府訓令
　　之外，建議採用以會議紀錄予以規定之方式，此
　　係個人擔當責任，目的在求和約之及早觀成。本
　　人有此看法，即如將本案送交國會審查，定生枝
　　節問題，採用會議紀錄則可避此一障礙，本人願
　　於日後商討具體案件時，促成解決。日本政府無
　　意在目前討論此項問題，本人則願自動與貴方協
　　商，貴方當了解我方不在預留地步以便將來不
　　將資產交與貴方。今個人一片好意提議之方式
　　與內容，均為貴方拒絕，本人實深後悔不該如
　　此熱心。

葉　：目前情況誠屬不幸。昨晚據河田全權及木村所
　　長解釋，我方始獲悉日本政府之立場，亦獲知
　　貴全權與貴所長為挽回政府此項決定所作努力，
　　惟我方現所要求者，僅在確認原則，在雙方副代
　　表會談中，認為此一問題已告解決，本人亦曾當
　　面詢及我國是否有權接收偽政權財產，貴全權亦
　　作正面答覆，現在日方反對將其列入換文之理由
　　有二，一為國會將予反對，故須採用紀錄式無須
　　送交國會，試問該一文件對我重要，必將予以公
　　開，結果貴方亦將被迫將其提出於國會。其次，
　　貴方認為金山和約無關於偽政權財產之規定，然

則現約稿若干方面，均已超出金山和約之規範，例如我對第十四條所作解釋之同意紀錄，即未在金山和約呈現。倘貴方根本否認我方之權利，又當別論。本人昨日已予說明，曾向政府報告，若我放棄服務補償，則日方將接受我方其他條件，此項了解如經推翻，將使本人進退維谷矣。一言以蔽之，我方要求僅在確立一原則。

河田：剛纔貴代表之說明，對議約一事處處表示好意，極為感紉。本人與貴代表立場相同，即在可能範圍表示友好之意，本人所提辦法或係過分表示好意，今惹出種種問題，深為後悔。貴代表所稱，昨日始得悉東京政府不願商談此項問題之意旨，實則我方三月二十八日交送之說帖，已表明我方最後立場，該說帖中未提此項。貴代表之聲述，顯有誤解。頃貴代表駁斥我方，指稱金山和約無關於偽政權財產規定之理由，而將該條與第十四條相提併論，實則後者在金山和約內確有規定。貴方復認為我方所述國會將予反對之理由不當，依我國內辦法，用換文表示涉及權義之文書須國會予以承認，如以紀錄表達，則表示不涉及權義，無須送交國會。此乃性質上之不同。雙方議約，無意載入秘密條款，我無意將此紀錄保守私密，倘貴方將該文件公開，自然傳達至日本，屆時日本政府再行設法應付。關鍵所在，為國會「承認」之問題。然而我方有意將各該資產發還貴國，此層無容懷疑，要知日本國民或將反對，

政府立場則不同。對發還各該財產，相信亦有安排。總之，目前雙方如何書寫協議終不致影響及各該財產之發還。故我仍主張用我方原稿。其他問題大致順利解決，因此事延擱，實非本人始料所及。

葉　：吾人已有冗長之辯論，不願再予重複。貴方所謂金山和約無歸還偽政權財產之規定，但基於該約第十五條所稱「歸還」之原則，我固享有要求之權利也。吉田首相函件，即曾聲明根據金山和約原則簽訂中日雙邊和約，包括引用上述原則在內。誠然，此時辯論無益，吾人在求一補救之策，我方已一再讓步，建議將其列入換文（非條約本身之一部分），本人建議該項換文酌加寥寥數語即為已足，即包括我方昨日所提方案在內，鑒於河田全權表示各該資產終將歸還中國，及我方享有接收之權，諒對此原則不致反對。

河田：本人亦急於求一解決方式，不過貴方過於注重形式，而忽略實際之解決，似非所宜。

葉　：我堅持將「原則」寫入。

河田：貴方之堅持徒傷實際目的。

木村：余等將在和約簽訂後即與貴方商談本案，求一實際之解決，藉以報答貴方之好意，余可保證此事提前解決。較中日間其他問題獲取優先之考慮，此為我方誠摯之表示。

葉　：覓求早期之解決，豈可不先從原則問題著手？

木村：政府資產之發還與私人資產不同，私人產業產權

> 一經法院判定，即可執行，而政府間問題，須經
> 外交途徑交涉解決。盟總現為各該資產之保管
> 人，日後將由日本政府保管，屆時貴方可依據
> 上述紀錄之諒解提出要求，該項紀錄即係一種
> 依據。

胡　：問題在如何草擬及放在何處。自草擬而論，易於
　　　解決。自位置而論，我已一再讓步，貴方仍堅守
　　　立場。

木村：我方所提建議，已超出政府授權範圍。我方實
　　　無權接受貴方建議。

胡　：我方但問此等偽政權資產是否屬我政府所有，
　　　我等不擬立時解決個案。貴方尚有疑慮乎？

葉　：將本條列入換文中，本人亦已超逾本人之授權。

胡　：本人處境亦復同樣困難。

（良久無語後）

葉　：我方已擬就關於第十四條之同意紀錄一種，請參
　　　閱，如此貴方權益將有百分之百的保障。

言次將我方草擬之同意紀錄稿一件，遞交河田全權原文
如下：

AGREED MINUTES

Japanese Delegate : It is my understanding that paragraph
　(a) of Article 14 of the San Francisco Treaty grants to
the signatories thereto other than Japan only two kinds of
benefits, namely, (a) service compensation, and (b)
the waiver of external assets on the part of Japan in favor
of such signatories under whose jurisdiction such assets

are situated. Since the Republic of China has voluntarily waived the benefit of service compensation as stated in sub-paragraph （b）, paragraph 1 of the Protocol of the present Treaty, the only remaining benefit that accrues to her under paragraph （a） of Article 14 of the San Francisco Treaty is Japan's assets under the jurisdiction of the Republic of China.

原文係英文，茲補譯如次：

「同意紀錄

日本國代表：本代表了解：金山和約第十四條甲項僅以二種利益給予除日本國以外之該約各締約國，即：（甲）服務補償，及（乙）日本國方面放棄在其國外之資產，而交與對於各該資產所在地具有管轄權之各該締約國。中華民國既已如本約議定書第（一）項（乙）款所述自動放棄服務補償之利益，則中華民國根據金山和約第十四條甲項所獲之唯一贜餘之利益，即為在中華民國管轄下之日本國之資產。」

木村：甚感，惟貴方全權對我方詢問須否作答？

葉　：無此需要。此係同意紀錄，且經雙方全權簽署。茲重行討論偽政權財產問題，本人了解貴方或認為我將運用原則影響個案之處理，因此恐懼，故不贊成將其列入換文中。

木村：此一原則列入文件，將使我方境況極劣，河田全權個人或能說服若干政府高級官員，何足以應付國會及整個國人？

葉　：貴國會及人民無反對之理由。本人亦將面對我國

立法院，本人處境較貴方尤劣。

木村：國會將激烈反對者，在今年為總選之年，議員無
　　　不藉反對該條以爭取選民。

河田：本人認為簽訂和約以後，雙方恢復正常關係之
　　　時。再行商議解決此項問題或較簡便。

胡　：仍發生原則問題。

葉　：我再提折中辦法，即將偽政權財產事項列入換
　　　文中，將日本派駐偽政權使領館財產事項列入
　　　同意紀錄中，貴方是否同意？

河田：亦不能接受。困難不在數量，而在問題本身。
　　　本人為議和代表，未經奉准交涉，自無法擅予處
　　　理，若以普通大使身分，當不致有此困難，而可
　　　馬上解決。議和大使事事須對國會負責，而派駐
　　　之大使僅對政府負責。

葉　：本人再提一方案，即將日本派駐偽政權使領館
　　　資產一節列入議定書中，而對偽政權在日資產
　　　問題由木村所長與本人間舉行換文予以規定，
　　　該項換文應註明「奉政府訓令轉達」等字樣。

河田：對九一八日期在約文內以任何方式呈現，不論
　　　多寡，均非我方力所能逮，故非分量問題，政
　　　府實不容本人啟齒。

葉　：本人已智窮力竭矣，貴方既多所考慮，本人撤銷
　　　適間之建議。

河田：似別無良策。本人認為貴方姑且運用會議紀錄
　　　向國內解說，俟兩國恢復正常關係後，再進行
　　　交涉歸還各該產業。

葉　　：不提原則，豈可空言歸還？

河田：同意紀錄即為原則。

葉　　：本人不作如是觀。商談迄無結果，是否可先議
　　　　他事？

木村：適本人與我方專家商及第十四條所附解釋之同
　　　　意紀錄，渠等認為宜採問答方式，其後由貴方
　　　　全權代表補以正面之答覆。

葉　　：貴方既有此願望，可在其第一段末尾加「是否如
　　　　此？」（Is it so？），再由中國代表答稱：「然，
　　　　即係如此。」（Yes it is so.）

木村：謹同意。

葉　　：本人仍以為將偽政權資產問題列入雙方全權間換
　　　　文中為最簡便之方法。

河田：容再作考慮。

葉　　：貴方不願提九一八日期，其故何在？金山和約
　　　　將珍珠港事變日期明文寫出，豈非顯然？九
　　　　一八事件究係少數軍閥之錯誤。貴國已批准金
　　　　山和約，未因其中列有珍珠港事變日期而拒絕
　　　　批准。

河田：實無讓步之途。

葉　　：我再建議將日本在各偽政權使領館資產在同意紀
　　　　錄中規定，將各偽政權在日資產列入換文中，
　　　　如何？

河田：容本人回去思考，現尚無具體把握有好辦法，萬
　　　　一有得，將由木村所長與胡副代表接洽。

散會（六時十分）

八　中日和會第十五次非正式會議紀錄

偽政權在日資產問題討論

時間：民國四十一年四月十五日（星期二）上午九時
　　　四十五分至正午

地點：中華民國外交部

出席：

中華民國：全權代表　葉公超
　　　　　副代表　胡慶育
　　　　　外交部亞東司司長　汪孝熙
　　　　　外交部條約司司長　薛毓麒
　　　　　外交部亞東司專門委員　鈕乃聖
　　　　　外交部亞東司專門委員　孫秉乾
　　　　　外交部亞東司第一科科長　賴家球
　　　　　外交部條約司第二科科長　胡駿

日本代表團：全權代表　河田烈
　　　　　首席團員　木村四郎七
　　　　　團員　中田豐千代
　　　　　團員　後宮虎郎（十一時四十五分到會）
　　　　　團員　力石健次郎（十一時四十五分到會）

河田：關於偽政權在日財產問題，昨日始終未獲解決。
　　　本人對貴方論點甚為了解，而我方立場亦已充分
　　　表明。但本人以為倘因此一問題不能獲致協議，
　　　而使整個和約停滯不前，則未免可惜。故昨晚復
　　　經與助理人員研商，擬定折衷方案一種，茲提請
　　　貴方考慮。

言次交草案：

Collaborationist Regime

Property, rights or interest in Japan claimed to belong to a collaborationist regime in China, such as the "Manchukuo" and the "Wang ching wei regime" , shall be handed over to the Republic of China, upon agreement between the two parties.

原文係英文，茲補譯如次：「偽政權據稱為屬於在中國之某一偽政權如『滿洲國』及『汪精衛政權』者之在日財產、權利或利益，應經雙方間之協議而交與中華民國。」

昨日貴代表曾建議將偽政權在日財產問題以換文方式解決，而關於我國在華使領館財產問題，則以同意紀錄出之。當時本人曾以兩者性質相同，不宜以不同方式處理，且載入換文對我內部困難甚多，故未予同意。昨晚經反覆詳加考慮結果，認為如能在措詞上細心推敲，即用換文方式處理偽政權在日資產問題，或亦可獲國會通過，上案文字即係推敲所得，自問已經千錘百鍊，惟此乃能期獲國會通過。故不希望貴方另提修正，倘貴方必欲修正，則本人只好將全案撤回。

葉　：本人對貴代表之苦心，充分領會。昨日我方係欲就此問題確定一項原則，換言之。即在原則上成立協議，至關於此項原則之實施，例如對某一產權之確定，我方認為無須於此時即予解決。頃閱貴稿載有「經雙方協議」（upon agreement between the two parties）一語，似無必要。又所用「稱為屬

於……」（claimed to belong）一語，似亦不妥。

河田：貴方無須立即答覆，請從長考慮。

木村：貴方如接受，即請接受全部文字，否則不必
　　　討論。

河田：如貴方同意此項提案，則談判即已告成。所餘僅
　　　關於條約實施範圍換文內「及」字抑「或」字
　　　一點尚待解決。本人以為倘偽政權財產問題解
　　　決，則此一問題似亦不必任其獨懸，而以同時解
　　　決為宜，因之，本人或亦可同意將「或」字改為
　　　「及」字。否則，本人寧願將兩問題均暫予擱置。

葉　：關於「及」字抑「或」字問題，不應成為交涉
　　　之題目。蓋此係出於錯誤，我方必須更正，貴
　　　方可靜候東京回訊，便可分曉，此際似不必與偽
　　　政權財產問題聯在一起而作為解決後者之條件。

河田：本人對貴代表所言甚為明瞭，適所云同時解決，
　　　並無作為條件之意，良以關於偽政權財產之方
　　　案，乃係本人「苦心之作」，如能獲同意，則本人
　　　願多負點責任而將條約實施範圍文字問題亦一齊
　　　解決。倘該項方案不獲貴方同意，則既有一案未
　　　了，與兩案未了並無區別，是則關於實施範圍文
　　　字，自亦可稍緩再議，固不必率爾先予解決也。

胡　：現時似宜集中討論偽政權財產問題，而不宜
　　　涉及其他。

河田：貴方之意甚明，惟本人尚須說明適所提出之方
　　　案文字乃我方經熟予考慮後之最後文字，如貴方
　　　同意，即可照辦，否則本人所同意之換文方式，

亦當撤回，而關於實施範圍文字，亦暫予擱置。

木村：關於適所提之方案，有一背景，即我方認為私
　　　產之移轉可逕依法律程序，公產則除法律程序
　　　外，或尚需經由交涉始能移轉。

胡　：貴方對我方意見或有誤會之處，我現要求解決
　　　者乃一原則，即凡屬偽政權在日之財產應係中
　　　華民國之財產，至何項財產應予交還我方，則
　　　自須依個別情形予以決定。

木村：我方草案，實際上即係貴方此項解釋之結果。

胡　：並非如此，蓋貴方草案內已無原則也。

木村：我方草案所規定者乃係對該項財產之實際處理
　　　方式。

葉　：處理之根據何在？

木村：可聽由貴方解釋，總之我方草案甚為現實。我
　　　方無意敘明原則而寧願從實際方面滿足貴方之
　　　願望，蓋我方欲避免引起國會爭辯也。總之，
　　　此為我方所能為之最大讓步，如再退讓半分，
　　　必將難於應付國會之爭論。

葉　：請河田代表給予考慮之時間。

河田：請從長考慮。本人無意促請貴方立即答覆。但
　　　此案乃我方之最後限度，毫無修改餘地。

胡　：如謂此係貴方之最後立場則可，如謂此係貴方
　　　之最後草案則不可，蓋此一草案，並非絕對不
　　　能易一字也。例如"handed over"（交與）一語，
　　　在法律上似不能適用 "interests"，而應予修改。

木村：此係小節，可由余與貴副代表面商解決。（沉

思後）如改為"transferred"（移交）如何？

葉　：請休會半小時，容我方從詳研討。

河田：余立意至誠，應請貴方了解，此事如須以換文
　　　出之，則非依我方措詞不可，端因貴方欲以換
　　　文辦理，故在措詞上須極端嚴謹。

（十時三十分休會至十一時四十五分復會）

葉　：適貴方以將偽政權財產問題列入換文，須顧及
　　　貴國國會之情緒，似恐「九一八」日期將刺激
　　　國會，我方為兼顧貴方立場，茲已擬就一稿，
　　　送請察閱。

言次交稿：

Collaborationist Regime

The Republic of China shall have the right to claim as her
property, rights or interests the property, rights or interests
in Japan of a collaborationist regime in China, such as the
"Manchukuo" and the "Wang Ching Wei regime", which
shall be returned or restored in accordance with the relevant
provisions of the present Treaty and of the San Francisco
Treaty.

原文係英文，茲補譯如次：

「偽政權

中華民國應有權要求將在中國之偽政權如『滿洲國』及
『汪精衛政權』者之在日財產、權利或利益，作為其
財產、權利或利益；該項財產、權利或利益應依本約
或金山和約之有關規定予以歸還或恢復。」

此項方案乃係採用換文方式者。此外，可另提一方案，

即：將偽政權財產問題依此稿文字載入同意紀錄，而在條約序文內恢復第三段但不加「九一八」日期。

言次交稿：

AGREED MINUTES

Japan recognizes that all the properties, rights and interests in Japan of such collaborationists' regimes created in China as a result of the so-called "Mukden incident" of September 18,1931, as "Manchukuo" and the "Wang Ching Wei regime" shall be deemed to be properties, rights and interests of the Government of the Republic of China.

原文係英文，與第十三次非正式會議葉代表向日方提出者相同，茲補錄譯文如次：

「同意紀錄

日本國承認凡屬因一九三一年九月十八日所謂『瀋陽事件』結果而在中國組設之偽政權如『滿洲國』及『汪精衛政權』者在日本國之一切財產、權利或利益，應認為係中華民國之財產、權利或利益。」

Third paragraph of the Preamble

Desiring to place on a firm and friendly basis their mutual relations which have been marred in the past twenty years by a number of unfortunate events;

原文係英文，茲補譯如次：

「序文第三段

均欲將兩國在過去二十年間因多次不幸事件而遭受損傷之相互關係，置於鞏固敦睦之基礎上；」

木村：然則已不用換文方式矣。

河　：序文恢復第三段，仍覺困難。請給予研究時間。
（至此，中華民國參加談判人員即退出會場，其後並未
續會，而僅由木村首席團員與胡副代表逐行商談。）

九　胡副代表與木村首席團員談話簡要紀錄
關於偽政權財產之解決問題

一、四十一年四月十五日中日和會第十五次非正式會
　　議後，日本代表首席團員與中國胡副代表慶育單獨
　　舉行晤談。木村謂適中國方面所提各稿暨其表現方
　　式，河田代表均覺無法接受，現和談什九已達協
　　議，僅餘偽政權財產一事未決，深表遺憾。胡副代
　　表當詢渠有無解決方案，木村答稱，彼頃間有一項
　　思潮，當趁以寫成方案，言次即手寫方案如左：

The Claims of the Republic of China to the property,
rights or interest in Japan of a collaborationist regime in
China, such as the "Manchukuo" and the "Wang Ching
Wei regime", shall be settled in accordance with the
relevant provision of the present Treaty and of the San
Francisco Treaty.

原文係英文，茲補譯如次：

「中華民國對於在中國之偽政權如『滿洲國』及『汪
精衛政權』者在日本國之財產、權利或利益之要
求，應依照本約及金山和約之有關規定予以解決。」
胡副代表接閱此稿後表示其中用「予以解決」
（settled）字樣，較諸日方在會議中所提草案尤退一
步。木村則謂此稿應較適在會議中所提草案進步，

蓋在前稿中雖用有「交與」（handed over）字樣，
但曾載明須「經雙方協議」（upon agreement between
the two Parties）一語，中國方面對此語似無法同意
也。胡副代表謂此事須予研究，現逾午膳時間已
久，請下午再談，木村當允照辦，並將原稿攜回。

二、十五日下午二時半木村來訪胡副代表，詢對偽政權
在日財產問題研究結果如何，胡副代表當將左列草
案面交，並說明此稿係據渠本人之「思潮」所擬，
尚未呈奉葉全權代表核准。木村允攜回研究，並允
明晨再來晤談。草案文字如左：

The property, rights or interests in Japan of such
collaborationist regimes created in China as a result
of the so-called "Mukden incident" as "Manchukuo"
and the "Wang Ching Wei regime" shall be transferred
to the Republic of China in accordance with the
relevant provisions of the present Treaty and of the San
Francisco Treaty.

原稿係英文，茲補譯如次：「凡因所謂『瀋陽事
件』之結果而在中國組設之偽政權，如『滿洲國』
及『汪精衛政權』，其在日本之財產、權利或利
益，均應依照本約及金山和約之有關規定，移交中
華民國。」

三、十六日上午十時半木村來晤，胡副代表謂昨日胡副
代表所交草案已由渠呈奉河田全權代表認可，惟仍
請以同意紀錄方式出之。胡副代表謂該稿亦已呈奉
葉全權代表核准。惟既須以同意紀錄方式出之，則

應請將「九一八」日期補入，即在「瀋陽事件」前加入「中華民國二十年即公曆一千九百三十一年九月十八日」字樣，（英文本係在 "Mukden incident" 字樣後加入 "of September 18, 1931" 字樣，木村允照辦。至此，有關偽政權在日財產問題已告解決。胡副代表繼問木村關於條約實施範圍換文內應用「及」字一節，如何解決，木村答稱此節諒無問題，日本代表團已去電請示，數小時內當可接獲復示云。

十 中日和會第十六次非正式會議紀錄

河田轉告日政府訓令

時間：民國四十一年四月十九日（星期六）下午三時半
　　　至五時

地點：中華民國外交部

出席：

中華民國：全權代表　葉公超

　　　　　副代表　胡慶育

　　　　　外交部亞東司司長　汪孝熙

　　　　　外交部條約司司長　薛毓麒

　　　　　外交部亞東司專門委員　鈕乃聖

　　　　　外交部亞東司專門委員　孫秉乾

　　　　　外交部亞東司第一科科長　賴家球

日本代表團：全權代表　河田烈

　　　　　　首席團員　木村四郎七

　　　　　　團員　中田豐千代

開會後，河田代表將文稿一件遞交葉代表，全文如左：

Revisions

1. Exchgnge of Note relating to Scope of Application:

（a）Text

There should be no change in the text of the Note, retaining "or", which is the word used in the Prime Minister's letter to Mr. Dulles.

（b）Agreed Minutes

Chinese Delegate:（Makes a statement to the effect that "or which" may be interpreted as "and which".）

Japanese Delegate: I take note of your statement.

2. Agreed Minutes concerning Collaborationists' Property in Japan and Property of certain Japanese Diplomatic and Consular Set-ups:

Chinese Delegate: (Makes a statement of the position of the Republic of China.)

Japanese Delegate: I take note of your statement. I believe that these questions should be made the subject of arrangement when they have come up as actual issues following the future development of the situation.

原稿係英文，茲補譯如次：

「修正案

一、關於條約實施範圍換文：

（甲）正文

照會正文內不應有所改變而應保留吉田首相致杜勒斯先生函內所用之「或」字。

（乙）同意紀錄

中國代表：（作一聲明謂「或」字可解釋為「及」字）。

日本代表：余對貴代表之聲明予以紀錄存案。

二、關於偽政權在日財產及若干日本使領機構財產之同
　　意紀錄：

中國代表：（就中華民國之立場作一聲明）。

日本代表：本人對貴代表之聲明予以紀錄存案。余相信
此等問題，應在其成為實際案件時，隨將來情勢之發展
而予處理。」

河田：十七日接獲本國政府訓令，當時因覺有若干處
　　　不甚明瞭，本人經將過去交涉情形及本人見解
　　　詳細電陳政府，並以強烈之詞句請其重加考
　　　慮，但昨日接奉回示，本國政府仍堅持其十七
　　　日之主張，並令本人將所奉訓令和盤轉達貴
　　　方，本人既奉政府兩次訓令，自不能不遵照辦
　　　理。此次政府訓令對條約本身可表同意，對議
　　　定書稍有技術上之文字修正，對航空權換文及
　　　漁船換文可表同意；但對於（一）日本在華若
　　　干使領機構財產問題，（二）偽政權在日財產
　　　問題，及（三）條約實施範圍用字問題，仍另
　　　持意見而須續行商討。

　　　本人在報告政府與本人之訓令之前，願先進一
　　　言，即就過去交涉情形以觀，日政府並未對此
　　　三項問題寄予重視，而貴方在四月二日遞交我
　　　方之備忘錄內，亦未將此項列為重要問題，本
　　　人以為和約之成敗實不繫於此三項問題，本國
　　　政府亦同此見解，故希望貴方冷靜觀察，自大

處著眼,而將此三項問題妥為處理。尚須特別提請貴方注意者,即本國政府亦盼和約圓滿觀成,故令本人作進一步之努力,以促使交涉成功。由此以觀,本國政府對此次和談,的具誠意,實無容懷疑。

此次政府予本人之訓令,大概言之,有對內對外兩種因素,對內為應付國會,對外則為顧慮英國態度。因之,備受吉田函件之拘束而須墨守該函件之文字暨貫徹其宗旨。故本國政府對於修改條約實施範圍文字一節,決難同意。至謂其中所用「或」字如不更正為「及」字,則或將引起未來對臺灣、澎湖問題之解釋疑義一點,自貴方觀之,固非不無顧慮,但本國政府從未夢想及此。前次本人曾建議在同意紀錄內說明「或」字可作「及」字解釋,此原係一項折衷辦法,而本國政府對此亦訓令本人不得積極表示同意,而僅能做到消極不反對之程度。關於日本在華若干使領機構財產問題,本國政府認為係屬本約實施範圍以外之問題,原不擬討論,惟以顧及本人前與貴方商洽此事之信義,故令本人在同意紀錄內予以保留,俟將來發生實際問題時再予商決。關於偽政權在日財產問題亦復如此。本人前與貴方商議應避免理論上之爭辯而從實際上予以解決,惟本國政府對此仍不表同意,而主張在同意紀錄內說明保留至將來發生實際問題時再予商決。至對議定

書之技術性文字修改，本人現正續與東京聯絡
中。俟獲回示，當再奉商。惟此乃字句問題，
自可由專家小組研究解決。

以上為此次本人所奉訓令之全部內容。本人深
切了解，此類問題在貴方政治上及精神上均係
極微妙與極困難之問題，但本人所奉訓令既屬
如此，祇好據實轉達。尚望貴方從大處著眼，
妥為處理。貴國有詩云：「不識廬山真面目，
只緣身在此山中」。想貴代表當能與本人同念
過去兩月餘之辛勞，而不致使整個和約因此而
功敗垂成。本人且知貴方必不以前述各節為滿
意，但既兩奉訓令，自不能不奉告。仍盼惠予
考慮並將意見見示。

葉　：本人須先聲明，適河田代表所云，我方四月二
日備忘錄內未特別提及日本在華若干使領機構
財產，及偽政權在日財產，以及條約實施範圍用
語三項，可見我方對此三項問題亦不過份重視一
節，似與事實不盡相符。為紀錄存案起見，本人
願說明：在我方四月二日之備忘錄內，曾載有
「關於兩國政府間存有歧見之全部條款，茲不擬
於此盡予詳細討論，此等條款，將於將來之會談
及談判中，予以更充分之研究。」一語。且關於
條約實施範圍用語，我早經說明應用「及」字，
惟當時以為「或」字係傳達時之筆誤，當不難予
以更正。關於偽政權在日資產，在我方提出之第
一次約稿內即已列入，我方接獲貴方四月八日意

見書後，尚以為貴方在原則上已予同意，僅在文字上須予修正。迄至日前貴方認為此係由於意見書措詞所給我方之錯誤印象後（河田代表曾為此事向本人表示歉意），我方始知關於此事尚有問題。而本人復曾屢詢河田代表與木村首席團員，究竟貴方是否在原則上反對將此項財產交還我方？河田代表與木村首席團員均答曰在原則上並不反對，惟須在措辭上細加商榷，以便應付貴國國會耳。其後，此一問題乃由木村首席團員與胡副代表商定解決方案，且經獲得河田代表與本人之同意。至關於日本前駐偽政權使領機構之財產，在以往商談過程中，迄未發生問題，雙方似均認為已獲協議。

今觀貴方所提文稿並聆悉貴國政府致貴代表之訓令後，本人實較三月二十八日尤感失望，蓋貴國政府似有推翻貴我雙方最近經連日磋商所得之結果也。本人現有兩點見解奉告貴方，即：

（一）貴稿用「隨將來情勢之發展」（following the future development of the situation）一語，顯係含有政治意義，似有否認我國政府對大陸主權之意。竊按我國政府此次與貴方議訂和約，實具有一項政治原則，即將來貴我雙方能在政治上合作。惟其有此原則，故我方對於條約實施範圍方案亦不惜予以接受。今貴國政府對於偽政權在日本財產之處理，亦竟用此一措詞，實乃不幸。

（二）關於偽政權在日財產，我方一貫立場係此
　　　類財產應屬於我，而貴國政府亦有義務歸
　　　還於我。今日之勢，似係我向貴方請求
　　　歸還，而貴方尚且不允。此與我方所持原
　　　則，實相距過遠。關於日本前駐偽政權使
　　　領機構財產，我方立場亦相近似。至於條
　　　約實施範圍內所用「或」字，我方早經說
　　　明係出於錯誤而須予糾正，現貴國政府不
　　　允糾正而僅允在同意紀錄內說明此字可作
　　　「及」字解釋，其態度殊不合作。
　　本人茲請貴代表轉報貴國政府，今日貴方所提
　　文稿內列載之兩項方案，本人均不能接受。
河田：適聞貴代表說明貴方對此三項問題甚表重視一
　　　節，本人並不否認，此自最近連日連夜集中討論
　　　此三項問題之事實看來，即可證明。惟本國政府
　　　之意志甚強，本人祇好遵辦。貴方或以本人頑固
　　　不通情理，實則皆因政府訓令所迫，不得不爾。
　　　貴代表頃就此三項問題所提及之過去辦理情形，
　　　本人前經詳報政府並曾屢次提供建議。十七日奉
　　　政府訓令後，本人又再詳報一遍，並堅強建議重
　　　加考慮。茲本國政府已閱過本人之全部報告與
　　　意見，但仍令本人將訓令全部內容轉達貴方，本
　　　人固知困難，然亦不得不照原案奉達。適貴代表
　　　所云不能接受之意，本人亦當立即轉報政府。適
　　　又聞貴代表謂我方文稿內所用「隨將來情勢之發
　　　展」一語顯有政治意義云云，本人相信且可於此

　　　　聲明，本國政府決無如貴方所想像之用心。本國
　　　　政府對處理此等問題所以持此態度者，純係為對
　　　　內防止反對黨之攻擊及對外杜塞英國之指摘，而
　　　　其最終目的則為使此次商談之和約得以早觀厥
　　　　成。此外，則絕無其他作用。

葉　：關於偽政權在日資產之處理方式，我方已屢屢讓
　　　　步，最後由胡副代表與木村首席團員所商獲之
　　　　協議，本人及本國政府均係勉強接受者。適貴
　　　　代表所提文稿內列舉之兩項修正案，本人不能
　　　　接受，此意亦即本國政府之意。故關於此項問
　　　　題，深望日本政府再加考慮，中國政府能予考
　　　　慮之餘地實甚少。

河田：本人當將貴代表所說各節報告政府。

葉　：關於議定書之技術問題，似可繼續討論。

木村：似可仍由後宮虎郎與賴科長家球商討。

胡　：貴方是否尚在等候東京續有訓令前來？

木村：然。關於技術事項頃曾去電請予釋明。

葉　：日本政府在修正案內所用字樣，顯已將原則推
　　　　翻。余已無別話可說。

河田：余所欲言，業已盡詞；貴方所已言，余亦已盡聽。

葉　：自過去經驗判斷，余對貴方所云技術事項仍有
　　　　若干疑慮。蓋貴國政府或又將在技術事項內另
　　　　提原則問題也。

木村：前此係因我方四月八日意見書之措詞曾予貴方
　　　　錯誤印象所致。

葉　：但貴方曾屢次說明在原則上並無問題。

木村：本國政府亦曾指出貴方四月二日備忘錄內並未
　　　特別重視此三項問題。

葉　：東京對河田代表與本人及貴首席團員與胡副代
　　　表間之商談情形，似未徹底了解。

木村：此次當將貴方意見及本代表團之意見全部轉去。

第二節 雙邊條約的締結

一 中日和會第十七次非正式會議紀錄

條約實施範圍與偽政權財產問題之商討

時間：民國四十一年四月二十三（星期三）下午四時

　　　三十分至七時四十五分

地點：中華民國外交部部長辦公室

出席：

中華民國：全權代表　葉公超

　　　　　副代表　胡慶育

　　　　　外交部亞東司司長　汪孝熙

　　　　　外交部專門委員　鈕乃聖

　　　　　外交部專員　王孟顯

日本代表團：全權代表　河田烈

　　　　　　首席團員　木村四郎七

　　　　　　團員　中田豐千代

河田：十九日貴方答覆暨貴代表意見，本人已全部轉
　　　達本國政府，請其盡量採納。現本國政府已充
　　　分考慮貴方意見，並就我方可能讓步之最後限
　　　度，訓令本人。由本國政府之態度，可見本
　　　國政府亦願顧及兩國將來之親善關係，外界所
　　　傳我政府企圖拖延和約談判一節，完全與事實
　　　不符。在將我政府訓令內容告知貴方前，本人
　　　必須申明，此次方案，為本國政府最後必須堅
　　　守之一線，已無與貴方商討修改之餘地。本人
　　　觀察最近情形，深感現有各項問題倘仍不能解

決，則和約前途將發生意想不到之障礙，本人
亦將無與貴方繼續商議之餘地。是以本人深盼
貴方從大處著想，趕速結束交涉。關於此次政
府訓令內方案之內容，當由木村團員詳細說
明，本人謹先略述要點如下：

（一）關於前在華日本外交領事機構之財產及偽政權在
　　　日財產兩問題，我方前次方案中曾有「隨將來情
　　　勢之發展」（following the future development of the
　　　situation）字樣，現我政府為顧及貴方立場，願
　　　將此項字樣取銷；又在同意紀錄內貴方代表申
　　　明後，我方代表均加以肯定之答覆。此係我政
　　　府考慮貴方立場後所作最後讓步，希望貴方亦
　　　能諒解我政府對內立場之困難。

（二）關於和約實施範圍，我政府認為吉田函件所用
　　　之字句，業已公諸國內外以至全世界，萬難更
　　　改。關於實施範圍之換文，我方原意僅在表明
　　　和約適用於貴國政府所控制之領土，除此別無
　　　他意。前次貴代表表示倘用「或」字，則在貴
　　　國政府返回大陸後，臺澎地位易啟疑竇。此種
　　　憂慮實屬多餘，日本政府從無此想。關於此
　　　點，我方願在同意紀錄內對貴方確予保證。

言次木村團員取出如下方案，面遞葉代表：

Major Points

April 23, 1952

1. Exchange of Notes relating to Scope of Application:

(a) Text

There should be no change in the text of the Note, retaining "or".

(b) Agreed Minutes

Chinese Delegate: It is my understanding that the expression "or which may hereafter be" in the Note concerning the scope of application of the Treaty permits of the interpretation "and which may hereafter be".

Japanese Delegate: I assure you that the concern expressed by you with regard to the expression in question has no foundation. It is my understanding that the Treaty is applicable to all the territories under the control of the Government of the Republic of China.

2. Agreed Minutes concerning Collaborationists' Property in Japan:

Chinese Delegate: I understand that the property, rights or interests in Japan of such collaborationist regimes created in China, as a result of the so-called "Mukden incident", of September 18, 1931, as "Manchukuo" and the "Wang Ching Wei regime" shall be transferable to the Republic of China upon agreement between the two Parties in accordance with the relevant provisions of the present Treaty and of the San Francisco Treaty. Is it so ?

Japanese Delegate: It is so.

3. Agreed Minutes concerning Property of certain Japanese Diplomatic and consular Set-ups:

Chinese Delegate: I understand that nothing in the provisions under Article 14（a）2（II）（ii）of the San Francisco Treaty shall be construed to extend any exceptions to the real property, furniture and fixtures used by such set-ups as were established since September 18, 1931 without the concurrence of the Republic of China and were once claimed to be diplomatic or consular set-ups of the Japanese Government in China and the personal furniture and furnishings and other private property used by the personnel of such set-ups. Is it so？

Japanese Delegate: It is so.

原稿係英文，茲譯如次：

重要點

一、關於實施範圍之換文

（甲）正文

換文正文不予變更，仍保留「或」字。

（乙）同意紀錄

中國代表：本人了解：關於本約實施範圍之照會內「或將來」字樣可作「及將來」解釋。

日本代表：本人可使貴代表確信：貴代表對於該項字樣所表之關切，並無根據。本人了解：本約係適用於中華民國政府控制下之全部領土。

二、關於偽政權在日財產之同意紀錄

中國代表：本人了解：凡因一九三一年九月十八日

所謂「瀋陽事變」之結果而在中國組設之偽政權，如「滿洲國」及「汪精衛政權」者，其在日本國之財產，權利或利益，經雙方協議，將得依照本約及金山和約之有關規定，移交中華民國。是否如此？

日本代表：即係如此。

三、關於若干日本外交及領事機構之財產之同意紀錄

中國代表團：本人了解：金山和約第十四條（甲）項第二款（二）（丑）內之任何規定，不得解釋為對於一九三一年九月十八日以來，未經中華民國政府同意而曾一度自稱為日本國政府在中國之外交或領事機構所使用之不動產，傢具及裝備及各該機構人員所使用之傢具設備及其他私人財產，予以除外，是否如此？

日本代表：即係如此。

葉　：（將日方所遞方案閱讀一過）本人閱後已了解貴國政府態度。本人一直相信貴國政府與我方同樣希望早日簽訂和約，外間所傳我方謂貴國政府無誠意，以及日本記者所傳貴方謂我政府無誠意云云，余從未贊一詞，相信雙方均具政治眼光，對於枝節問題但求能滿足各自立場即為已足，如是和約始可締成。適間木村首席團員所交者為關於重要問題（Major Points）之方案，未悉次要問題（Minor Points）如何？可否一提？

木村：次要問題如關於船舶定義，我政府仍主加入「除第三條另有規定外」（Subject to Article 3...）等

字樣，此等小問題，似不必由高級會議討論，可
交由技術小組商議。

葉　：本人認為關於船舶定義，毋需與第三條相連，對
此問題，本人現願保留，先由技術小組討論。現
就貴方適纔所交方案，自後而前，說明我方意見：

（一）貴方方案第三項，即關於前日本在華使領館
財產，我方可予接受。

（二）貴方方案第二項，即關於偽政權在日財產，
我方有二點擬加修正：

（甲）「……得移交（shall be transferable）
中華民國」字樣，應改為「……應移
交（shall be transferred）中華民國」。

（乙）「經雙方協議（upon agreement between
the two Parties）一語，實無需要，應予
刪去；蓋其下文已有「依照本約及金
山和約之有關規定」一語，足以管束
如何移交，而於援用各該條約之有關
規定時，自需雙方同意也。抑我方採
用「依照本約及金山和約之有關規
定」字樣，實已予貴方以充分公允之
保障，蓋金山和約第十五條關於歸還
盟國在日財產之規定，內有「但所有
人未經脅迫或詐欺而業已予以自由處
分者，不在歸還之限」一節，是則偽
政權在日財產，其在對日戰爭結束前
已作合法之轉移者，我方自不能提出

　　　　　歸還要求也。

木村：此層我方了解，且曾屢向本國政府解釋，關於本
　　　案本人前與胡副代表討論經過情形，亦曾數次報
　　　告本國政府，而本國政府充分了解並考慮後，乃
　　　在此次訓令內仍用現提之方案；故貴代表所提兩
　　　點修改，本國政府實不可能接受。

葉　：本人與河田代表所奉權力範圍相同，而談判和約
　　　所須同意者乃係原則；關於本案之原則為：偽政
　　　權在日財產、權利及利益，均應移交中華民國；
　　　如何移交，則根據本約及金山和約之有關規定。
　　　至何者可移交，何者不可移交，將來自須雙方協
　　　議，非本人與河田代表現可決定。我方所欲規定
　　　者，即係原則，而貴國政府所堅持者，全屬執行
　　　方面，似非議約正辦。

木村：貴代表頃所言者，胡副代表於與本人討論時，已
　　　言之再三，且本人亦已詳細報告本國政府。本國
　　　政府充分了解貴方主張後，仍主用此次訓令內所
　　　提方案。今貴代表復堅持原則，如此各持己見，
　　　此事恐無法解決，且有破裂之危險！本人以為現
　　　非雙方互相讓步，此一問題恐始終無法解決。貴
　　　代表適間所提兩點修改，已超出河田代表全權之
　　　範圍。本國政府已作最後之讓步，再要讓步絕無
　　　可能。貴方對第二項方案縱仍有不滿之處，仍希
　　　本互讓之旨，俾能解決問題。

葉　：本人茲請貴方注意，關於貴方第三項方案，本人
　　　適已表示可予接受。關於第二項偽政權在日財產

問題，本人前已告知河田代表：本人已超出所奉我政府訓令之範圍——我政府主張此一問題應載入換文，惟本人前曾為河田代表所說服，允將此事載入同意紀錄，且與河田代表臨時協議一項與我政府所核定者不同之文字，此仍有待本人說服我政府者也。現閱貴方所遞方案，始知貴國政府之態度，與本人前與河田代表臨時協議者，仍相徑庭。似此情形，本人認為關於本案現有兩種方式可供抉擇：

（一）說明原則，不管辦法。

（二）先定原則，再提辦法。

不知河田代表意見如何？

河田：本國政府有其本身困難，除此次方案外，別無他法。本人已將貴代表前所言者以及胡副代表與木村團員屢次討論經過，詳報本國政府；此間交涉情形與貴方願望，上次倭島局長來臺時，亦曾詳細報告。本國政府業已充分了解貴方立場。惟因須顧及其本身困難，故除此次訓令所提方案外，不能另有其他方法，希望貴方不提修改。

葉　：本人已知河田代表別無可言，僅係奉令行事耳。惟本人認為貴國政府之方案，並非原則。而為辦法，本人仍主張：一、載入原則，不提辦法；或二、先定原則，再提辦法。所謂原則，即日本國承認偽政權財產應移交中華民國。我方認為即此已足，如貴方以為不足，則此節確定後，可再加上「依照本約及金山和約之有關規定」一語。

今貴方始而謂「得移交……」，繼則謂「經雙方協議……」，復加以「依照本約及金山和約之有關規定」等等，實不合需要。本人並非故意刁難，實因貴方方案毫無原則性。

木村：貴方立場，代表團自甚了解。但本國政府因國內種種關係，認為僅定原則，恐遭困難，故定須用現所提出之字句，亦望貴方了解。貴代表適表示貴方接受第三項方案，乃係貴方之讓步，殊不知本國政府於代表團數次報告解釋後，始同意該項方案，而認係我方之讓步也。此次我方方案內有「九一八」字樣兩處，乃代表團煞費苦心後，始有此成就；又關於第二項「依照本約及金山和約之有關規定」一節，本國政府最初亦不接受，經代表團多次解說後方表同意，此亦係我方重大讓步。凡此均請貴方了解。茲本人須予聲明者：本國政府與此區區偽政權財產，毫無不捨之意，將來絕不致保留不還，此節訓令內表示甚明，併請貴方了解。

葉　：我方亦了解貴國政府並非不欲將此項財產給與我方，問題乃在表現方式。我方認為應先表現原則，而貴國政府則定欲規定辦法；然則先定原則再提辦法，河田代表以為如何？如原則不同意，則雙方實無可再談。

河田：關於此事討論已久，已無續商餘地。

木村：實則本國政府亦有其原則，此一原則即關於此項偽政權財產之歸還，須俟貴國政府返回大陸

後，始可商議決定。

葉 ：十九日本人接獲河田代表通知後，即知貴國政
府有將實施範圍應用於偽政權財產問題之意，
如；有此意，本人擬建議：「我方放棄服務補
償亦於返回大陸後為之」。並記入同意紀錄。

木村：關於第二項我方原則雖多少有令貴方不滿之
處，惟請與第三項合而觀之，蓋在第三項內我
政府已承認貴方原則與願望矣。

葉 ：本人了解。惟適聞木村所長所言須俟我返回大陸
後始歸還偽政權之財產，引起本人之反感。蓋此
即吉田所謂「有限度和平」（limited peace），
意即我方現在無權接收偽政權在日財產。余茲請
問河田代表貴國政府是否確有此意？如有此意，
余將報告本國政府，因此為重大政策上之問題，
余不能隱瞞政府也。

木村：第三項內無此問題，我方已在該項內承認貴方
與大陸主權。請貴代表不必有此顧慮。本人茲
希望我方未予貴方以我方尚可讓步之印象。代
表團與本國政府再三商酌後，始有此次方案，
此一結果，乃代表團最大努力之所得，此已為
我方最後一線，非如以往尚有商量之餘地，現
代表團不能再從事討論，蓋本國政府訓令不許
代表團討論也。

葉 ：中國政府從未提出任何方案而不許貴方提出異議
或文字上之修改者。本人相信如貴國政府亦希望
與我建立友好關係，則不能堅欲不易一字，在交

　　　　涉上亦不可能如此。

木村：在此次和約談判中，本代表團始終處於較弱
　　　地位。

葉　：對我方而言已屬過於強硬。現暫不談此問題，改
　　　議實施範圍問題。吉田首相所用文字，既如貴方
　　　所言，別人不能更改，我方願予尊重，在換文內
　　　照用吉田函件之字樣，但在同意紀錄內望能採用
　　　我方文字。（與胡副代表略事商議後），貴方方
　　　案第一項（乙）同意紀錄之文字，我方建議予以
　　　修改。

言次口誦如下修正案：

Agreed Minutes

Chinese Delegate: It is my understanding that the expression
"or which may hereafter be" in the Note concerning the
scope of application of the Treaty shall be construed as "and
which may hereafter be".

Japanese Delegate: I assure you that the present Treaty shall
be applicable to all the territories under the control of the
Government of the Republic of China at any and all times.

原稿係英文，茲譯如次：

「同意紀錄

中國代表：本人了解：關於本約實施範圍之照會內『或
將來』字樣應作『及將來』解釋。

日本代表：本人可使貴代表確信：本約可於任何及一
切時間內適用於中華民國政府控制下之全部領土。」

胡　：貴方諒易於接受。

葉　：實則關於實施範圍雙方所存歧見，今僅屬措辭問
　　　題，唯一重要問題乃在貴方方案第二項，現試
　　　作一修正案。

言次口誦如下修正案：

Agreed Minutes concerning collaborationists' Property in
Japan

Chinese Delegate: I understand that the property, rights or
interests in Japan of such collaborationist regimes created
in China, as a result of the so-called "Mukden incident"
of September 18, 1931, as "Manchukuo", and the "Wag
Ching Wei regime" is to be regarded as the property, rights
or interests of the Republic of China; those property, rights
or interests shall be transferable to the Republic of China in
accordance with the relevant provisions of the present Treaty
and of the San Francisco Treaty. Is it so ?

Japanese Delegate: It is so.

原稿係英文，茲譯如次：

「關於偽政權在日財產之同意紀錄

中國代表：本人了解：凡因中華民國二十年即公曆一千
九百三十一年九月十八日所謂『瀋陽事件』之結果，而
在中國所組設之偽政權如『滿洲國』及『汪精衛政權』
者，其在日本國之財產、權利或利益，應被認為中華民
國之財產、權利或利益；此等財產、權利或利益，得
依照本約及金山和約之有關規定，移交中華民國。是
否如此？

日本代表：即係如此。」

木村：貴代表所作修正，已將「經雙方協議」字樣刪去，惟何者可歸還，何時歸還以及如何歸還，實均需雙方協議。

葉　：本人以為必先確定原則。貴方適稱：貴國政府對於偽政權在日財產，並無不捨之意，貴方言之再三，余甚明了。惟關於本案我方原主張載入換文，後徇貴方之請，退入同意紀錄，此在我方已屬讓步，以為文字上可照我方原案。今我方允退入同意紀錄後，而貴國政府在文字上又另生枝節，本人乃感有一述關於本案商談歷史之必要。

木村：關於第三項我政府已完全接受貴方文字。

胡　：誠然，但該項不甚重要。

河田：貴代表所言關於本案商談之歷史，我方自未忘懷，對於貴方解決本案之誠意與所作讓步，我方亦均了解。我方曾將胡副代表與木村團員歷次討論結果所得之方案，電呈本國政府，原冀其依照該項方案獲得解決。惟此次本國政府訓令另提方案，且嚴令不得作任何修改，本人自無辦法，不能同意貴方之修正案，如貴方不接受我政府此次方案，則本人竊慮其後果。深盼貴方本合作之旨，同意我政府方案之字句。此為本人最後之奉告。

葉　：現我方對於貴國政府方案第三項已表同意。關於我方對於第一項之修正案，貴方以為如何？

河田：請亦從後面談起，貴方對於我政府方案第二項究竟如何？

葉　：對於第二項我方已有充分表示，本人茲再聲明本人對第二項所作讓步已超出本人權力範圍。

河田：對不起。我方向本國政府層次請示，並說服政府後方有如此結果，現我政府認為此次方案不能更易一字，似此情形，本人實無辦法。

葉　：本人再試擬一方案。

言次口誦如下修正案：

Agreed Minutes concerning Collaborationists' property in Japan Chinese Delegate: It is my understanding that the property, rights or interests in Japan of such collaborationist regimes created in China, as a result of the so-called "Mukden incident" of September 18,1931, as "Manchukuo" and "Wang Ching Wei regime" shall be transferred to the Republic of China in accordance with the relevant provisions of the present Treaty and of the San Francisco Treaty. will you be good enough to confirm this understanding？

Japanese Delegate: Yes, I will do.

原稿係英文，茲譯如次：

「關於偽政權在日財產之同意紀錄

中國代表：本人了解：凡因中華民國二十年即公曆一千九百三十一年九月十八日所謂『瀋陽事件』之結果，而在中國所組設之偽政權如『滿洲國』及『汪精衛政權』者，其在日本國之財產、權利或利益，應依照本約及金山和約之有關規定，移交中華民國。貴代表對此項了解，是否可惠予證實。

日本代表：然，本人可予證實。」

　　　請河田代表以此方案致電東京請示如何？貴國
　　　政府不接受本人與河田代表前所同意之字句，
　　　是否即因貴國政府認為我現無權接收偽政權在
　　　日財產，而須俟返回大陸後始交還我方？請河
　　　田代表予以解釋。

河田：關於此點，本人可以說明：本國政府並無此意，
　　　但國內反對黨及政府以外之人士，則頗有如此
　　　看法者，此種論調，自足影響中日和約之批
　　　准。本國政府為避免遭受攻擊，故在文字表現
　　　上不欲確定原則，而將原則隱於文字之後。但
　　　在實際上，本國政府願考慮滿足貴方願望之方
　　　法。現貴方雖尚未返回大陸，本國政府仍願立
　　　即洽商歸還偽政權在日財產事宜。

葉　：我方前已知悉貴國政府有此顧慮，故同意載入
　　　同意紀錄，而同意紀錄無需送交國會，此已可
　　　祛除貴國政府之顧慮。

河田：同意紀錄雖不必送交國會，但貴方可能公開發表
　　　此項紀錄，且國會議員倘就本案提出質詢時，政
　　　府亦不得不出示之，是以紀錄內文字仍須謹慎，
　　　以免影響批准。政府之意與本人同，但其顧慮則
　　　較本人更為深切，認為即本人前與貴代表協議之
　　　字句，亦有被攻擊之危險，故訓令內指明須依照
　　　此次方案，載入同意紀錄。

木村：我國與美國之安全協定，美方顧及我政府立場，
　　　紀錄保守秘密而不發表。但此次中日和約之同意
　　　紀錄，貴方諒欲發表，故政府採用現提之方案，

　　即萬一有人攻擊時，亦可說得過去。關於此點，
　　務希貴方諒解。

葉　：設我方亦將紀錄保守秘密，貴方是否可接受我原
　　案文字？此僅係一問而已，並非本人作此建議。

河田：貴代表所詢，本人不能立予答覆。關於第二項，
　　我政府立場甚為堅強，認為不能更動一字。倘
　　貴方同意第二項文字，則第一項我可再向政府
　　請示。

葉　：第二項涉及原則，望勿與第一項連帶討論。茲就
　　今日討論結果，作一總結：貴國政府此次方案第
　　三項，我已爽快同意。第一項原則上接受，惟同
　　意紀錄內解釋之文字，當由胡副代表與木村所長
　　會同議定。第二項我方將另擬文字，請貴方電東
　　京請示。綜觀貴方此次方案，我方在原則上已接
　　受三分之二，在文字上接受三分之一；如所餘三
　　分之一之原則，與三分之二之文字得獲解決，則
　　談判可謂告成矣。

河田：第二項倘仍欲更動，則實已超出本人全權範圍。

葉　：關於第二項前雙方所商定之文字，業已超出我政
　　府之所授權，本人尚須說服政府。蓋迄今為止，
　　關於偽政權在日財產問題，我政府授權僅許載入
　　換文；今已退入紀錄，自已超出本人權力範圍，
　　本人之地位與河田代表相同。

木村：關於第二項，過去我代表團已與本國政府作很多
　　奮鬥，始有此結果，且其內容與本人前與胡副代
　　表商討所得之協議，亦復接近。今貴方又欲另作

方案，其結果如何，可以預料，我政府必不接
受。故我方礙難再將貴方另擬之方案，電東京
請示。

葉 ：現為時已晚，明晨十時再議如何？

河田：自可照辦。但本人須聲明：關於第二項貴方如
再作任何修改，本人絕不能接受。

葉 ：我方今晚當從長考慮。若照貴國政府現提之文
字，我方甚難接受。惟貴代表既如此說，我方
自將慎重考慮，始再另提方案。

河田：茲附帶說明：關於偽政權在日財產問題，雙方
爭論已久。不幸爭執所在，外間現皆知悉，如
將此問題作一秘密，實已不可能矣。

（七時四十五分散會）

二　中日和會第十八次非正式會議紀錄

條約實施範圍之商討

時間：民國四十一年四月二十四（星期四）上午十一時
　　　至下午一時

地點：中華民國外交部會議廳

出席：

中華民國：全權代表　葉公超

　　　　　副代表　胡慶育

　　　　　外交部亞東司司長　汪孝熙

　　　　　外交部條約司司長　薛毓麒

　　　　　外交部亞東司專門委員　鈕乃聖

　　　　　外交部亞東司第一科科長　賴家球

日本代表團：全權代表　河田烈
　　　　　　首席團員　木村四郎七
　　　　　　團員　中田豐千代

葉　：昨日貴方所提建議，本人經於昨晚深夜縝密研
　　　究。本人亟欲克服困難，故除貴方建議案第三
　　　點，可照案辦理（left as it is）外，關於貴方建議
　　　案第一點，經沿貴方觀念，而將文句縮短，擬就
　　　一項草案，茲送請察閱（言次交草案）。草案內
　　　所稱「第一號換文」字樣，係屬暫定性質，當可
　　　另編其他號碼。又此案係以一語道出結論，而不
　　　提吉田首相致杜勒斯先生函內容應用「及」字抑
　　　「或」字。故本人認為此乃最簡便之方法。所交
　　　草案全文如下：

　　　Agreed Minutes

　　　It is agreed that the terms in Note No.1 exchanged
　　　at today's date are taken to mean that the present
　　　treaty shall be applicable to all the territories of
　　　the Republic of China under the control of its
　　　Government at any or all times.

　　　原文係英文，茲補譯如次：

　　　「同意紀錄

　　　茲同意在本日交換之第一號換文內所載規定具有
　　　下列意義，即：本約應適用於在任何或一切時間內
　　　在中華民國政府控制下之中華民國全部領土。」

河田：（與木村磋商後）本人前已疊次將本人之立場
　　　奉告貴方，茲亦深切了解貴代表之苦心。但現

奉本國政府嚴格訓令，已無力再在文字上討論
任何修正。故本人此刻所處立場，祇能徵詢貴
方「同意與否」（yes or no），而無其他迴旋餘
地。茲閱貴方所提紀錄方式，已超過本人所能
討論之力量範圍以外，實難考慮。本人說出此
語，內心深覺痛苦，對貴方亦深感歉仄。

葉　：我方草案與貴方原案結論相同，其要旨均在解
釋換文之意義。惟我方不欲留有「及」、「或」
兩字爭執之痕跡，故將文句縮短，此對吉田首
相似亦較為好看也。

河田：對貴方提案，本人僅能以同樣話語重複作答，
蓋東京訓令所給之範圍已愈來愈小，即文字或
寫法，亦受限制，而無商討餘地。且貴方草案
所提方式乃係一新方式，如轉往東京，則必開
會而又開會，除徒費時日外，實難期望獲得結
果。本人明知如此，故感覺不能照轉，務請貴
方原諒。

葉　：河田先生：我方並無意另覓替代貴方原案之字
句，茲所提者乃係就貴方原案文字酌予修正，
蓋貴方原案文字頗有不合邏輯及貽笑大方之處
也。析言之：（一）貴方原案謂「或將來」……
可作「及將來」解釋（or which may hereafter
be ... permits of the Interpretation and which may
hereafter be），可見尚有不能作此解釋之處；
（二）貴方原案用「關切」（concern）字樣，
而在本人之聲述內，本人並未表示任何關切之

意。至若「並無根據」（has no foundation）字
樣，則更毋庸論矣。總之，貴方原稿之現有文
字必須予以修正。我方草案文字則已臻至「明
晰」（clarity）與「雅觀」（presentability）之
境，故務請貴代表惠予轉送貴國政府。

木村：　我方願轉報東京，將原案日本代表答語內所載
「貴代表對於該項字樣所表之關切，並無根據」
（the concern expressed by you with regard to the
expression in question has no foundation）一語刪去。
但貴方適所提之方式則不能轉報本國政府。

葉　：然則貴方是否堅持用對話方式？如必須用對話方
式，本人亦可同意。但恐貴方原案刪去上述一句
後，上下不相銜接，讀不成章耳。

至此，胡副代表即著手改擬對話方式之草案。

胡　：可否改用此式？

言次口誦左列草案，並於誦畢將手稿遞交木村，

Agreed Minutes

Chinese Delegate: Do I understand that the expression "or
which may hereafter be" in the Notes No. 1 exchanged to-
day should be taken to mean "and which may hereafter
be"？

Japanese Delegate: Yes, I assure you that it is also the
understanding of my Government that the Treaty is
applicable to all the territories under the control of the
Government of the Republic of China at any or all times.

原文係英文，茲補譯如次：

「同意紀錄

中國代表：本人可否了解：本日交換之第一號換文內所載『或將來』一語，應解釋為『及將來』？

日本代表：然。本人可確告貴代表：本國政府之了解亦為：本約係適用於在任何或一切時間內在中華民國政府控制下之中華民國全部領土。」

葉　：此案幾全用貴方原案文字，而其中並未遺留貴我雙方對「及」、「或」兩字爭執之不良痕跡，似屬妥善。

河田：本人又須反復陳述前言，內心甚覺難過。但為客觀情勢所迫，實不得不如此。緣本人奉交貴方之提案，每一字眼均係照東京訓令辦理，本人對任何一點均無權商討修改。故對貴方囑將貴方修正草案轉達東京一節，本人深感困難。但鑒於貴代表如此熱心誠懇，且貴方上述草案與東京訓令所載原案頗為接近，本人願考慮是否予以傳達東京。

葉　：貴代表僅係考慮傳達與否之問題乎？

河田：然。稍予考慮，即可奉復。

葉　：貴方原案，甚不體面，蓋如提及「及」「或」之爭，勢必顯示係吉田首相之錯。料貴國政府必能順從理性（amenable to reason）而對我方草案予以考慮也。

胡　：貴稿用「並無根據」（has no foundation）一語，亦非外交辭令。

河田：本人亦知原案在文法上或邏輯上或有不體面之

處。但本人目前立場極為脆弱，即此類小問題亦
不能討論。貴代表既希望本人立即傳達，本人當
予考慮。

葉　：請河田先生不必考慮，即將我方修正草案文字及
我方理由轉述貴國政府。蓋傳達對方意見，乃外
交談判上之慣例，本人自亦有權請求貴代表傳達
任何提案也。倘貴代表認為不便傳達，則我方祇
好令飭我駐貴國代表團轉致貴國政府。

河田：本人明白貴代表意思。倘貴代表認為必須如此辦
理，本人亦祇好聽之，惟即使如此辦理，恐亦難
獲結果耳。

葉　：茲請討論貴方昨日所提建議之第二點，即關於偽
政權在日財產問題。關於此點，貴方草案，本人
亦已細加研究。茲認為貴方草案既云「依照本約
及金山和約之有關規定（移交）」（transferrable...in
accordance with the relevant provisions of the present
Treaty and of the San Francisco Treaty），則又何
須再用「經雙方協議」（upon agreement between
the two Parties）？請問貴方之意是否在以條約規
定為移交基礎之外，又須經由雙方協議？抑貴方
所謂「協議」（agreement）也者，係指「協商」
（negotiation）而言？

木村：個人以為似指協商而言，但不敢遽下斷語。

葉　：請再問貴國政府所須成立協議者為何物？

木村：本人不知，想係「何時」、「何地」、「如何」
等問題。惟本人可附帶說明，即本代表團方面

　　　　曾贊成刪去「依照雙方協議」字樣，方案內之
　　　　現有文字係本國政府所示。

胡　：此事之主題係移交財產，條約規定則為移交之指
　　　　導原則，除此以外，似無其他應行協議事項。

葉　：貴方以為此稿如何？

言次交修正草案一件：

2. The transfer to the Republic of China of the property,
rights or interests in Japan of such collaborationist regimes
created in China, as a result of the so-called "Mukden
incident" of September 18, 1931, as "Manchukuo" and the
"Wang Ching Wei regime" shall be effected immediately
upon agreement between the Republic of China and Japan
in accordance with the relevant provisions of the present
Treaty and of the San Francisco Treaty.

原文係英文，茲補譯如次：

「二、凡因中華民國二十年即公曆一千九百三十一年
　　　九月十八日所謂『瀋陽事件』之結果而在中國
　　　所組設之偽政權如『滿洲國』及『汪精衛政
　　　權』者，其在日本國之財產，權利或利益之移
　　　交中華民國，應經中華民國與日本國間依本約
　　　及金山和約之有關規定所獲致之協議，而立即
　　　予以實施。」
　　　此稿之要旨乃在對移交一節給予優先程序
　　　（priority），此純係起草事項，在實質上與貴方
　　　原稿無別。貴方應知，我方對此已作重大讓步。
　　　本人曾向政府力爭，幸本國政府順從理性與邏

　　　輯，始有此結果。甚盼轉至貴國政府考慮。

木村：貴代表處境甚強，本代表則甚脆弱。

河田：本人自己處境脆弱，前已屢次述及，倘貴方認為
　　　此稿與東京原案內容一致，則請接受我方原案，
　　　俾早日了結此案，倘因文字問題而須本人轉報東
　　　京，則以本人處境之脆弱，甚難辦理。又倘貴方
　　　就此接受我方原案，則對本人考慮傳達貴方所提
　　　第一點修正案，亦有幫助。蓋如兩處均有改動，
　　　本人實無力報命也。

葉　：本人實無法了解貴國政府拒絕討論起草之謎。
　　　貴方既已謂原則並無問題，則在起草上何以反
　　　而問題滋生？

木村：河田代表與本人對貴代表見解均表贊同。

胡　：貴方即謂無商討字面問題之權，亦應可將我方
　　　意見轉達東京，而待命辦理。

河田：本人深知東京情景及政府內情，明知如將此方
　　　案轉達東京，必將發生其他枝節問題。而使條約
　　　本身遭受拖延。故未敢冒昧照轉。本人過去在政
　　　治上有長年經驗，在國會亦曾任職，深知此中情
　　　景，亦了解本人實無足以影響國內之處。此在貴
　　　代表看來，或係不可思議；但以本人過去經驗視
　　　之，則並不為怪。因之，關於第二點，仍請貴方
　　　接受東京原案。至第一點，容本人回寓考慮後再
　　　答覆貴方是否照轉。為求敏捷計，當即迅予考
　　　慮答覆。

胡　：現擬利用時間以校對適就第一點所遞交貴方之

我方修正案。

胡副代表與木村首席團員校對關於第一案之中方修正稿
文字。

葉　：我方可將第一點之修正案抄交駐日何團長一份，
　　　轉送貴國政府，以增強貴代表之地位。又關於第
　　　二點，貴方原案文字實易滋疑，將來如發生爭
　　　執，必無所依據。現貴代表如願將第一點之我方
　　　修正案轉往東京，則第二點之我方修正案亦請同
　　　時轉去。

河田：關於轉送貴方第二點修正案，本人認為無考慮餘
　　　地。故仍望貴方多加考慮。適聞貴代表云擬將貴
　　　方第一點修正案由何團長轉送本國政府，以支援
　　　本人立場，好意至深感紉。惟依本人考量結果，
　　　如此辦理，對於和約談判，究竟有無裨益，仍屬
　　　疑問。

葉　：然則貴代表將教本人如何辦理？本人以為凡屬
　　　交涉，必須有兩造間之商討。今我方已一再讓
　　　步，為尊重吉田首相計，已不再堅持修改其書函
　　　所用文字，而僅欲在解釋文件之字面上擬略加修
　　　正。貴代表對此亦未即允轉報貴國政府，須知本
　　　人乃代表本國政府向貴方交涉，貴方不允將本人
　　　意見轉報，亦不願我方飭由何團長轉達，似此情
　　　形，恐過去戰勝國之對待戰敗國亦無前例。

河田：適兩次聞貴代表擬由何團長轉送方案，首次聞及
　　　時，本人之答覆為倘貴方願如此做，本人並不阻
　　　止。第二次聞及時，本人所答語意係謂尚須考慮

時間問題，如匆促行事，或將發生相反效果，換言之，即經本人考慮結果認為實無法傳達時，則自可由何團長轉達。

葉　：茲另有一事相商，金山和約即將生效。在該約生效後及中日和約生效前，雙方政府所派駐之機構自應繼續存在。質言之，貴國之海外事務所及本國駐貴國之代表團，自仍須與駐在國政府保持接觸。本人現即將此事提出，請問河田先生及木村先生意見如何？

河田：關於此事，本人不甚接頭，惟據本人估計，金山和約生效後，未能即時與本國正式恢復外交關係之國家想必不在少數。東京對此當有全盤籌劃。貴方所提之事，想必不致發生問題。

葉　：我國駐貴國代表團原係派駐於盟總者，雖然近來已逐漸直接以貴國政府為對手。至木村先生，我方亦已事實上予以類似外交官之地位，而能與本國外交部直接接洽事務。本人以為此事應以換文予以規定。請河田先生惠即急電東京請示：換文應在東京辦理抑在臺北辦理。

河田：當立即去電詢問。此事木村先生可直接辦理。

木村：當即刻辦理。據聞東京已著手籌劃通案。

胡　：關於此事，本人前曾與木村先生談及。不知尚能憶起否？我方已擬就換文未定稿一種，為闡明我方立場計，茲順便奉交一份，僅供貴方參考之用。（言次交換文未定稿一份，內容大意謂在金山和約生效後及中日和約生效前，中、日兩國政

府將分別以中國駐日代表團及日本政府駐臺北海
外事務所為代表。）

葉　：下午應否開會？

河田：固願續會，但似無必要。蓋第一點貴方修正案本
　　　人如決定轉往東京，即可以電話奉告貴方。至第
　　　二點，本人仍望貴方再予考慮。

葉　：現所差者僅文字問題而已。

河田：簡單之文字問題，本人亦不能解決，內心至苦。

葉　：關於條約實施範圍問題，我方疊經讓步，河田先
　　　生當能記起。

河田：本人向能了解貴方立場，過去亦曾作過努力以期
　　　說服本國政府，但終未獲得結果，此點貴方想必
　　　亦能了解。

三　胡慶育副代表與木村四郎七首席團員交涉簡要紀錄

民國四十一年四月二十七日

壹

木村首席團於四月二十七日晨將外務員最後訓令內容轉
達胡副代表：

（一）關於解釋第一號換文之同意紀錄問題，日方大
　　　致接受我提方案，但要求略改數字；其文如下：
　　　Chinese Delegate: It is my understanding that the
　　　expression "or which may hereafter be." in the Notes
　　　No.1 exchanged to-day can be taken to mean "and
　　　which may hereafter be". Is it so?

Japanese Delegate: Yes, it is so. I assure you that the Treaty is applicable to all the territories under the control of the Government of the Republic of China.

茲譯如次：

「中華民國全權代表：本人了解：本日第一號換文中所用『或將來在其……』等字樣，可認為具有『及將來在其……』之意。是否如此？

日本國全權代表：然，確係如此。本人確告貴代表：本約係對於中華民國政府所控制之全部領土，概予實施。」

（二）關於各偽政權在日資產之歸還問題，日方仍堅持其原提方案：

Chinese Delegate: It is my understanding that the property, rights or interests in Japan of the collaborationist regimes created in China, as a result of the so-called "Mukden incident" of September 18, 1931, such as "Manchukuo" and the "Wang Ching Wei regime", shall be transferrable to the Republic of China upon agreement between the two Parties in accordance with the relevant provisions of the present Treaty and of the San Francisco Treaty. Is it so?

Japanese Delegate: It is so.

茲譯如次：

「中華民國全權代表：本人了解：凡因中華民國二十年即公曆一千九百三十一年九月十八日所謂『瀋陽事變』之結果而在中國組設之偽政權，如

　　『滿洲國』及『汪精衛政權』，其在日本國之財
　　產，權利或利益。應於雙方依照本約及金山和
　　約有關規定，成立協議後移交與中華民國。是
　　否如此？
　　日本國全權代表：確係如此。」
　　木村乃強調謂金山和約生效後，日方輿論必將督促
政府取更強硬態度，是以現日政府所不能讓步者，將來
必更無法讓步。但中國方面似不必為此小問題而使談判
僵持，不能在金山和約生效前將和約簽字。因小失大，
實不值得。倘中國方面不再堅持，則雙方可趕於明日金
山和約生效前數小時將和約正式簽字。
　　胡副代表允向政府請示後再行答覆。
　　關於我駐日代表團地位及中日兩國交換使節問題，
木村出示其政府之訓令，略謂：
（一）日方擬於中日和約生效後，與中國互換大使；
（二）在未互換大使以前，雙方互設海外事務所以作相
　　　互間之代表。
　　胡副代表當即復以我方不能接受互設海外事務所之
建議。我方認為在目前必須維持我駐日代表團之一切權
利與地位。其唯一與前不同之處，即該團原係以盟總為
交涉對手，現則改以日本政府為對手，但此事既與中日
和約無直接關連，可另案交涉辦理。
貳
胡副代表獲知政府決定後，於當日下午四時通知木村謂
中國政府可接受日方建議，並約定於當晚九時三十分舉
行正式會議對全約及附件作最終校訂，並於翌日（四月

二十八日）舉行簽字典禮。雙方並約定將兩全權代表在
簽字典禮中之演說辭儘速相互送閱。

四　中日和會第三次正式會議紀錄

和約最後的核定

時間：中華民國四十一年四月二十七日下午九時至十時
　　　四十五分

地點：中華民國外交部

出席人員：

中華民國：全權代表　葉公超
　　　　　副代表　胡慶育
　　　　　外交部亞東司司長　汪孝熙
　　　　　外交部條約司司長　薛毓麒
　　　　　外交部專門委員　鈕乃聖
　　　　　外交部專門委員　凌崇熙
　　　　　外交部亞東司第一科科長　賴家球
　　　　　外交部條約司第二科科長　胡駿
　　　　　外交部情報司專員　濮德玠

日本代表團：全權代表　河田烈
　　　　　　首席團員　木村四郎七
　　　　　　顧問　堤汀
　　　　　　顧問　井上清一
　　　　　　團員　後宮虎郎
　　　　　　團員　中田豐千代
　　　　　　團員　真崎秀樹
　　　　　　團員　力石健次郎

秘書　坂本四郎

事務官　山本晃

一、中國全權代表宣布開會。

二、中國全權代表：經雙方人員連日之磋商，對和約及
附件均已陸續獲致協議。本日會議中擬由雙方代表
對和約約文暨附件，作最後同意之表示。現在請
賴科長家球宣讀中華民國與日本國間和平條約英
文全文。

三、賴科長家球宣讀和約英文全文。

四、中國全權代表：貴代表對適所宣讀之和約英文全文
是否同意？

日本全權代表：同意。

五、中國全權代表請賴科長家球繼續宣讀議定書英文
全文。

六、賴科長家球宣讀議定書英文全文至 1（c）Articles
11 and 18 of the San Francisco Treaty shall be excluded
from the operation of Article XI of the present Treaty.
（第一項（丙）款「金山和約第十一條及第十八條
不在本約第十一條實施範圍之內。」）

七、日本全權代表：I wish to take this opportunity to express,
on behalf of my Government, sincere gratitude for
the magnanimous attitude taken by your Government
towards the Japanese war criminals convicted by the
military courts of the Republic of China. It is my
understanding that, by virtue of paragraph 1（c）of
the Protocol, their destinies are to be left entirely in the

hand of my Government. Is my understanding correct?
（本人願趁此代表本國政府，向貴國政府對於經中華民國軍事法庭所判決之日本戰犯所採之寬大態度，表示誠懇之謝意。本人了解：由於本議定書第一項（丙）款，各該戰犯將完全聽由本國政府裁酌處理。本人之了解是否正確？）

中國全權代表：Yes, it is.（然，此項了解正確。）

八、中國全權代表請賴科長家球繼續宣讀議定書。

九、賴科長家球繼續宣讀議定書英文至 2（a）（ii）"with the exception of financial （including insurance）activities and those reserved by either Party exclusively to its nationals" 第二項（甲）款（丑）節「除金融（包括保險）業及任何一方專為其國民所保留之各種職業活動以外。」

十、中國全權代表：I understand that, in cases where one of the two Parties reserves certain activities exclusively to its nationals and where the other Party does not reserve the same activities to its nationals, the expression "with the exception of financial （including insurance） activities and those reserved by either Party exclusively to its nationals" in paragraph 2（a）（ii） of the Protocol shall mean that only the Party reserving such activities exclusively to its nationals may exclude the same activities from most-favoured-nation treatment. Is it so？（本人了解：在遇有雙方中之一方專為其國民保留某種職業活動，而他方並不為其國民保留同

樣活動之情形時，本議定書第二項（甲）款（丑）
節「除金融（包括保險）業及任何一方專為其國民
所保留之各種職業活動以外。」一語應具有如下意
義，即：僅有專為其國民保留該項活動之一方，始得
將同樣活動剔除於最惠國待遇之外，是否如此？）

日本全權代表：It is so.（即係如此。）

十一、中國全權代表請賴科長家球繼續宣讀議定書。

十二、賴科長家球繼續宣讀議定書英文至 2（d）（i）
第二項（丁）款（子）節。

十三、日本全權代表：With regard to the definition of vessels
of the Republic of China stipulated in paragraph 2
（d）（i）of the Protocol, it is my understanding
that this definition shall not prejudice the special
arrangements to be made between Japan and the
Republic of China under Article III of the present
Treaty. Is it so ?（關於本議定書第二項（丁）款
（子）節所設之船舶定義，本人了解：此項定
義不應對於日本國與中華民國間將來依照本約
第三條商訂之特別辦法有所影響。是否如此？）

中國全權代表：It is so. This definition of vessels
is stipulated only in connection with the application
of the Arrangements set forth in paragraph 2 of the
Protocol.（係如此。此項船舶定義之設立，僅係
與本議定書第二項所訂辦法之實施有關。）

十四、中國全權代表請賴科長家球繼續宣讀議定書。

十五、賴科長家球繼續將議定書英文全文宣讀完畢。

十六、中國全權代表：貴代表對議定書英文全文是否同意？

日本全權代表：同意。

十七、中國全權代表請賴科長家球宣讀換文英文全文。

十八、賴科長家球宣讀換文日方照會第一號英文至 "under the control of its government"（在中華民國政府控制下）。

十九、中國全權代表指出 "government"（政府）一字應大寫為 "Government"。日本全權代表表示同意。

二十、賴科長家球繼續將換文第一號及第二號英文全文宣讀完畢。

二十一、中國全權代表：貴代表對換文第一號及第二號英文全文是否同意？

日本全權代表：同意。

二十二、中國全權代表請賴科長家球宣讀同意紀錄英文全文。賴科長將其宣讀完畢。

二十三、中國全權代表：貴代表對同意紀錄英文全文是否同意？

日本全權代表：同意。

二十四、中國全權代表：雙力對和約及附件英文全文業已表示同意，本代表建議於明日下午三時舉行正式簽字典禮，貴代表是否同意？

日本全權代表：同意。

二十五、日本代表詢以關於被拘捕漁船之換文何時簽換，中國全權代表答以在和約簽字典禮之後。

二十六、中國全權代表及日本全權代表，分別指定賴

　　　　科長家球及後宮虎郎先生在業經宣讀並核定
　　　　之各英文文件上劃字頭。賴科長與後宮先生
　　　　當即照辦。
二十七、十時四十五分散會。
　　　　附左列各件夾英文講定稿：
　　　　（一）中華民國與日本國間和平條約。
　　　　（二）議定書。
　　　　（三）換文第一號及第二號。
　　　　（四）同意紀錄。

五　中日兩國代表簽字

（一）葉公超代表於簽字時致詞　民國四十一年四月
　　　廿八日

　　（中央社訊）中華民國與日本國商訂和平條約全權
代表葉公超，於二十八日和約簽字時致詞稱：河田全權
代表，日本代表團諸君，各位來賓：本人剛才很榮幸地
代表中華民國政府所簽署的「中華民國與日本國間和平
條約」。足以表示我們兩國人民一種共同願望的實現，
就是：我們不但要終止兩國間過去不幸而存在的戰爭狀
態，而且要看到中日間友好的關係能在平等和合作的基
礎上恢復起來。

　　自從民國三十四年九月二日以來，本國政府就曾以
全力不顧的與其他盟國共同努力，以期為日本國早日獲
致一項公正而不報復的和平。今天，日本國已建立一個
穩定而能負責的政府。日本人民已經充分表現出他們對
於自由和民主的生活方式的信念。

　　中華民國國父孫中山先生所制定的政策，是只有藉中日這亞洲兩大鄰國的誠意合作，亞洲始能確保安定，蔣總統依照這一政策，曾在中華民國四十年六月十八日再度聲述：「本人於民國三十四年九月二日後不久，即一再聲稱：中國對於日本不採取報復主義，而應採合理的寬大政策，並以種種直接間接辦法，以期對日和約及早觀成。」在導致今天和平條約簽署的商談中，本人亦即以這種對日寬大的精神為出發點。在受共產侵略嚴重威脅的世界中，我們將會發現：僅僅忠實履行這一個和平條約的條款，是不足以確保我們兩國的和平合作的。本人因此希望：這個和約將為中日進一步的合作開闢一條大路。將來在加強我們兩國人民關係方面的任何努力，不但會對於兩國的利益，均有裨益，而且會對於遠東和平安全的保衛，有所貢獻。

　　在談判過程中，雖然持有不可避免的意見上的歧異；但是，河田烈全權代表和本人卻從未忽視我們共同的更大的考慮，因我們需要奠定一個兩國人民再度和平相處與共圖繁榮的基礎。如果河田烈全權代表和他代表團的人員，要為他們在克盡厥職以獲致本約的簽署中所度過的緊張日子，而需要慰藉的話，也許他們在基督福音一句話裡可以求得一點安慰，就是：「為人媾和的人們將得福。」

（二）河田全權代表於簽字後關於日本任命全權問題
　　　發表談話　民國四十一年四月廿八日

　　本日余以日本國全權代表之資格，已簽署日本國與中華民國間之和平條約，此項簽署之全權，乃日本國政

府所賦與而經天皇認證者。

　　各位皆知，日本於昭和二十三年（民國三十七年）已制定新憲法，關於全權證書一節，在憲法第五條有所規定，即天皇經內閣之提請與承認，認證全權證書，而全權之權限，乃由政府所賦與者，去年為締結金山和約所發出之全權證書，其情形亦完全相同。

六　中日和平條約議定書換文及同意紀錄

甲、中日和平條約

　　中華民國與日本國鑒於兩國由於其歷史文化關係及領土鄰近而產生之相互睦鄰願望：

　　了解兩國之密切合作，對於增進其共同福利及維持世界和平與安全，均屬重要；均認由於兩國間戰爭狀態之存在而引起之各項問題，亟待解決；爰經決定締結和平條約，並為此各派全權代表如左：

中華民國總統閣下：葉公超先生；

日本國政府：河田烈先生；

　　各該全權代表經將其所奉全權證書提出互相校閱，認為均屬妥善，爰議定條款如左：

第一條：中華民國與日本國間之戰爭狀態，自本約發生效力之日起，即告終止。

第二條：茲承認依照公曆一千九百五十一年九月八日在美利堅合眾國金山市簽訂之對日和平條約（以下簡稱金山和約）第二條，日本國業已放棄對於臺灣及澎湖群島以及南沙群島及西沙群島之一切權利、權力名義與要求。

第三條： 關於日本國及其國民在臺灣及澎湖之財產，
及其對於在臺灣及澎湖之中華民國當局及居
民所作要求（包括債權在內）之處置，及該
中華民國當局及居民在日本國之財產，及其
對於日本國及日本國國民所作要求（包括債
權在內）之處置，應由中華民國政府與日本
國政府間另商特別處理辦法。本約任何條款
所用「國民」及「居民」等名詞，均包括法
人在內。

第四條： 茲承認中華民國與日本國間在中華民國三十
年即公曆一千九百四十一年十二月九日以前
所締結之一切條約、專約及協定，均因戰爭
結果而歸無效。

第五條： 茲承認依照金山和約第十條之規定，日本國
業已放棄在中國之一切特殊權利及利益。包括
由於中華民國紀元前十一年即公曆一千九百零
一年九月七日在北京簽訂之最後議定書，與一
切附件及補充之各換文暨文件所產生之一切利
益與特權；並已同意就關於日本國方面廢除該
議定書、附件、換文及文件。

第六條： （甲）中華民國與日本國在其相互之關係上，
願各遵聯合國憲章第二條之各項原則。
（乙）中華民國與日本國願依聯合國憲章之原
則彼此合作，並特願經由經濟方面之友好合
作，促進兩國之共同福利。

第七條： 中華民國與日本國願儘速商訂一項條約或協

定，藉以將兩國貿易、航業及其他商務關
係，置於穩定與友好之基礎上。

第八條： 中華民國與日本國願儘速商訂一項關於民用
航空運輸之協定。

第九條： 中華民國與日本國願儘速締結一項為規範或
限制捕魚，及保存暨開發公海漁業之協定。

第十條： 就本約而言，中華民國國民應認為包括依照
中華民國在臺灣及澎湖所已施行，或將來可
能施行之法律規章，而具有中國國籍之一切
臺灣及澎湖居民，及前屬臺灣及澎湖之居民
及其後裔。中華民國法人，應認為包括依照
中華民國在臺灣及澎湖所已施行或將來可能
施行之法律規章所登記之一切法人。

第十一條： 除本約及其補充文件另有規定外，凡在中
華民國與日本國間因戰爭狀態有在之結
果，而引起之任何問題，均應依照金山和
約之有關規定予以解決。

第十二條： 凡因本約之解釋或適用可能發生之任何爭
執，應以磋商或其他和平方式解決之。

第十三條： 本約應予批准，批准文件應儘速在臺北
互換。本約應自批准文件互換之日起發
生效力。

第十四條： 本約應分繕中文、日文及英文。遇有解釋
不同，應以英文本為準。

為此，雙方全權代表各於本約簽字蓋印，以昭信守。

本約共繕二份，於中華民國四十一年四月二十八日即

日本國昭和二十七年四月二十八日，即公曆一千九百五十二年四月二十八日訂於臺北。

中華民國代表：葉公超（簽字）

日本國代表：河田烈（簽字）

乙、議定書

署名於後之雙方全權代表，於本日簽署中華民國與日本國間和平條約（以下簡稱本約）時，議定左列各條款，各該條款應構成本約內容之一部分，計開：

一、本約第十一條之實施，應以下列各項了解為準：

（甲）凡在金山和約內有對日本國所負義務或承擔而規定時期者，該項時期，對於中華民國任一地區而言，應於本條約一經適用於該領土之該地區之時，開始計算。

（乙）為對日本人民表示寬大與友好之意起見，中華民國自動放棄根據金山和約第十四條甲項第一款日本國所應供應之服務之利益。

（丙）金山和約第十一條及第十八條不在本約第十一條實施範圍之內。

二、中華民國與日本國間之商務及航業應以下列辦法為準繩：

（甲）雙方將相互以左列待遇給予對方之國民、產品及船舶：

（子）關於關稅、規費、限制及其他施行於貨物之進口及出口或與其有關之規章，給予最惠國待遇；及

（丑）關於船運、航行及進口貨物，及關於
自然人與法人及其利益，給予最惠
國待遇；該項包括關於徵收捐稅、起
訴及應訴、訂立及執行契約、財產權
（包括無形財產權但鑛業權除外）、
參加法人團體，及通常關於除金融
（包括保險）業及任何一方專為其國
民所保留之各種職業活動以外之各種
商業，及職業活動行為之一切事項。

（乙）關於本項（甲）款（丑）節所載之財產權、
參加法人團體及商業及職業活動之行為，
凡遇任何一方所給予彼方之最惠國待遇，
在事實上臻於國民待遇之程度時，則該方
對於彼方並無給與較諸彼方依照最惠國待
遇所給待遇更高待遇之義務。

（丙）國營貿易企業之對外購買及出售，應僅以
商務考慮為基礎。

（丁）在適用本辦法時，雙方了解：

（子）中華民國之船舶應認為包括依照中華
民國在臺灣及澎湖所已施行，或將來
可能施行之法律規章所登記之一切船
舶；中華民國之產品應認為包括發源
於臺灣及澎湖之一切產品；及

（丑）如某項差別待遇辦法，係基於適用該
項辦法一方之商約中所通常規定之一
項例外，或基於保障該方之對外財政

地位，或收支平衡之需要（除涉及船
運及航行者外），或基於其保持其主
要安全利益，又如該項辦法係隨情勢
推移，且不以獨斷或不合理之方式適
用者，則該項差別待遇辦法不得視為
對於以上規定所應給予之各待遇有所
減損。

本項所規定之辦法，應自本約生效之日起，
一年之期限內繼續有效。

本議定書共繕二份，於中華民國四十一年四月二十八
日，即日本國昭和二十七年四月二十八日，即公曆一千
九百五十二年四月二十八日訂於臺北。

葉公超
河田烈

丙、照會第一號

換文

（一）日本國全權代表致中華民國全權代表照會譯文

照會第一號：

關於本日簽訂之日本國與中華民國間和平條約，本代表
謹代表本國政府提及貴我雙方所成立之了解，即：本約
各條款，關於中華民國之一方，應適用於現在中華民國
政府控制下，或將來在其控制下之全部領土。上述了
解，如荷貴代表惠予證實，本代表當深感紉。

本代表順向貴代表表示崇高之敬意。

此致中華民國全權代表葉公超閣下。

河田烈（簽字）

昭和二十七年四月二十八於臺北

（二）中華民國全權代表覆日本國全權代表照會

照會第一號

關於本日簽訂之中華民國與日本國間和平條約，頃准貴

代表本日照會內開：關於本日簽訂之日本國與中華民國

間和平條約，本代表謹代表本國政府提及貴我雙方所成

立之了解，即：本約各條款，關於中華民國之一方，應

適用於現在在中華民國政府控制下或將來在其控制之全

部領土。上述了解，如荷貴代表惠予證實，本代表當深

感紉。」

本代表謹代表本國政府證實，貴代表來照所述之了解。

本代表順向貴代表示崇高之敬意。

此致日本國全權代表河田烈閣下。

葉公超（簽字）

中華民國四十一年四月二十八日於臺北

丁、照會第二號

（三）中華民國全權代表致日本全權代表照會

本代表茲謹聲述，本國政府了解：在本日簽署之中華民

國與日本國間和平條約第八條所規定之協定未締結以

前，金山和約之相關規定應予適用。

本代表謹請貴代表惠予證實；此亦係日本國政府之了解。

本代表順向貴代表重表崇高之敬意。

此致日本國全權代表河田烈閣下。

葉公超（簽字）

中華民國四十一年四月二十八日於臺北

（四）日本國全權代表覆中華民國全權代表照會譯文

照會第二號

關於本日簽訂之日本國與中華民國間和平條約，頃准貴代表本日照會內開：「本代表茲謹聲述，本國政府了解：在本日簽署之中華民國與日本國間和平條約第八條所規定之協定未締結以前，金山和約之相關規定應予適用。本代表謹請貴代表惠予證實。此亦係日本國政府之了解。

本代表謹證實此亦係日本國政府之了解。

本代表順向貴代表重表崇高之敬意。

此致中華民國全權代表葉公超閣下。

河田烈（簽字）

昭和二十七年四月二十八日於臺北

戊、同意紀錄

（壹）中華民國全權代表：「本人了解：本日第一號換文中所用『或將來在其……』等字樣，可認為具有『及將來在其……』之意。是否如此？」日本國全權代表：「然，確係如此。本人確告貴代表：本約係對於中華民國政府所控制之全部領土，概予實施。」

（貳）中華民國全權代表：「本人了解：凡因中華民國二十年即公曆一千九百三十一年九月十八日

所謂『瀋陽事變』之結果組設之偽政權，如
『滿洲國』及『汪精衛政權』，其在日本國之
財產、權利或利益，應於雙方依照本約及金山
和約有關規定成立協議後，移交與中華民國。
是否如此？」

日本國全權代表：「確係如此。」

（參）中華民國全權代表：「本人了解：金山和約第
十四條甲項第二款（二）（丑）內之任何規
定，不得解釋為對於自中華民國二十年即公曆
一千九百三十一年九月十八日以來，未經中華
民國政府同意而曾一度自稱為日本國政府在中
國之外交或領事機構所使用之不動產、傢具及
裝備及各該機構人員所使用之傢具設備及其他
私人財產，予以除外，是否如此？」

日本國全權代表：「確係如此。」

（肆）日本國全權代表：「本人了解：中華民國既已
如本約議定書第（一）項（乙）款所述自動放
棄服務補償，則根據金山和約第十四條甲項之
規定日本國尚須給予中華民國之唯一利益，即
為該約第十四條甲項第二款所規定之日本國在
其本國外之資產。是否如此？」

中華民國全權代表：「然，即係如此。」

葉公超（簽字）

河田烈（簽字）

第三節　和約締訂後的談話及報告

一　日本全權代表河田烈謁見總統談話紀錄

民國四十一年四月三十日

四月三十日下午四時，河田烈偕女公子田中元子夫人及首席隨員木村四郎七抵達士林官邸，由外交部禮賓司王司長引導入會客室，張資政在室內迎接。少頃，總統及夫人先後入室與諸人一一握手，就坐後河田首先對總統偉大人格及崇高德義表示敬意，次就和約成功致謝。並謂：「和約條款，表現寬大，不但本人感激，日本人民亦必同深感戴。」

總統曰：「此是應該的，中日兩國關係與其他國家間不同，中國雅不欲以嚴厲之條約加諸日本」河田稱謝。並謂歸國後即當將此意宣達全國同胞。

總統倡謂：「中日兩國關係特殊，迴與其他盟國與日本之關係不同，故中國雖未能參加金山和約，但與日本單獨訂約，反覺更有意義，河田先生努力之結果已完成良好之基礎，兩國關係既極密切，而目前處境又同樣困難，今後實應就此基礎，精誠合作，努力邁進，然後始能贏得真正之獨立與自由，中日兩國不能獨善，必須共榮，兩國均能獲得獨立自由與繁榮，然後東亞今局，始有和平安定之可言，估計此事能二十年不為功，彼此均應具絕大之誠意與毅力，始克達到目的。」即將此意轉達日本朝野與全國人民。河田稱：「對此實具同感，惟和約之得以觀成，則出總統之指導及葉代表之努力，以及張資政之協助，本人不敢居功。」

　　總統又謂：「日本之經濟界人士，對中國大陸之通商，當抱幻想，實則在共黨控制之下，決無真正之商務可言，日本欲與中國大陸建立良好之商務關係，惟有俟諸中國政府收復大陸以後，此事並非徒托空言，目前亦無意阻止日本與大陸貿易，不過由於多年之經驗，故知其實無可能，縱令發生若干商務關係，亦必利一害十，不可不防，望將此意轉告經濟界人士，河田先生在經濟方面，具有豐富之學識經驗，將來我政府收復大陸以後，對我國經濟復興當盼多所襄助，即目前臺灣之經濟建設亦盼代為擘劃。」河田答稱：「蒙總統過獎，無任惶恐，本人自問學識能力均不能有助於大陸經濟之重建，然就收復大陸之意義言之，則深盼能早日實現耳。」河田繼稱：「吉田首相對中國政府對大陸之工作深表關切，有可效力之處，在所不辭，惟覺此項工作，不能純賴軍事，應就經濟方面以及其他各方面加以研析，此意亦曾向美國方面陳述。日本近年來對中國情形，極為隔膜，故亟欲派一大員前來。一方面可以對中國情形加深瞭解；一方面可以與中國政府諮商。現有派川越茂前來之意，並非出任大使，而係一種親善使節，不知中國方面對川越之感想如何？此事係吉田首相特別囑咐者，因和談未畢，故迄未敢吐露也。」

　　總統答曰：「川越先生曾與張資政辦理交涉，應係舊友，該項交涉雖無結果，但我方對川越先生個人，則印象頗佳，自無不同意之理。」河田稱歸國後即將此意報告吉田。河田又稱：「兒玉謙吉前承總統問及，彼極為感激，此次來臺時，曾受託我代為致敬。」

　　總統謂：「兒玉先生係日本派遣來華之最後一任經濟使節，彼時中日關係正極端困難，故對彼印象頗深，晤時盼代致意。」河田稱謝。

　　總統問：「田中元子夫人曾到過臺灣否？」田中答稱：「尚係初次。」河田代答稱：「不但係初次來臺，且係初次出國。」總統曰：「你伺候老父，亦即間接貢獻於中日親善。」田中鞠躬稱謝。總統問木村四郎七，到臺後一切好否？又問年齡若干。木村答：「托庇身體健康，工作亦極愉快，今年四十九歲比胡次長大一歲。」

　　總統笑謂：「君等俱在壯年，應多多努力。」木村答稱：「願在總統指導下努力做去。」至此河田與辭，總統囑其善自保重。河田敬祝總統及夫人健康而退，時四時五十分。外交部專門委員鈕乃聖謹記。

二　陳誠院長在立法院關於「中華民國與日本國間和平條約」案的說明

　　今天貴院開始審議「中華民國與日本國間和平條約」一案，本人特來列席，就本案作一簡要的說明。

　　我首先要向各位報告的，就是我國與日本的基本政策。國父孫中山先生早就認清：要確保亞洲安定，惟有賴處於亞洲的中、日兩大鄰國的誠意合作。這一對日政策，為我政府所信守不渝，而近幾十年來國際局勢的演變，證明了這一政策的正確性。當年的日本軍閥，不明白這一個道理，抱著獨霸亞洲的野心，侵略我國，起先是慢慢的蠶食，後來索性大舉鯨吞，結果引起了我國八

年的抗戰。大家都知道，這一長期戰爭的結果，日本是
戰敗了，繼無條件投降之後，全國也被占領。我國在總
統英明的領導下，獲得了最後光榮的勝利，但是經過這
八年的抗戰，元氣也大受耗損。戰敗國和戰勝國雙方都
受到慘重的損失。而亞洲的安定，也因而蒙受嚴重的影
響。總統在我國獲得勝利之後，獨具遠大的目光，依照
國父所定的政策，宣布中國對於日本不採取報復主義，
而應採取合理的寬大政策，並以種種直接間接的方法，
以期對日和約及早觀成。這一個寬大政策，目的就是為
中日兩國日後的合作，闢一坦途，以謀亞洲的安定，而
有助於世界和平和安全的維持。我國在戰後六年多來，
始終堅守這一政策。

但是第二次大戰結束後，蘇俄野心勃勃，盡力製造
侵略的機會，深不願對日和約的告成，因此無論我國和
其他盟國如何努力，來促成對日和約，蘇俄總是從中阻
撓，使和平不能實現，以致戰爭結束後六年，和約還
沒有告成。在此期間，蘇俄並乘我八年抗戰元氣受損之
餘，利用共匪傀儡在我國內發動叛亂，來達到蘇俄侵略
的目的。今天我國大陸的陷於共匪之手，韓國侵略戰爭
的發生，亞洲全部的動盪不安，世界和平的岌岌可危，
固由蘇聯一手造成，然而日本軍閥當年侵略我國，實不
期然而自然的成了蘇聯的開路先鋒。回想這些歷史的事
實，對於當年日本的不能了解我國父中、日合作的明智
政策，更令人感到痛心。

前年秋間，美國政府鑒於遠東赤禍橫流，國際局勢
日非，毅然發動對日和約的議訂，並且不顧蘇俄的反

對，積極進行。那時我國大陸的大部份已經陷入共匪之手，而且少數目光淺短的國家，不久竟承認了匪偽政權，我們明知這時議訂對日和約，對於我國必然不利，然而我們為遠東大局著想，為亞洲自由國家合作共同抗禦共產侵略的前途著想，認為美國政府這一舉動是明智的正確的，而且與我國中日合作政策，對日寬大政策，以及早日與日本媾和的主張，也相符合。所以我政府決定支持美國的立場，盡力與美國政府合作，以期這一艱鉅的工作，能夠早日完成。

自前年秋間，美國政府發動議訂對日和約以來，我國行政院方面，除將本案隨時由行政院會議共策進行，並督促外交部盡力辦理外，又因為本案對我國關係重大，特延攬各方有關人士十一位，組成了行政院對日和約小組，輔助本人秉承總統的指示，決定我國對於本案的政策。所有重要的政策，均經行政院會議商決，另由本人與這一小組研討擬訂，呈報總統核示後，再交由外交部切實執行。所有經過情形，已由本人和外交部葉部長隨時向貴院或貴院的外交委員會提出報告。

美國政府在開始議訂和約的時候，曾就和約內容，與我政府洽商，並且採納了我國政府的若干意見。後來因為英國等對於我國代表權問題，堅持反對的立場，美國政府為確保這些國家參加簽約起見，竟遷就了他們的意見，不邀請我國參加去年九月八日在美國金山舉行的對日和約簽署會議。當時我全國人民以我國對日作戰最久，所受犧牲最為慘重，而竟不能參加金山和約的簽署，一致表示憤慨，貴院於去年七月間特地舉行臨時院

會，就這一局勢詳加探討，並代表全國人民，作成決議，送交行政院辦理，本院隨即議決：「關於爭取以平等地位參加締結對日和約一節，本院當本一貫政策，並尊重立法院意見，繼續督促外交部盡力辦理。」此後我政府曾一面向主持和約的美國政府表示抗議之意，一面盡力交涉，爭取簽約的權利，然而終未能見效。雖說這一局面是國際局勢所造成，我政府自始就已見到，也曾預定了應付的方針，但是本人力量薄弱，不能轉變盟國對我的歧視，有負總統和全國同胞對我的期望和付託，實難辭其咎，至今深引為憾。

　　我國既不能參加金山和約，我政府乃照預定方策，進行次一步驟，就是與日本議訂雙邊和平條約。政府在作這一決定時，曾本一貫政策，並參照貴院的意見，定下了三項立場：第一、我國必須維持與對日作戰各盟國平等的地位；第二、中日雙邊和約應與金山和約內容大體相同；第三、日本與我簽訂雙邊和約，必須承認我對中國全部領土的主權。本人深以為假使我國能堅守這三項立場，與日本簽訂雙邊和約，當可與參加金山和約的效果相當。因此督促外交部照這一決策，與主持對日和約的美國政府進行洽商，請美國政府轉告日本政府，以便進行議約。日本政府在去年十二月二十四日，由吉田首相寫了一封信給美國國務院顧問杜勒斯先生，表示與我政府訂約的願望。今年二月初，日本政府派了河田烈先生為全權代表，準備來臺議約，經我政府同意後，河田全權在本年二月中旬到達臺北。我政府也派外交部葉部長為全權代表，與河田全權議約。

在議約期間，我方葉全權代表曾隨時將經過報告政府，並依照政府的決策辦理。今年四月二十八日雙方全權代表在金山和約生效之前簽署了五項文件，就是：

（一）中華民國與日本國間和平條約一件；

（二）議定書一件；

（三）換文兩件；

（四）同意紀錄一件。

本人對於這五項文件的內容，曾細加審核，認為與政府前定的三項立場完全相符。關於這一點，外交部曾備有議訂和約的總報告書，詳細加以分折，已由本院轉送貴院參考，本人不再加以說明。行政院院會已經通過這五項文件，並議定依照憲法第六十三條的規定，送請貴院審議予以同意，以便行政院呈請總統予以批准。

我在結束今天對於本案的說明以前，要特別提請貴院注意的，就是中日和約的簽訂，主要的目的在貫徹國父和總統所訂的對日政策，早日結束過去幾十年來中、日兩國間的不正常關係，而為未來的密切合作，開闢一條坦途，使亞洲的安定，得以確保，從而有助於國際和平安全的維持。在這自由世界面臨共產侵略的威脅的時候，這一舉措，尤其有特殊的意義。我們對於美國政府毅然冒著萬難，完成主持對日和約的艱鉅工作，表示欽佩，而對於美國政府在這方面所為的努力，和因此對於世界和平及自由所作的貢獻，尤其表示感激。現在國際局勢仍然緊張險惡，我們看到金山和約已經生效，日本已開始逐漸恢復主權，得以參加自由世界為和平而努力，因此感到欣幸，同時深以為中日和約也有及早生效

的必要。本人深切希望貴院在審議中日和約的時候，特別注意我剛才提出的中日和約的目的和意義，而使審議的工作，能夠儘速完成。

三　葉公超部長向立法院提出「中日和平條約」案之補充説明

民國四十一年七月

政府對於議訂中日和約之重要決策，在陳院長所提關於本案之說明中，已有詳細敘述；至議訂和約之經過及和約內容之分析，亦已詳見於本部所提之總報告書中。茲為便於貴院審議本案起見，再就和約之重要內容，提出補充說明如下。

本席奉派為我國全權代表，與日本國政府所派全權代表河田烈先生於本年二月二十日舉行第一次正式會議，商談中日和約。首先將本部所擬並奉政府核定之「中華民國與日本國間和平條約初草」共二十二條，提交河田全權，作為談判之基礎。該項和約初草，係遵照適間陳院長所說明政府所定議訂中日雙邊和約三項原則所擬成。故其特點之一為與金山和約內容大體相同，即除以多邊條約形式改為雙邊條約形式，並刪除若干有關盟國共同事項僅能列入多邊條約之條款外，在實質上與金山和約相同。由於金山和約係各有關國就其本國利益所提意見之總和，故我照該約所擬之中日和約初草在文字上及規定上，均有斟酌磋商之餘地。嗣因河田全權建議中日和約應力求簡潔，彼此經一個月之多次商討，我方乃以日方同意在約中規定我同樣享受金山和約所予盟

國之優惠為條件，於本年三月二十五日提出第二次約
稿，包括和約十四條及議定書二項。換文二件，作為繼
續商討之基礎。

　　自三月二十五日以後，和談一再遭受波折。本席與
河田全權曾以極大之耐心，力求解決種種困難，對於各
項問題，尋覓雙方均能接受之方案。復經一月餘之反復
商討，終於本年四月二十七日晚間商定和約十四條，議
定書二項，換文二件，及同意紀錄四項，即中日和約之
現有形式。並於本年四月二十八日，在金山和約生效前
七小時半簽署各該文件。

　　茲將中日和約及其附件之重要規定，加以闡釋。

一、第一條：第一條規定中日兩國間戰爭狀態之終
　　　　　　止，實為和約之主要條款。鑒於日政府派遣河
　　　　　　田全權來臺議約時，對於所議條約之性質，未
　　　　　　作確切之闡明，故本席與河田全權於開始議約
　　　　　　時，首先談判本條，予以商定，從而確定和約
　　　　　　之性質與名稱。就國際法上之意義言，因有此
　　　　　　條之規定，中日和約一經生效，兩國間之戰爭
　　　　　　狀態，即告完全終止，而兩國間之和平正常關
　　　　　　係，亦即恢復。又因戰爭為國與國間之行為，
　　　　　　和約亦為國與國間之條約，其法律上之效力，
　　　　　　自及於締約雙方之全國。

二、第二條：第二條為領土條款，就金山和約中關於
　　　　　　日本放棄其前所占據之我國領土部分之規定，
　　　　　　予以承認。查金山和約尚有日本放棄其他領土
　　　　　　之規定，但因各該其他領土與我無直接關係，

故中日和約未予提及。中日和約對於日本前所占我之領土，因格於金山和約之規定，除規定由日本予以放棄外，並未明定其歸還我國。惟各該領土既原屬於我，現亦由我統治，而中日和約復承認由日本依金山和約予以放棄，故在事實上已歸屬於我。

三、第三條：第三條規定日本與臺、澎及彼此人民間財產及要求之處置，另訂特別處理辦法。此條係照金山和約第四條甲項訂成，由於臺、澎與日本及彼此人民間之財產及要求問題，錯綜複雜，有待詳細研究商討，自非中日和約所能一併予以解決，故須專案辦理。

四、第四條及第五條：此兩條將中日間過去所訂一切條約、專約及協定及日本在華所享一切特權利益，全部予以廢除。其意義即陳院長在說明中所謂「結束中日兩國間由於當年日本軍閥所造成的不幸歷史。」此後中、日兩國間之關係，乃可從頭重新予以建立。

五、第六條：第六條乙項規定兩國間之合作原則，無待闡釋。至其甲項，則脫胎於金山和約第五條。金山和約第五條規定日本接受聯合國憲章第二條規定之各項義務，並列舉其中三項義務，復規定盟國在其對日關係上，亦願遵守聯合國憲章第二條之原則。中日和約第六條甲項，則將上述金山和約各項規定予以簡化，而合併為一。

六、第七條至第九條：此三條規定兩國願儘速商訂之
　　特殊條約，無待闡釋。其中第八條規定兩國商訂
　　航空協定，在此項航空協定未締訂前，我國依照
　　中日和約所附第二號換文依金山和約第十三條之
　　規定，繼續享受在金山和約生效時我在日所享之
　　航空權利。

七、第十條：第十條規定臺、澎人民及法人之地位，
　　為金山和約所無，但其對我之重要性甚大。臺、
　　澎人民及法人之為中華民國人民及法人，在實際
　　上原無疑問，惟在法律上因金山和約及中日和約
　　均未明定臺、澎之歸屬，故有此項補充規定之必
　　要。此項規定連同關於臺、澎船隻及產品之地位
　　之規定，在本席於本年二月二十日提交河田全權
　　之和約初草中，原列為一條，嗣因船隻及產品
　　主要係與通商有關，故在簽署之中日和約第十條
　　中僅規定人民及法人之地位，至船隻及產品之地
　　位，則移在議定書第二項有關通商航海事項之條
　　款中予以規定。

八、第十一條：第十一條亦為一項重要條款，規定
　　任何中日間因戰爭狀態而引起之問題，如在中
　　日和約及其附件中未予規定，則均依金山和約
　　之規定解決，本席於和約談判中，始終堅守政
　　府所定之議約三項原則，故雖同意河田全權所
　　提和約應力求簡潔之建議，惟始終強調以此條
　　之列入和約為條件。此條之作用即在確保我國
　　之盟國地位，及中日和約與金山和約內容大體

相同。

九、 第十二條至第十四條：此三條無待解釋。

十、 議定書第一項甲款：議定書第一項各款均為關
　　於和約第十一條實施之規定。甲款規定日本所
　　負義務時期之計算方法。查和約之法律效力及於
　　全國，前已言及，中日和約之法律效力，就我國
　　而言，自亦及於我全部領土。惟我國大陸目前為
　　蘇俄之傀儡共匪所竊據，在匪區內之我國人民自
　　暫難享受本和約所給予我國人民之利益。因此，
　　為保障我國在匪區內人民之利益起見，茲規定日
　　本國所負之義務或承擔有時期之規定者，對我國
　　任一地區而言，應於和約適用於該地區時開始計
　　算。例如金山和約第十五條甲項規定盟國及其人
　　民得於該約生效後九個月內向日本申請歸還其在
　　一九四一年十二月七日與一九四五年九月二日之
　　間任何時期之在日財產，而日本亦應於該項申請
　　出後六個月內歸還之。該項規定因中日和約第十
　　一條之規定，亦適用於中、日之間，惟在我收復
　　大陸以前，大陸上之我國人民如有適合該條規定
　　情形而欲提出申請者，自無從辦理。然將來該條
　　所規定之九個月時期屆滿後，日本之義務即告消
　　滅。現既有議定書第一項甲款之規定，則該項時
　　期，對我國大陸之任何地區而言，應使我收復該
　　地區時起計算，而不自中日和約生效時起計算。

十一、 議定書其餘各項規定，在總報告書中已詳為解釋。

十二、 換文第一號：換文第一號即關於和約適用範圍之

規定。在議約當時，我國一般輿論對此規定不無
疑慮之處。本席茲願鄭重說明，該項規定與我政
府所定議約原則，完全相符，即我對中國全部領
土之主權，並不因該換文而受絲毫影響。查和約
之法律效力及於締約雙方之全國，前已一再言
及，惟我國一部份領土為共匪所竊據，因此和約
之適用，不能不暫受限制，否則難免為匪偽政權
所竊取或利用。換文第一號之作用，即在於此。
故該換文所規範者，非和約之法律效力，而為和
約之適用。且換文雖為和約之一項附件，並非和
約之一部份，其效力為臨時性的，一俟我政府收
復大陸，和約即適用於我國全部領土，該項換文
即無任何作用，屆時自將作廢。且中、日政府均
已同意於交換批准書時該項換文不列於批准約本
之內，此其一。該換文所定適用範圍，為我政府
控制下之全部領土，所謂控制，乃屬一種事實上
之狀態，並無任何法律意義，與法律上之主權，
截然不同。政府因叛徒之作亂，對一部份之領
土，暫時失去控制，乃各國常有之事，政府並不
因此對該部份領土，喪失主權。因此該換文所定
和約之適用範圍，將隨我政府所控制在我主權下
之領土區域之擴展而同時擴展。此點復可以前所
解釋之議定書第一項甲款之規定為佐證，此其
二。又該換文中所稱現在在中華民國政府控制下
或將來在其控制下之全部領土一語中之「或」
字，曾一度為雙方全權所討論之問題，因此討論

之結果，而有同意紀錄第一節之規定，即「或將來在其……」字樣，可認為具有「及將來在其……」之意。此項結論，實為文字上之推敲，雙方對於換文第一號之意義，初無歧見。試舉實例加以分折。目前我政府所控制之領土，為臺灣省及大陸沿岸若干島嶼。依照該換文之規定，目前中日和約僅適用於臺灣省及各該島嶼。將來我收復大陸後，我政府所控制之領土即為臺灣省及中國大陸，因此依照該換文之規定，將來中日和約適用之範圍為將來在中華民國政府控制下之全部領土，即臺灣省及中國大陸，亦即中國全部領土。故換文中所用「或」字與「及」字之意義，實無二致。雙方全權於議約時所以將關於此一字之討論結果紀錄在案者，蓋為使該項換文之意義，益臻明確之故，此其三。

十三、換文第二號：該項換文之意義，前於說明和約第八條時，已予解釋。

十四、同意紀錄第一節：前於說明第一號換文時，已予解釋。

十五、同意紀錄第二節：此項紀錄旨在確立偽政權在日之財產權益應歸還我國之原則，至其程序，則應由中日雙方依照中、日和約及金山和約有關規定成立協議。所謂有關規定，係指中日和約之第十一條及金山和約之第十五條而言；所謂協議，係指中、日雙方查明同意在日之有關財產權益係偽政權之財產權益。

十六、同意紀錄第三節：簡言之，其意義即為日本派駐偽組織之使領館及人員之財產，我可依金山和約第十四條甲項第二款之規定，予以處分，而不在該款之除外規定之列。

十七、同意紀錄第四節：該節為金山和約第十四條之解釋，藉以闡明日本對我之賠償義務。查金山和約第十四條關於賠償之規定，共有兩項：（一）日本應對領土曾受日軍占領並受損害之盟國，提供勞務補償，以助其修復損害；（二）日本及其人民在盟國境內之財產權益，聽由盟國處分。除上述兩項外，盟國放棄其對日本之一切賠償要求。因中日和約第十一條之規定，該第十四條亦適用於中、日之間。因此我所享之權利，原為勞務補償及我國境內之日本財產及權益；我所負之義務，為放棄對日本之其他一切賠償要求，與各盟國之權利義務相同。在議約時，我政府本對日本人民寬大及友好之一貫政策，自動放棄日本應向我提供之勞務補償，已規定於議定書第一項乙款中。因此日本對我之賠償義務，尚餘在我管轄下之財產及權。紀錄第四節即將此項事實予以說明。

以上為中日和約及其附件各項重要規定之解釋，或有助於貴院對中日和約一案之審議。現金山和約生效已逾兩個月，而中日和約案亦已經日本國會通過，正待其政府之批准。中日和約對於我國及國際間政治上之重要性，陳院長已詳加說明，深盼貴院能將審議和通過本案之工作，儘速完成。

民國史料 34

近代中日關係史料彙編：
中華民國對日和約
Historical Documents on Modern Sino-Japanese
Relations: The Sino-Japanese Peace Treaty

編　　者	民國歷史文化學社編輯部
總 編 輯	陳新林、呂芳上
執行編輯	林育薇
文字編輯	李承恩
排　　版	溫心忻、盤惠秦

出　　版　　開源書局出版有限公司

香港金鐘夏慤道 18 號海富中心
1 座 26 樓 06 室
TEL：+852-35860995

民國歷史文化學社 有限公司

10646 台北市大安區羅斯福路三段
37 號 7 樓之 1
TEL：+886-2-2369-6912
FAX：+886-2-2369-6990

http://www.rchcs.com.tw

初版一刷	2020 年 7 月 31 日
定　　價	新台幣 400 元
	港　幣 105 元
	美　元　15 元
Ｉ Ｓ Ｂ Ｎ	978-986-99288-5-4
印　　刷	長達印刷有限公司
	台北市西園路二段 50 巷 4 弄 21 號
	TEL：+886-2-2304-0488

國家圖書館出版品預行編目 (CIP) 資料

近代中日關係史料彙編：中華民國對日和約
= Historical documents on modern Sino-
Japanese relations：The Sino-Japanese Peace
Treaty / 民國歷史文化學社編輯部編 . -- 初版 . --
臺北市：民國歷史文化學社，2020.07

　　面；　公分 . -- (民國史料)

ISBN 978-986-99288-5-4(平裝)

1. 中日關係　2. 外交史　3. 史料

643.1　　　　　　　　　　　109010238